BEIHEFTE ZU

editio

Herausgegeben von WINFRIED WOESLER

Band 20

D1719658

Alexandra Braun-Rau

William Shakespeares
»King Lear« in seinen Fassungen

Ein elektronisch-dialogisches Editionsmodell

Max Niemeyer Verlag
Tübingen 2004

Bibliografische Information der Deutschen Bibliothek

Die Deutsche Bibliothek verzeichnet diese Publikation in der Deutschen Nationalbibliografie;
detaillierte bibliografische Daten sind im Internet über *http://dnb.ddb.de* abrufbar.

ISBN 3-484-29520-1   ISSN 0939-5946

Vorwort

Die vorliegende Arbeit wurde im November 2001 von der Ludwig-Maximilians-Universität München als Dissertation angenommen. Für den Druck wurde sie geringfügig überarbeitet.

Wesentlich unterstützt, wenn nicht gar erst ermöglicht, wurde die Arbeit durch ein Promotionsstipendium des durch die Deutsche Forschungsgemeinschaft geförderten Graduiertenkollegs „Textkritik" der Universität München. Die anregenden interdisziplinären Diskussionen im Kolleg haben den Charakter dieser Arbeit wesentlich geprägt, weshalb ich den Dozenten und Kollegiaten herzlichst danken möchte. Mein besonderer Dank gilt Prof. Dr. Hans Walter Gabler, der die Arbeit in allen Phasen ihrer Entstehung überaus motivierend und kompetent begleitete. Seine Erfahrung und sein Engagement im Bereich des elektronischen Edierens haben wesentlich dazu beigetragen, daß auch in den schwierigen Phasen der technischen Realisierung Lösungen gefunden werden konnten. Ebenfalls danken möchte ich Prof. Richard Proudfoot (King's College London) für sein Interesse und seine Diskussionsbereitschaft bei textkritischen Problemen. Der elektronische Prototyp hätte ohne die Erfahrung und technische Kompetenz von Bruno Tersago (Athen) im Rahmen der Dissertation niemals in der vorliegenden Form umgesetzt werden können. Für seine Geduld, sein Engagement und seine Bereitschaft, innovative Komponenten bei der Programmierung zu entwickeln, möchte ich ihm aufs herzlichste danken. Für die Unterstützung in der Anfangsphase der elektronischen Umsetzung danke ich Tobias Rischer (München), für ihre Bereitschaft, Fragen zur Kollation zu beantworten, Peter Robinson, PhD (Universität Leicester), Dr. Wolfhard Steppe (München) und Prof. Dr. Wilhelm Ott (ZDV Tübingen). Besonderer Dank gebührt auch Christiane Henkes für ihre unverzichtbar kritischen und kompetenten Korrekturarbeiten, ebenso wie Claudia Schabert für ihre Hilfe bei der Endkorrektur. Prof. Dr. Winfried Woesler (Universität Osnabrück) danke ich für die Aufnahme der Studie in die Reihe *Beihefte zu editio*, dem Max Niemeyer Verlag für die Betreuung der Publikation.

Last but not least möchte ich all jenen danken, die mich während der Entstehungsphase dieser Arbeit unterstützten und ermutigten. Meinen Eltern und Freunden, vor allem aber Sven Rau für seine konstruktive Kritik, unermüdliche Hilfe und Geduld.

Für Henrik und Maria

Inhaltsverzeichnis

Abkürzungsverzeichnis XI

Vorbemerkung 1

1 Zur Textüberlieferung 5

1.1 Die erste Quartoausgabe 6
    1.1.1 Der Druckprozeß 8
    1.1.2 Die Preßkorrektur 10

1.2 Die zweite Quartoausgabe 13

1.3 Die erste Folioausgabe 16
    1.3.1 Der Druckprozeß 19
    1.3.2 Die Preßkorrektur 20

2 Editionsgeschichte 21

2.1 Das 18. Jahrhundert 21
    2.1.1 Nicholas Rowe 22
    2.1.2 Alexander Pope 23
    2.1.3 Lewis Theobald 23
    2.1.4 Samuel Johnson 24
    2.1.5 Edward Capell 24
    2.1.6 Edward Malone 25

2.2 Das 19. Jahrhundert 26

2.3 Das 20. Jahrhundert 27
    2.3.1 New Bibliography 27
        2.3.1.1 Der Quartotext 29
        2.3.1.2 Der Foliotext 30
    2.3.2 Die Fassungsthese 31
        2.3.2.1 Theorie der Autorrevision 31
        2.3.2.2 Editionspraxis 36
        2.3.2.3 Textkonstitution 37

3 Die Edition von Fassungen 46

3.1 Methodische Optionen 46
  3.1.1 Anglo-amerikanische Editionswissenschaft 46
    3.1.1.1   Copy-Text-Edition 46
    3.1.1.2   Versioning 50
    3.1.1.3   Social Theory of Editing 57
  3.1.2 Neugermanistische Editionswissenschaft 61

3.2 Fassungsedition bei *King Lear* 64
  3.2.1 Fassungsbegriff 64
  3.2.2 Variantenbegriff 66
  3.2.3 Textfehlerbegriff 67
    3.2.3.1   Lexikalisierung 71
    3.2.3.2   Syntax 74
    3.2.3.3   Interpunktion 75
    3.2.3.4   Metrum 79
    3.2.3.5   Kontextuelle Kriterien 80
    3.2.3.6   Fassungsinterne Varianz 86
    3.2.3.6.1   Preßkorrekturen Q1 86
    3.2.3.6.1.1 C (inner) 87
    3.2.3.6.1.2 D (outer) 88
    3.2.3.6.1.3 E (outer) 90
    3.2.3.6.1.4 F (inner) 94
    3.2.3.6.1.5 G (outer) 96
    3.2.3.6.1.6 H (inner) 97
    3.2.3.6.1.7 K (outer / inner) 99
    3.2.3.6.1.8 Klassifikation 101
    3.2.3.6.2   Preßkorrekturen F1 103
  3.2.4 Emendationsverfahren 104
    3.2.4.1   Konjektur 104
    3.2.4.2   Rückgriff auf die Überlieferung 108
    3.2.4.3   Fassungsrestitution 110
  3.2.5 Der diskursive Lesetext 111

4 Die elektronische Edition 115

4.1 Inhalte 115
  4.1.1 Texte 116
    4.1.1.1   Edierte Fassungen 116
    4.1.1.2   Faksimiles 117
    4.1.1.3   Transkriptionen 118

4.1.2 Erschließungshilfen 118

    4.1.2.1 Textkritischer Kommentar 118

    4.1.2.2 Verzeichnisse 119

4.1.3 Materialien 119

4.1.4 Essays 119

4.2 Interface 120

4.2.1 Eingangsbildschirm 120

4.2.2 Inhaltsverzeichnis 120

4.2.3 Textsystem 120

    4.2.3.1 Parallele Visualisierung 120

    4.2.3.2 Primär- vs. Sekundärinformationen 122

    4.2.3.3 Navigationsstruktur 122

    4.2.3.4 Hauptmenü 125

    4.2.3.5 Verknüpfungsrelationen 125

    4.2.3.5.1 Vertikale Verknüpfungsrelationen 126

    4.2.3.5.1.1 Textstellen-Referenzfenster 126

    4.2.3.5.1.2 Dynamische Kontextualisierung 127

    4.2.3.5.1.3 Bidirektionale Text-Bild-Verknüpfung 127

    4.2.3.5.2 Horizontale Verknüpfungsrelationen 130

    4.2.3.5.2.1 Variantenverzeichnis 130

    4.2.3.5.2.2 Erschließungshilfen 131

    4.2.3.5.2.3 Faksimiles 132

    4.2.3.5.2.4 Differenzierung horizontaler Relationen ... 133

    4.2.3.6 Die *Replace*-Funktion 134

    4.2.3.7 Referenzsystem 136

    4.2.3.8 Floater 139

4.3 Der Prototyp 140

4.3.1 Digitalisierung der Druckfassungen 141

4.3.2 Kollation 141

4.3.3 Datenbankstruktur 142

4.3.4 Programmierung 146

4.4 Die Hypermedia-Edition 148

Schlußbemerkung 151

Literaturverzeichnis 153

Abkürzungsverzeichnis

CBf   William Shakespeare: The Tragedy of King Lear. Ed. by Jay L. Halio. Cambridge 1992 (= The New Cambridge Shakespeare; 23).

CBq   William Shakespeare: The First Quarto of King Lear. Ed. by Jay L. Halio. Cambridge 1994 (= The New Cambridge Shakespeare: The Early Quartos).

Duthie   Shakespeare's King Lear: A Critical Edition. Ed. by George Ian Duthie. Oxford 1949.

F, F1   Mr. William Shakespeares Comedies, Histories, & Tragedies. Published According to the True Originall Copies. London 1623.
          (erste Folioausgabe)

F1(a), Fa unkorrigierter Textzustand von F1

F1(b), Fb korrigierter Textzustand von F1

Foakes   William Shakespeare: King Lear. Ed. by Reginald A. Foakes. Walton-on-Thames 1997 (= The Arden Shakespeare 3; 14).

Freeman   The Tragedie of King Lear. By William Shakespeare. Prepared and Annotated by Neil Freeman. New York 2000 (= Applause First Folio Editions).

Furness   A New Variorum Edition of William Shakespeare. Ed. by Horace Howard Furness. Bd. 5: King Lear. Philadelphia 1880. Nachdruck New York 1963.

Orgel   William Shakespeare: King Lear: The 1608 Quarto and 1623 Folio Texts. Ed. by Stephen Orgel. New York 2000 (= The Pelican Shakespeare).

Oxff   William Shakespeare: The Tragedie of King Lear. In: Ders.: The Complete Works. Original Spelling Edition. Gen. Eds. Stanley Wells, Gary Taylor et al. Oxford 1986, S. 1067–1100.

Oxford   William Shakespeare: The Complete Works. Original Spelling Edition. Gen. Eds. Stanley Wells, Gary Taylor et al. Oxford 1986.

Oxfq   William Shakespeare: The Historie of King Lear. In: Ders.: The Complete Works. Original Spelling Edition. Gen. Eds. Stanley Wells, Gary Taylor et al. Oxford 1986, S. 1029–1063.

PBSA Papers of the Bibliographical Society of America

Q, Q1 M. William Shak-speare: / His / True Chronicle Historie of the life and / death of King LEAR and his three Daughters. London 1608. (erste Quartoausgabe)

Q2 M. William Shake-speare: / His / True Chronicle Historie of the life / and death of King Lear, and his / three Daughters. [London] 1608 [1619]. (zweite Quartoausgabe)

Q1(a), Qa unkorrigierter Textzustand von Q1

Q1(b), Qb korrigierter Textzustand von Q1

TC Stanley Wells, Gary Taylor with John Jowett and William Montgomery: William Shakespeare: A Textual Companion. Oxford 1987.

Weis William Shakespeare: King Lear: A Parallel-Text Edition. Ed. by Renè Weis. London 1993 (= Longman Annotated Texts).

Wells William Shakespeare: The History of King Lear. Ed. by Stanley Wells. On the Basis of a Text Prepared by Gary Taylor. Oxford 2000 (= The Oxford Shakespeare).

Vorbemerkung

To the extent that textual scholars have an image in the larger world of literary studies, it's as stodgy traditionalists more concerned with technical matters than with innovative ways of thinking about literature. But we are the avant-garde when it comes to the use of hypertext.[1]

Daß sich, wie Lavagnino konstatiert, die Textkritik bei der Verwendung des elektronischen Mediums besonders fortschrittlich zeigt, scheint bis zu einem gewissen Grad zuzutreffen, betrachtet man die Entwicklung der letzten Jahre. Während der Computer bei Projekten wie etwa der synoptischen Edition des *Ulysses* noch vornehmlich als Werkzeug zur Vorbereitung der gedruckten Ausgabe diente,[2] gibt es heute zahlreiche Editionen, die unter Einbindung hypertextueller und hypermedialer Elemente den Computer als Medium nutzen. Die Vorteile dieser Ausgaben, die hier unter dem Begriff der *elektronischen Edition* subsumiert werden, liegen im Hinblick auf die editorischen Vorgehensweisen auf der Hand: Sie ermöglichen zum einen die Einbindung unzähliger Primärmaterialien, ohne an die Begrenzungen einer Buchausgabe gebunden zu sein, zum anderen bieten sie dem Editor die Möglichkeit, durch das Setzen von Hyperlinks eine gezielte Steuerung des Leseprozesses vorzunehmen und die Erschließung des Textes stärker als in einer Buchausgabe an der Perspektive des Nutzers auszurichten. Auf einen der wohl entscheidendsten Vorteile, die Eröffnung neuartiger Perspektiven im Umgang mit Textvarianz und Fassungen, weist bereits Lavagnino hin: „As textual scholars, we are enthusiastic about hypertext because it promises solutions to the problems we've encountered in dealing with variation.“[3] So kann in einer elektronischen Edition, etwa in Robinsons CD-ROM *The Wife of Bath's Prologue*, der traditionelle Lesetext mit Hilfe der überlieferten Manuskriptfassungen durch eine Mehrfachperspektivierung des Werks ersetzt werden.[4] Dabei scheint das Potential elektronischer Editionen für die kritische Edition von Fassungen noch nicht ausgeschöpft. Wie schon Flanders feststellt, sind digitale Textausgaben häufig an Printkonventionen orientiert, so daß durch den Einsatz des elektronischen Mediums kaum ein Mehrwert gegenüber dem Buch

---

[1] John Lavagnino: Reading, Scholarship, and Hypertext Editions. In: Text 8, 1996, S. 109–124, hier S. 109.

[2] Vgl. James Joyce: Ulysses: A Critical and Synoptic Edition. Ed. by Hans Walter Gabler with Wolfhard Steppe and Claus Melchior. 3 Bde. New York 1984.

[3] Lavagnino, Reading, Scholarship, and Hypertext Editions, S. 110.

[4] Peter Robinson (Hrsg.): Geoffrey Chaucer: The Wife of Bath's Prologue on CD-ROM. Cambridge 1996.

erreicht wird: „Just as there is a certain kind of vegetarian cuisine that tries to make vegetables look and taste like meat [...] so there is a corner of the electronic world which focuses on making ‚electronic books‘ look and function as much as possible like paper books.“[5]

Unter Berücksichtigung der dargelegten Vorteile elektronischer Editionen soll im folgenden gezeigt werden, inwieweit auch für die Umsetzung einer kritischen Fassungsedition bei überlieferungsgeschichtlich schwierigen Texten neue Lösungsansätze mit Hilfe des Medienwechsels gefunden werden können. Vorgeführt wird dies an Shakespeares *King Lear* – dem Beispiel für eine aus textkritischer Sicht komplexe Überlieferungssituation. So befand bereits Bowers, daß ein Editor des „perennial problem, *King Lear*“[6] als „poor devil“[7] zu bezeichnen sei. Und auch Greg kam nach langjährigen Studien der Überlieferung zu dem Schluß: „it remains as true today as it was twenty-five years ago that *King Lear* still offers a problem for investigation“.[8] Das Stück, dessen Rezeption in den letzten Jahrzehnten einen Wandel erfuhr, stand im 20. Jahrhundert immer wieder im Brennpunkt der textkritischen Diskussion. Als problematisch erwies sich vor allem die Bestimmung der stemmatischen Relationen der Frühdrucke, die in ihrem Textbestand stark divergieren. Während die Zeugen lange Zeit als Ableitungen eines Textes angesehen wurden, wird heute davon ausgegangen, daß es sich um aus Revision hervorgehende Fassungen handelt. Die Erstellung von Fassungseditionen der Drucke bereitet jedoch aufgrund der überlieferungsgeschichtlichen Voraussetzungen Schwierigkeiten, denen mit bisherigen Editionsmodellen nicht beizukommen war. So liegen heute zwar mehrere Fassungseditionen vor, keine der Printausgaben hält sich jedoch konsequent an ihre Textgrundlage. Wenngleich das editorische Verfahren bei der Edition der *Lear*-Fassungen in der anglo-amerikanischen Editionswissenschaft bisher nicht grundsätzlich reflektiert wurde, ist festzustellen, daß das teils inkonsequente Vorgehen zum einen auf die zugrunde liegenden editionstheoretischen Prämissen, zum anderen auf die Beschränkungen des Printmediums zurückzuführen ist. Die vorliegende Studie will nun zeigen, daß eine konsequente Umsetzung der Drucke als Fassungseditionen durchaus möglich ist, wenn zwei Prämissen berücksichtigt werden: Zum einen ist ein Editionsmodell zu entwickeln, das eindeutige Parameter für das editorische Verfahren bei Fassungen festlegt und den Editions-

---

[5] Julia Flanders: The Body Encoded: Questions of Gender and the Electronic Text. In: Kathryn Sutherland (Hrsg.): Electronic Text. Investigations in Method and Theory. Oxford 1997, S. 127–143, hier S. 139.

[6] Fredson Bowers: On Editing Shakespeare. Charlottesville 1966, S. 176.

[7] Fredson Bowers: Bibliography and Textual Criticism. Oxford 1964 (= The Lyell Lectures; 1959), S. 147.

[8] W.W. Greg: The Shakespeare First Folio. Oxford 1955, S. 383.

typus *Fassungsedition* in seinem Grundsatz reflektiert; zum anderen sind unter Berücksichtigung didaktischer Grundsätze Vorgaben für eine elektronische Edition zu erstellen, die der kontextuellen Komplexität dieses Modells Rechnung tragen und eine dynamische Steuerung des Leseprozesses ermöglichen.

Aus der doppelten Perspektivierung von Editionstheorie und elektronischem Edieren ergibt sich der methodische Aufbau dieser Studie: Da die Entwicklung eines Editionsmodells die Analyse der Überlieferungsträger und deren Produktionsbedingungen voraussetzt, bespricht das erste Kapitel die Überlieferungssituation der Textzeugen. Das zweite Kapitel behandelt die Frage, warum die Prämisse der Fassungstrennung bei *King Lear* auf Grundlage bisher verwendeter Editionsmodelle nicht schlüssig umgesetzt werden konnte. Um den Bezug zur Editionstradition zu verdeutlichen, wird der textkritischen Untersuchung ein Abriß der Editionsgeschichte und deren kulturgeschichtliche Einbettung vorangestellt. In einem dritten Teil werden schließlich die methodischen Prämissen für das im Rahmen dieser Arbeit angestrebte Editionsmodell erörtert und eine Systematisierung für den Typus *Fassungsedition* bei *King Lear* entwickelt. Da die Edition von Fassungen kein auf die Shakespeare-Philologie beschränktes Phänomen ist, blickt die Diskussion über den eng gefaßten Kontext der Shakespeare-Edition sowie der anglo-amerikanischen Editionswissenschaft hinaus und greift auf Vorbilder in anderen Disziplinen, etwa der neueren Germanistik, zurück. Die in Auseinandersetzung mit dem editionsphilologischen Hintergrund entwickelte Systematisierung wird dann auf Grundlage einer Analyse der fassungsdivergierenden und fassungsinternen Varianz des Dramas an editionspraktischen Beispielen validiert. Daß eine Fassungsedition bei *King Lear* eine Neudefinition editionstheoretischer Begrifflichkeiten erfordert, soll dabei gezeigt werden.

Die editorischen Überlegungen führen zum Entwurf einer dialogisch ausgerichteten Hypermedia-Edition, die sich bei der Konzeption von Lesetext, Navigationsstruktur und Referenzsystem von traditionellen Normen löst. Ausgehend von den editionstheoretischen Voraussetzungen wird im vierten Kapitel zunächst auf die inhaltlichen und funktionalen Komponenten der elektronischen Edition eingegangen. Kern des Modells ist ein diskursiver Lesetext, der den Benutzer über interaktive Schnittstellen unmittelbar in den Editionsprozeß einbindet. Da die neuartige Interface-Struktur jedoch nicht nur theoretisch reflektiert, sondern auch auf ihre praktische Realisierbarkeit hin geprüft werden soll, werden die Schlüsselfunktionen des Editionsmodells in einem elektronischen Teil implementiert.[9] Der lauffähige Prototyp will dem Nutzer die konzeptuellen Überlegungen zur elektronischen Edition der *Lear*-Fassungen am praktischen Beispiel veranschaulichen und darüber hinaus die Anforderungen des neuen

---

[9] Zugänglich über http://www.niemeyer.de/links/link_material.html.

Mediums an die editorische Arbeit reflektieren. Dieser Zielsetzung entsprechend enthält er einen neu edierten, mit Kommentar- und Bildmaterialien versehenen Textabschnitt, der als Beispieledition genutzt werden kann. Zugleich wird mit der technischen Dokumentation der Herstellung ein Vorschlag zur Arbeitsweise bei der Vorbereitung und Umsetzung einer elektronischen Edition unterbreitet. Mit Überlegungen zur medialen und inhaltlichen Erweiterbarkeit des elektronisch-dialogischen Editionsmodells schließt die Arbeit.

1 Zur Textüberlieferung

Erstmals schriftlich erwähnt wird Shakespeares *King Lear* am 26. November 1607 im Hauptbuch der Londoner Zunft der Buchhändler, Drucker und Verleger (*Stationer's Register*). Dieser Eintrag, der zur Sicherung der Veröffentlichungsrechte für Nathaniel Butter und John Busby vorgenommen wurde, dokumentiert, daß das Stück unter dem Titel *Mr William Shakespeare his historye of Kynge Lear* bereits am 26. Dezember 1606 vor König James in Whitehall aufgeführt worden war:[1]

> Na. Butter Entred for their copie vnder thandes of Sr Geo.
> lo. Busby Buck knight & Thwardens A booke called. M^r
>   William Shakespeare his historye of Kynge Lear
>   as yt was played before the kinges maiestie at
>   Whitehall vppon St Stephans night at christmas
>   Last by his mai^ties servantes playinge vsually
>   at the globe on Banksyde   vj^d

Die genaue Entstehungszeit des Dramas ist nicht bekannt, kann aber anhand der von Shakespeare benutzten Quellen zwischen 1603 und 1606 angesetzt werden.[2] So ist aus den sprachlichen Bezügen zu Harsnetts *A Declaration of Egregious Popish Impostures*[3] und zu John Florios Übersetzung von Montaignes *Essais*[4] zu schließen, daß die beiden 1603 veröffentlichten Texte als Vorlagen dienten. Auch das 1605 erschienene Theaterstück *The True Chronicle History of King Leir and his three daughters, Gonorill, Ragan, and Cordella* wurde wohl als Quelle herangezogen. Der Eintrag dieses Stücks im *Stationer's Register* am 8. Mai 1605 scheint die Bühnenfassung zu bezeichnen, die bereits 1594 zweimal von den Schauspielern der *Queen's* und der *Earl of Sussex's Men* aufgeführt worden war.[5] Shakespeare könnte

---

[1] Vgl. auch Edward Arber (Hrsg.): A Transcript of the Registers of the Company of Stationers of London: 1554–1640. A.D. 5 Bde. Birmingham 1890.

[2] Zur Entstehungsgeschichte vgl. auch P.W.K. Stone: The Textual History of King Lear. London 1980, und Peter W.M. Blayney: The Texts of King Lear and their Origins. Bd. 1: Nicholas Okes and the First Quarto. Cambridge 1982.

[3] Vgl. Samuel Harsnett: A Declaration of Egregious Popish Impostures. In: Frank W. Brownlow: Shakespeare, Harsnett, and the Devils of Denham. Newark 1993, S. 185–417. Eine Datierung nicht vor 1603 setzt freilich voraus, daß Shakespeare weder Harsnetts noch Montaignes Text vor der Publikation in Manuskriptform gesehen hatte.

[4] Vgl. [John Florio:] The Essays of Montaigne done into English by John Florio anno 1603. Nachdruck der Ausg. London 1892. 3 Bde. New York 1967 (= The Tudor Translations; 1).

[5] Vgl. auch Wells, S. 10f.

daher sowohl eine Manuskriptfassung oder einen Druck des Dramas zur Hand gehabt,[6] als auch eine der Aufführungen gesehen haben.[7]

Ebenso wie vom Gesamtwerk Shakespeares sind keine Eigen- oder Fremdhand-schriften von *King Lear* überliefert. Eine Edition des Bühnenstücks kann sich daher ausschließlich auf die erhaltenen Druckausgaben stützen.[8] Nur die Erstaus-gaben im Quart- und Folioformat besitzen dabei textliche Autorität für die Edi-tion, da sie auf autoritativen Druckvorlagen beruhen. Später erschienene Quarto- und Folioausgaben sind als abgeleitete Nachdrucke einzustufen.[9]

1.1 Die erste Quartoausgabe

Die erste Druckausgabe des Theaterstücks erschien 1608 im Quartformat unter dem Titel *M. William Shak-speare:* / HIS / *True Chronicle Historie of the life and* / *death of King LEAR and his three* / *Daughters.* Wegen der Zusätze auf dem Titelblatt wird diese erste Quartoausgabe (Q1) in der Forschung auch als *Pied Bull Quarto* bezeichnet.[10]

---

[6] Diese These verfolgt vor allem Foakes, siehe Foakes, S. 90.

[7] Vgl. W.W. Greg: The Date of *King Lear* and Shakespeare's Use of Earlier Versions of the Story. In: The Library 4th Ser. 20, 1940, S. 377–399.

[8] Zur Textüberlieferung bei Shakespeare vgl. Alfred W. Pollard: Shakespeare's Hand in the Play of Sir Thomas More. Cambridge 1932; ders.: The Foundations of Shakespeare's Texts. London 1932; Hans Walter Gabler: Der Text. In: Ina Schabert (Hrsg.): Shakespeare-Handbuch. Die Zeit – Der Mensch – Das Werk – Die Nachwelt. Stuttgart ⁴2000, S. 196–242.

[9] Auf welchem Weg solche Druckvorlagen, ob als Autorhandschrift oder als Regiebuch, in die Druckerei gelangten, ist nicht genau bekannt. In der Regel stellte ein elisabethanischer Stückeschreiber zunächst eine Entwurfshandschrift (*foul papers*) her, deren Reinschrift (*fair copy*) er dann bei der Theatertruppe einreichte. Der schriftliche Entwurf des Plots diente der Truppe als Grundlage für die Erstellung des Bühnentextes und des Regiebuchs (*prompt book*), aus dem die Rollenbücher exzerpiert wurden. Shakespeare, der nicht nur Aktionär, sondern auch führender Schauspieler der *Chamberlain's Men* (ab 1603 *King's Men*) war, scheint jedoch grundsätzlich auf die Anfertigung einer Reinschrift verzichtet zu haben, so daß die Regiebücher nach seinen Entwurfshandschriften erstellt wurden. Sowohl Regie-bücher und deren Abschriften, als auch die Entwurfshandschriften konnten, nachdem ein Stück von der Truppe freigegeben worden war, als Druckvorlagen dienen. Vgl. TC, S. 9–17.

[10] Blayney macht darauf aufmerksam, daß der Hinweis auf dem Titelblatt, der Druck folge einer Aufführung am Hofe James I, keine explizite Datumsangabe darstellt. „Last Christmas" könne von den Käufern einer 1608 erschienenen Publikation auch als der 26. Dezember 1607 interpretiert werden. Beim Käufer werde so der Eindruck erweckt, er erwerbe den Text eines erst kürzlich aufgeführten Theaterstücks (vgl. Blayney, The Texts of King Lear, S. 83.).

M. William Shak-speare:

HIS
True Chronicle Historie of the life and
death of King LEAR and his three
Daughters.

With the vnfortunate life of Edgar, *sonne*
and heire to the Earle of Gloster, and his
sullen and assumed humor of
TOM of Bedlam:

As it was played before the Kings Maiestie at Whitehall vpon
S. Stephans night in Christmas Hollidayes.

By his Maiesties seruants playing vsually at the Gloabe
on the Bancke-side.

LONDON,
Printed for *Nathaniel Butter,* and are to be sold at his shop in *Pauls*
Church-yard at the signe of the Pide Bull neere
S:. *Austins* Gate. 1608.

Abbildung 1: Erste Quartoausgabe (Q1)

Q1 ist in insgesamt zwölf Exemplaren überliefert, die in Bibliotheken in Großbritannien und den USA verzeichnet sind: British Library: L[1] und L[2]; Bodleian Library: O[1] und O[2]; Gorhambury Exemplar (Bodleian Library): VER; Trinity College, Cambridge: C[2]; The Folger Shakespeare Library: F[1] und F[2]; Harvard College Library: HD; Huntington Library: HN; New York Public Library: NY; Yale University Library: Y.[11] Einige der Exemplare sind nur unvollständig überliefert (L[2], O[1], O[2], F[1], F[2]) oder weisen Verschmutzungen und Risse auf.[12] Das Pied Bull Quarto enthält insgesamt 42 Seiten, die mit den Signaturen A–L (A[2] und B–L[4]) versehen sind.[13]

Im Vergleich zur Folioausgabe ist der erste Quartodruck von schlechter Druckqualität. Es handelt sich bei Q1 um einen fortlaufenden Text ohne Akt- und Szeneneinteilung, der zahllose erratische Lesungen, Schwächen in der Wiedergabe von Vers, Interpunktion und Bühnenanweisungen sowie Unregelmäßigkeiten in der Zeilenanordnung enthält.

1.1.1 Der Druckprozeß

Nachdem im Dezember 1607 der Auftraggeber des Drucks, Nathaniel Butter, Druckvorlage und Papier geliefert hatte,[14] wurde am 8. Dezember 1607 in der Londoner Druckerei von Nicholas Okes mit dem Druck der ersten Quartoausgabe begonnen. Unterbrochen durch eine einwöchige Weihnachtspause wurde Q1 binnen vier Wochen im Januar 1608 fertiggestellt. Okes, der den Betrieb erst 1607 als offizieller Juniorpartner von George Snowdon übernommen hatte, besaß selbst keine Erfahrung im Druck von Dramen.[15] Wie Blayney an einigen Auffälligkeiten der Herstellung nachweisen konnte, war *King Lear* der erste, nach Übernahme der Druckerei hergestellte Dramentext im Quartformat.[16]

---

[11] Die Ausgaben sind zitiert nach Alfred W. Pollard: A Short-Title Catalogue of Books Printed in England, Scotland, and Ireland and of English Books Printed Abroad. 1475–1640. 2nd Ed., Rev. and Enlarged, Begun by William A. Jackson et al. Bd. 2: I–Z. London 1976, S. 325. Vgl. auch William Shakespeare: The Complete King Lear. 1608–1623. Prepared by Michael Warren. Bd. 2: The First Quarto (1608) in Photographic Facsimile. Berkeley 1989, S. vi.

[12] Vgl. W.W. Greg: The Variants in The First Quarto of King Lear. A Bibliographical and Critical Inquiry. London 1940 (= Transactions: Supplement; 15), S. 8–10.

[13] Vgl. ebd., S. 8.

[14] Butter, der das Papier in genauer Menge bereitgestellt hatte, scheint mit dem Drucker nicht nur die Zahl der herzustellenden 750 Exemplare, sondern auch die Zahl der Druckbögen genau festgelegt zu haben. Vgl. Blayney, The Texts of King Lear, S. 83ff.

[15] Vgl. ebd., S. 24f.

[16] Vgl. ebd., S. 90 und 103.

Der Quartodruck von *King Lear* wurde in ‚Guyot Pica' von zwei Setzern (B und C) gesetzt, denen jeweils unterschiedliche Textabschnitte zugeschrieben werden können.[17] So scheint zunächst nur ein Setzer (B) für den Satz der Bögen A–G verantwortlich gewesen zu sein. Bei Bogen H kam dann ein zweiter Setzer (C) mit eigenem Setzkasten hinzu, der im Verbund mit B die restlichen Bögen bearbeitete.[18] Der hohen Quote an Fehlleistungen beim Satz nach zu urteilen, wurde die erste Quartoausgabe direkt von Shakespeares Entwurfshandschrift gesetzt. Obwohl die handschriftliche Vorlage nur schwer lesbar gewesen zu sein scheint, hielten wohl weder Okes noch Butter aus Kostengründen die Anfertigung einer Reinschrift für notwendig.[19] Die Unerfahrenheit Okes beim Druck von Dramen und die Schwierigkeiten der Setzer mit ihrer Druckvorlage mögen der Grund dafür gewesen sein, daß spätestens ab Bogen C nicht wie üblich nach Druckformen, sondern nach Textverlauf gesetzt wurde. Die Abkehr vom gängigen Verfahren bewirkte jedoch, daß Okes limitierter Vorrat an Drucktypen beim Satz des Dramas nicht ausreichte.[20] Beide Aspekte, die unzureichende Menge an Drucktypen als auch die unleserliche Druckvorlage, mögen für einen Großteil der in der ersten Quartoausgabe auftretenden Druckfehler verantwortlich sein.

---

[17] Anhand einer statistischen Auswertung der orthographischen Besonderheiten (*Spelling Tests*), wie der Verteilung von *doe / goe*, einsilbigen Lexemen auf -e, der Varianz in Wortendungen, der Verwendung des Apostrophs und der Groß- und Kleinschreibung, können in der ersten Quartoausgabe von *King Lear* Idiosynkrasien der Setzer ermittelt werden. Nach Blayneys Analyse zeigt der als Setzer B bezeichnete Bearbeiter eine Präferenz für die Schreibung *doe / goe*, die Dopplung von -e in einsilbigen Lexemen wie *hee,* die Verwendung des Apostrophs in Elisionen (-'th, -'d) und die Großschreibung bei *King.* Setzer C dagegen bevorzugt die Formen *do / go* und die Verwendung von einfachem -e bei Einsilblern. Er benutzt im Auslaut zudem vorwiegend die Schreibungen -ie und -or statt -y und -our. In den Passagen, die Setzer B zugeschrieben werden, sind die Bühnenanweisungen zumeist zentriert und Zeilenumbrüche mit Klammern gekennzeichnet. Vgl. Blayney, The Texts of King Lear, S. 160–182, sowie Ernst A.J. Honigmann: Spelling Tests and The First Quarto of „King Lear". Bibliographical Notes. In: The Library 5th Ser. 20, 1965, S. 310–315.

[18] Eine detaillierte Zuschreibung der einzelnen Textabschnitte findet sich bei Blayney, The Texts of King Lear, S. 157–160.

[19] Vgl. ebd., S. 30.

[20] So finden sich in recte gesetzten Textzeilen häufig kursiv gedruckte Fragezeichen. Zudem wurden vielfach &-Kürzel für die Konjunktion *and* gesetzt. Vgl. Wells, S. 83; CBq, S. 8; sowie Blayney, The Texts of King Lear, S. 184.

1.1.2 Die Preßkorrektur

Eine Kollation der zwölf überlieferten Quartoexemplare belegt, daß während des Druckvorgangs Preßkorrekturen durchgeführt wurden. Von den insgesamt zehneinhalb Druckbögen weisen die inneren Druckformen der Bögen C, F, H und K und die äußeren Druckformen der Bögen D, E, G und K Varianten auf. Nur die Bögen B, I und L, sowie die einen halben Bogen einnehmende Titelseite (A) sind invariant. Die Verteilung der Bögen nach unkorrigiertem (Status 1) und korrigiertem Textzustand (Status 2 und 3) variiert in den überlieferten Ausgaben, wie aus der folgenden Tabelle ersehen werden kann:[21]

Exemplar	C(i)	D(o)	E(o)	F(i)	G(o)	H(i)	K(o)	K(i)
L^1	2	2	2	2	2	2	1	1
L^2	1	2	2	2	1	1	2	2
O^1	2	2	1	2	1	1	1	1
O^2	2	2	2	2	2	2	1	1
C^2	3	1	2	2	2	1	1	1
VER	3	2	2	2	2	2	2	1
F^1	2	1	2	1	1	1	1	1
F^2	3	1	2	2	1	1	2	2
HD	3	1	2	2	2	1	1	1
HN	3	1	2	1	2	1	1	1
NY	3	2	2	2	1	2	1	1
Y	2	1	2	1	1	1	2	2

Die unterschiedliche Distribution der Bögen ist darauf zurückzuführen, daß in elisabethanischer Zeit unkorrigierte und korrigierte Bögen willkürlich zu Exemplaren zusammengebunden wurden. Meist enthielten etwa ein Drittel der gedruckten Bögen eines Druckgangs den unkorrigierten Textzustand, da nach Erstellung eines Korrekturabzugs die Drucklegung mit der auf der Presse be-

---

21 L^1 und L^2: British Library; O^1 und O^2: Bodleian Library; VER: Gorhambury Exemplar (Bodleian Library); C^2: Trinity College Library, Cambridge; F^1 und F^2: The Folger Shakespeare Library; HD: Harvard College Library; HN: Huntington Library; NY: New York Public Library; Y: Yale University Library. Die Tabelle ist übernommen aus Warren (Hrsg.), The Complete King Lear, Bd. 2, S. vii. Ziffer 2 gibt an, daß auf dem Bogen ein Korrekturvorgang durchgeführt wurde; Ziffer 3 indiziert, daß Spuren eines zweiten Korrekturgangs feststellbar sind. Eine Aufstellung über die Verteilung der einzelnen Bögen gibt auch Greg, The Variants in the First Quarto, S. 11.

findlichen und noch unkorrigierten Form begonnen wurde. Aus Zeitgründen wurde die Presse zur Korrektur der Form erst angehalten, nachdem der Korrektor seinen Abzug überprüft hatte.[22]

Inwieweit die Preßkorrekturen der ersten Quartoausgabe von *King Lear* Manuskriptlesungen oder Konjekturen des Korrektors repräsentieren, ist nicht mehr zu klären. Bis heute liegen keine gesicherten Erkenntnisse über die Identität des Korrektors vor. Es dürfte jedoch auszuschließen sein, daß Shakespeare selbst Korrektur las. Er scheint nie am Druck seiner Stücke beteiligt gewesen zu sein. Im allgemeinen beschäftigten namhafte Druckereien einen *Proofreader*, der auf die Anforderungen des jeweiligen Druckprojekts spezialisiert war.[23] Oft übernahm auch der Inhaber der Druckerei die Aufgabe des Korrektors. Da die flüchtige und ungenaue Korrektur der ersten Quartoausgabe nicht auf die Anstellung eines professionellen Korrekturlesers schließen läßt, ist bei *King Lear* eher damit zu rechnen, daß Nicholas Okes selbst für die Korrektur zuständig war.[24]

Die Bewertung der Vorlagentreue von Korrekturen in Q1 wird auch dadurch erschwert, daß in der Forschung kein Konsens über die als „Norm" anzusehende Korrekturpraxis in elisabethanischer Zeit besteht. Den Aufzeichnungen des Druckers Moxon aus dem 17. Jahrhundert zufolge wurde eine Form vor dem Druckvorgang mehreren Korrekturgängen in Abgleich mit der Vorlage und unter Einbeziehung eines Vorlesers unterzogen:

> This *Reader*, as I said, Reads the *Copy* to him, and the *Corrector* gives attention; and at the same time carefully and vigilantly examines the *Proof*, and considers the *Pointing*, *Italicking*, *Capitalling*, or any error that may through mistake, or want of Judgement be commited by the *Compositor*.
> After the Second or Third *Proof* he has a *Revise*, which is also a *Proof-sheet*: He examines in this *Revise*, *Fault* by *Fault*, if all the *Faults* he markt in the last *Proof* were carefully mended by the Compositor; if not, he marks them in the *Revise*.[25]

Bowers betont jedoch, daß sich das bei Renaissance-Drucken angewandte Korrekturverfahren von der gängigen Praxis, wie sie Moxons *Mechanick Exercises or*

---

[22] Vgl. George W. Williams: The Craft of Printing and the Publication of Shakespeare's Works. Washington 1985, S. 60f.

[23] Vgl. Blayney, The Texts of King Lear, S. 191.

[24] Vgl. auch ebd., S. 185.

[25] Joseph Moxon: Moxon's Mechanick Exercises: or, The Doctrine of Handy-Works applied to the Art of Printing. A Literal Reprint in Two Volumes of the First Edition Published in the Year 1683. With Preface and Notes by Theo. L. de Vinne. 2 Bde. New York 1896. Bd. 2, S. 260 u. 264. Moxons Aufzeichnungen sind Beschreibungen der in einigen, vor allem größeren Druckereien gängigen Praxis. Sie sind jedoch nicht als Lehrbuch für Drucker der Zeit zu verstehen und können keine universelle Gültigkeit beanspruchen. Seine zeitgenössische Darstellung wird durch Philip Gaskells Untersuchung gestützt, die ebenfalls eine Erstkorrektur vor dem Druck ansetzt (vgl. Philip Gaskell: A New Introduction to Bibliography. Oxford 1972, S. 110–117).

the Doctrine of Handy-Works applied to the Art of Printing beschreibt, deutlich unterscheide. Er räumt zwar ein, daß seit dem 15. Jahrhundert vor dem Druck Korrekturen durchgeführt wurden. Zwischen 1580 und 1647 sei jedoch von dieser Norm abgerückt worden. Da die Überprüfung des Satzes auf den zum Druck vorbereiteten Formen bei Renaissance-Drucken nicht gängig gewesen sei, wurden seiner Ansicht nach nur *während* des Druckvorgangs Korrekturen in Abgleich mit der Vorlage durchgeführt.[26] Seine Rekonstruktion des Druckprozesses von Quarto-*Lear* kommt deshalb zu dem Ergebnis, daß die Formen nach dem Satz unverzüglich zur Presse gegeben wurden. Nach der Überprüfung der ersten Druckabzüge sei dann die Presse angehalten und die Form korrigiert worden.[27]

Peter Blayney widerlegt in seiner 1983 erschienenen Studie über den Druckprozeß der ersten Quartoausgabe Bowers Theorie durch eine Untersuchung der Drucktypendistribution. Nach Blayney ist nicht davon auszugehen, daß die elisabethanische Korrekturpraxis von dem gängigen Verfahren abwich.[28] Vielmehr seien Formen vor dem Druck entweder noch auf dem Satzbrett oder mit Hilfe eines ersten Korrekturabzugs überprüft worden. Ein weiterer Korrekturgang erfolgte dann im Rahmen der Preßkorrektur, bei der die Formen jedoch – entgegen Bowers Darstellung – nicht von der Presse genommen worden seien. Diese These führt Blayney bei der Rekonstruktion des Druckvorgangs von *King Lear* zu einem anderen Ergebnis als Bowers.[29] Er geht davon aus, daß bei den Bögen B und C jeweils die zuerst gesetzten Formen auch zuerst gedruckt wurden. Beide Bögen seien sowohl vor dem Druck als auch während des Druckvorgangs in Abgleich mit der Vorlage korrigiert worden. Bei den Bögen D, E und G hingegen seien zwar die inneren vor den äußeren Formen gesetzt, die äußeren Formen jedoch zuerst gedruckt worden. Diese Umkehr der Druckreihenfolge führt er auf die Einführung von zwei unterschiedlichen Korrekturverfahren zurück: Während der Korrektor die inneren Formen bereits vor dem Druckvorgang nach Vorlage geprüft habe, korrigierte er bei den äußeren Formen ohne Vorlage, um seine Arbeit zu beschleunigen. Da nach Blayneys These äußere und innere Formen zeitgleich bearbeitet wurden, muß eine zweite Person, möglicherweise der Setzer, bei den äußeren Formen als Korrektor fungiert haben. Dieses oberflächliche Verfahren zielte vornehmlich auf die Ausmerzung typographischer Fehler ab.[30] Mit Bogen H beginnt eine zweite Arbeitsphase, bei

---

[26] Bowers, Bibliography and Textual Criticism, S. 67.

[27] Fredson Bowers: An Examination of the Method of Proof Correction in *Lear*. In: The Library 5th Ser. 2, 1947/1948, S. 20–44, hier S. 29f. Auch Greg nimmt eine konstante Beziehung zwischen Druckreihenfolge und Preßkorrektur an. Vgl. Greg, The Variants in the First Quarto, S. 39–57.

[28] Vgl. Blayney, The Texts of King Lear, S. 188f.

[29] Vgl. ebd., S. 218.

[30] Vgl. ebd., S. 212f.

der nach dem Einsatz einer weiteren Presse und eines zweiten Setzers beide Formen eines Bogens gleichzeitig gesetzt werden konnten. Außer bei Bogen I wurden im zweiten Arbeitsabschnitt die äußeren Druckformen vor den inneren gedruckt.[31]

Inwieweit nun bei den Bögen insgesamt nach Vorlage korrigiert wurde, läßt sich nicht eindeutig beantworten. Blayney geht davon aus, daß mindestens acht der 21 Druckformen nur typographisch und ohne Hinzuziehung des Manuskripts bereinigt wurden. Bei fünf der acht Druckformen, den varianten äußeren Formen der Bögen D, E, G und K und der inneren Form des Bogens H, sei bei der Preßkorrektur die Vorlage punktuell konsultiert worden. Drei Druckformen, die äußere Form des Bogens F und beide Formen des Bogens I, mögen ohne Hinzuziehung der Vorlage oberflächlich durchgesehen worden sein. Die restlichen dreizehn Druckformen seien scheinbar vor dem Druck in Abgleich mit der Vorlage korrigiert worden. Die inneren Formen der Bögen C, F und K zeigten zudem Spuren eines zweiten Korrekturgangs.[32]

Auch wenn Blayneys Rekonstruktion insgesamt Anhaltspunkte für mögliche Fehlerquellen beim Druck und der Preßkorrektur der ersten Quartoausgabe von *King Lear* zu geben vermag, beantwortet sie doch keineswegs die Frage, inwieweit die einzelnen Preßkorrekturen auf den Bögen authentische Vorlagenlesungen darstellen. Selbst wenn bei der Korrektur einer Form die Vorlage konsultiert wurde, müssen nicht alle auf dieser Druckform befindlichen Seiten nach Manuskript geprüft worden sein. Gerade in elisabethanischer Zeit gehörte es zu den etablierten Verfahren eines Preßkorrektors, Fehler nach eigenem Gutdünken zu emendieren. Auch bei den scheinbar nach Manuskript geprüften Formen dokumentieren, wie die buchkundliche Analyse der Preßkorrekturen bei Greg zeigt, zahlreiche Varianten des korrigierten Textzustands dieses Verfahren.[33]

1.2 Die zweite Quartoausgabe

Im Jahre 1619 erschien eine zweite Quartoausgabe (Q2), deren Text sich von dem des Pied Bull Quarto deutlich unterscheidet. Das stemmatische Verhältnis der beiden Quartoausgaben konnte bis ins 19. Jahrhundert nicht geklärt werden, da die Titelseite des zweiten Quartodrucks fälschlicherweise ebenfalls das Jahr 1608 als Erscheinungsdatum angibt. Aufgrund dieser Fehldatierung wurde die in 36 Exemplaren überlieferte zweite Quartoausgabe zunächst für den Erstdruck gehalten. Die Herausgeber der Cambridge-Edition Shakespeares, Clark und

---

[31] Vgl. ebd., S. 216.
[32] Vgl. ebd., S. 218.
[33] Vgl. Greg, The Variants in the First Quarto, S. 135–190.

Wright, die zuerst ebenfalls Q2 als Erstdruck eingestuft hatten, konnten 1866 die zweite Quartoausgabe als Nachdruck des Pied Bull Quarto identifizieren.[34] Von Greg und Pollard zwischen 1908–1910 durchgeführte, buchkundliche Analysen von Q2 ergaben schließlich, daß die Ausgabe zu den zehn Stücken zu zählen ist, die 1619 in der Werkstatt William Jaggards gedruckt wurden. Auftraggeber des Drucks war der Verleger Thomas Pavier, der eine Shakespeare-Gesamtausgabe zu veranstalten gedachte. Unter dem Namen des Dichters sollten dabei nicht nur bereits publizierte Shakespeare-Dramen, sondern auch die Texte *Sir John Oldcastle* und *A Yorkshire Tragedy* veröffentlicht werden. Da die Einbeziehung eines autorisierten Manuskripts bei keinem der Pavier-Quartos nachgewiesen werden konnte, scheinen ausschließlich Quartodrucke als Vorlagen benutzt worden zu sein. Nur fünf der Drucke sind auf dem Titelblatt allerdings korrekt auf das Erscheinungsjahr 1619 datiert, die anderen fünf weisen – wie insbesondere die zweite Quartoausgabe von *King Lear* – das Datum ihrer Druckvorlagen auf. Nach Abbruch des Projekts verkauften Pavier und Jaggard die Stücke mit falsch datierten Titelblättern als Erstausgaben.[35]

Für den Druck der zweiten Quartoausgabe wurden 22 Druckformen verwendet, von denen jedoch nur eine, die äußere Form des Bogens A, Preßkorrekturen aufweist. Eine Kollation der ersten und zweiten Quartoausgabe zeigt, daß Jaggards Druckvorlage wohl die Bögen D, F, G und H in ihrem unkorrigierten, den Bogen E und die äußere Form des Bogens K im korrigierten Textzustand der ersten Quartoausgabe enthielt.[36] Insgesamt weist der Text von Q2 die für einen Nachdruck der Zeit typischen Merkmale auf: Während die Setzer sinnentstellende Druckfehler aus Q1 vorwiegend übernahmen, vereinheitlichten sie Orthographie und Interpunktion. Bei der Korrektur wurden zudem neue Druckfehler verursacht.

---

[34] Vgl. Furness, S. 355f.

[35] Möglicherweise wurde ihnen zugestanden, bei Abbruch der Sammelausgabe die bereits abgeschlossenen Nachdrucke unter dem Datum ihrer Vorlagen verkaufen zu dürfen. Vgl. Gabler, Der Text, S. 215; W.W. Greg: On Certain False Dates in the Shakespearian Quartos. In: The Library N.S. 9, 1908, S. 113–131; Edmund K. Chambers: William Shakespeare: A Study of the Facts and Problems. 2 Bde. Oxford 1930, Bd. 1, S. 133–137; Thomas L. Berger/Jesse M. Leander: Shakespeare in Print. 1593–1640. In: David Scott Kastan (Hrsg.): A Companion to Shakespeare. Oxford 1999 (= Blackwell Companions to Literature and Culture; 3), S. 395–413, hier S. 403f.

[36] Vgl. Warren (Hrsg.), The Complete King Lear, General Introduction, Bd. 1, S. xiii.

M. VVilliam Shake-ſpeare,

HIS

True Chronicle Hiſtory of the life
and death of King *Lear*, and his
three Daughters.

With the vnfortunate life of E D G A R,
ſonne and heire to the Earle of *Glocefter*, and
his fullen and affumed humour of T O M
of Bedlam.

As it was plaid before the Kings Maieſty at White-Hall, vp-
pon S. Stephens night in Chriſtmas Hollidaies.

By his Maieſties Seruants, playing vſually at the
Globe on the *Banck-ſide.*

Printed for *Nathaniel Butter.*
1608.

Abbildung 2: Zweite Quartoausgabe (Q2)

Der Kollation von Skinner Dace zufolge weist Q2 im Vergleich zu Q1 etwa 150 Wortvarianten auf, die teils auch in die Folioausgabe übernommen wurden.[37] Analog zu Q1 handelt es sich auch bei Q2 um einen fortlaufenden Text ohne Akt- und Szeneneinteilung.

Auch wenn die zweite Quartoausgabe als Nachdruck nicht zu den „substantiellen Textzeugen" (*substantive texts*)[38] zu zählen ist, spielt sie eine wichtige Rolle bei der stemmatologischen Bewertung der *Lear*-Zeugen. So ist aufgrund textueller Übereinstimmungen zwischen der zweiten Quarto- und der ersten Folioausgabe davon auszugehen, daß der Foliodruck unter Einbeziehung von Q2 und einem revidierten Exemplar von Q1 erstellt wurde. Die dritte Quartoausgabe, die im Jahre 1655 erschien, basiert auf der zweiten Quartoausgabe und wurde, wie auch Q2, ohne Hinzuziehung autoritativer Vorlagen gedruckt.

1.3 Die erste Folioausgabe

1623 gaben John Heminge und Henrie Condell die erste Shakespeare-Gesamtausgabe im Folioformat heraus. Die Ausgabe enthält 36 Werke Shakespeares, von denen 19 zuvor schon im Quartfomat veröffentlicht worden waren. Wie schon das Titelblatt ankündigt, wurde bei den Druckvorlagen Wert auf Authentizität gelegt:

> Mr. WILLIAM / SHAKESPEARES / COMEDIES, /
> HISTORIES, & / TRAGEDIES. /
> Published according to the True Originall Copies. /
> [Porträt Shakespeares] / LONDON /
> Printed by Isaac Jaggard, and Ed. Blount. 1623.

---

[37] Vgl. Letitia Skinner Dace: Prolegomena to a New Edition of King Lear. Diss. Kansas State University 1971, S. 175–201. Zum Druckvorgang vgl. Richard Knowles: The Printing of the Second Quarto (1619) of King Lear. In: Studies in Bibliography 35, 1982, S. 191–206, sowie CBq, S. 22.

[38] Der Begriff *substantive texts* bezeichnet bei Renaissance-Überlieferung die Zeugen, die von autoritativen Vorlagen gedruckt wurden und somit für die Edition heranzuziehen sind. Eingeführt wurde der Begriff *substantive texts* zunächst von McKerrow: „at least one edition […] cannot have been derived from any other edition now extant, the source of such edition or editions having presumably been either a manuscript or an edition which has perished […]. Let us call the texts […] *substantive texts*." (Ronald B. McKerrow: Prolegomena for the Oxford Shakespeare. A Study in Editorial Method. Oxford 1939, S. 8). Zur Verwendung und Ausweitung des Begriffs vgl. W.W. Greg: The Rationale of Copy-Text. In: Ders.: Collected Papers. Ed. by James C. Maxwell. Oxford 1966, S. 374–391, hier S. 391 (erstmals in: Studies in Bibliography 3, 1950/1951, S. 19–36), und Fredson Bowers: Greg's *Rationale of Copy-Text* Revisited. In: Studies in Bibliography 31, 1978, S. 90–116, siehe bes. S. 103–105.

Texte, die bereits erschienen waren, wurden daher nicht, wie im Falle der von Thomas Pavier veranstalteten Ausgaben, unbesehen abgedruckt, sondern mit Hilfe von Regiebüchern verglichen und überarbeitet.[39]

Die Folioausgabe ist im Anschluß an die Präliminarien in die von den Herausgebern willkürlich eingeführten Abteilungen *Comedies*, *Histories* und *Tragedies* unterteilt. *The Tragedie of King Lear* ist der Kategorie Tragödien zugeordnet und steht zwischen *Hamlet* und *Othello*. Die Änderung des Titels verdankt sich dabei wohl der neu eingeführten Gliederung, die unter dem Genre *History* nur die Königsdramen verzeichnet. Während der Titel der Quartodrucke (*True Chronicle Historie*) auf das in elisabethanischer Zeit erwachte Interesse, historische Stoffe mit didaktischer Intention nachzuerzählen, rekurriert, erweckt der Titel der Folioausgabe Erwartungen an den Verlauf und Ausgang des Theaterstücks. Eine derartige Variation der Titelbezeichnungen in den Ausgaben und dem *Stationer's Register* ist in elisabethanischer Zeit weit verbreitet und spiegelt das Phänomen der für den Druckprozeß der Zeit gängigen „normality of non-uniformity".[40]

Der Text von *THE TRAGEDIE OF / KING LEAR* trägt die Signaturen qq2–ss3 und weist die für die Folioausgabe typische Paginierung (283–309) auf. Im Gegensatz zu den Quartoausgaben enthält der zweispaltige Druck eine Akt- und Szeneneinteilung (Actus Primus. Scœna Prima. – Actus Quintus. Scena Tertia.). Da in der Szenennumerierung von Akt vier auf *Scœna Quinta* die Angabe *Scœna Septima* folgt, wurde von der Forschung zunächst angenommen, daß beim Druck des Foliotextes eine in den Quartodrucken noch folgende Szene (4.3) ausgelassen wurde.[41]

[S]ince Compositor B had already numbered the second scene „Secunda" on the same page, he might have described the next scene (originally fourth) as „Tertia" no matter what the copy said. Although the fifth and sixth scenes (labelled „Quarta" and „Quinta" respectively) are on the very next page, B did in fact set a page of Act III between the two – but „Tertia" was still perhaps sufficiently recent for him to have remembered and emended accordingly. After two intervening pages of text we find

---

[39] Für eine detaillierte Darstellung der Entstehung und Bedeutung der Folioausgabe vgl. Gabler, Der Text, S. 211–220.

[40] Vgl. dazu Donald F. McKenzie: Printers of the Mind: Some Notes on Bibliographical Theories and Printing-House Practices. In: Studies in Bibliography 22, 1969, S. 1–75, hier S. 12.

[41] Vgl. Charlton Hinman: The Printing and Proof-Reading of the First Folio of Shakespeare. 2 Bde. Oxford 1963, Bd. 2, S. 293–295, Madeleine Doran: The Text of King Lear. Stanford 1931 (= Language and Literature; 4,2), S. 70, sowie Greg, The Shakespeare First Folio, S. 388.

283

THE TRAGEDIE OF
KING LEAR.

Actus Primus. Scœna Prima.

Enter Kent, Gloucester, and Edmond.

Kent.

I Thought the King had more affected the Duke of *Albany*, then *Cornwall*.

Glou. It did alwayes seeme so to vs : But now in the diuision of the Kingdome, it appeares not which of the Dukes hee valewes most, for qualities are so weigh'd, that curiosity in neither, can make choise of eithers moity.

Kent. Is not this your Son, my Lord?

Glou. His breeding Sir, hath bin at my charge. I haue so often blush'd to acknowledge him, that now I am braz'd too't.

Kent. I cannot conceiue you.

Glou. Sir, this yong Fellowes mother could ; whereupon she grew round womb'd, and had indeede (Sir) a Sonne for her Cradle, ere she had a husband for her bed. Do you smell a fault?

Kent. I cannot wish the fault vndone, the issue of it, being so proper.

Glou. But I haue a Sonne, Sir, by order of Law, some yeere elder then this ; who, yet is no deerer in my account, though this Knaue came somthing sawcily to the world before he was sent for : yet was his Mother fayre, there was good sport at his making, and the horson must be acknowledged. Doe you know this Noble Gentleman, *Edmond*?

Edm. No, my Lord.

Glou. My Lord of Kent : Remember him heereafter, as my Honourable Friend.

Edm. My seruices to your Lordship.

Kent. I must loue you, and sue to know you better.

Edm. Sir, I shall study deseruing.

Glou. He hath bin out nine yeares, and away he shall againe. The King is comming.

Sennet. Enter King Lear, Cornwall, Albany, Generill, Regan, Cordelia, and attendants.

Lear. Attend the Lords of France & Burgundy, Gloster.

Glou. I shall, my Lord. *Exit.*

Lear. Meane time we shal expresse our darker purpose. Giue me the Map there. Know, that we haue diuided In three our Kingdome : and 'tis our fast intent, To shake all Cares and Businesse from our Age, Conferring them on yonger strengths, while we Vnburthen'd crawle toward death. Our son of *Cornwal*, And you our no lesse louing Sonne of *Albany*, We haue this houre a constant will to publish Our daughters seuerall Dowers, that future strife May be preuented now. The Princes, *France & Burgundy*, Great Riuals in our yongest daughters loue, Long in our Court, haue made their amorous soiourne, And heere are to be answer'd. Tell me my daughters (Since now we will diuest vs both of Rule, Interest of Territory, Cares of State) Which of you shall we say doth loue vs most, That we, our largest bountie may extend Where Nature doth with merit challenge. *Generill*, Our eldest borne, speake first.

Gon. Sir, I loue you more then word can weild ỹ matter, Deerer then eye-sight, space, and libertie, Beyond what can be valewed, rich or rare, No lesse then life, with grace, health, beauty, honor : As much as Childe ere lou'd, or Father found. A loue that makes breath poore, and speech vnable, Beyond all manner of so much I loue you.

Cor. What shall *Cordelia* speake ? Loue, and be silent.

Lear. Of all these bounds euen from this Line, to this, With shadowie Forrests, and with Champains rich'd With plenteous Riuers, and wide-skirted Meades We make thee Lady. To thine and *Albanies* issues Be this perpetuall. What sayes our second Daughter? Our deerest *Regan*, wife of *Cornwall* ?

Reg. I am made of that selfe-mettle as my Sister, And prize me at her worth. In my true heart, I finde she names my very deede of loue : Onely she comes too short, that I professe My selfe an enemy to all other ioyes, Which the most precious square of sense professes, And finde I am alone felicitate In your deere Highnesse loue.

Cor. Then poore *Cordelia*, And yet not so, since I am sure my loue's More ponderous then my tongue.

Lear. To thee, and thine hereditarie euer, Remaine this ample third of our faire Kingdome, No lesse in space, validitie, and pleasure Then that conferr'd on *Generill*. Now our Ioy, Although our last and least : to whose yong loue The Vines of France, and Milke of Burgundie, Striue to be interest. What can you say, to draw A third, more opilent then your Sisters? speake.

Cor. Nothing my Lord.

Lear. Nothing ?

qq 2   *Cor.*

Abbildung 3: Erste Folioausgabe (F1)

the seventh scene numbered [...] as „Septima". It may therefore be important to note not only that the compositor responsible for „Septima" was E rather than B, but also that between „Quinta" and „Septima" at least twelve working days must have elapsed.[42]

Ob die fehlerhafte Numerierung eindeutig auf eine Auslassung hinweist, wurde vor allem in neueren Untersuchungen zur Überlieferung von *King Lear* zunehmend in Frage gestellt. Wäre im Anschluß an Szene zwei beim Druck von F1 versehentlich eine Szene ausgelassen worden, hätte, wie Taylor anführt, der Numerierungsfehler eigentlich zwischen den Szenen zwei und drei auftreten müssen. Die fehlerhafte Angabe könnte daher auch auf einen Irrtum beim Satz der Szeneneinteilung zurückgehen.[43]

Der *Lear*-Text der Folioausgabe weicht deutlich von dem der ersten Quartoausgabe ab, wenn ihm einerseits etwa 300 Zeilen fehlen, die noch in Q1 und Q2 vorhanden waren, er andererseits aber auch circa 100 Zeilen aufweist, die in den Quartoausgaben nicht auftreten. Neben den Wortabweichungen zeigen sich im Foliodruck bereits deutlich die Ergebnisse einer zunehmenden sprachlichen Standardisierung in elisabethanischer Zeit, da sowohl Orthographie und Interpunktion als auch Zeilenanordnung und Versmaß gegenüber den Quartodrucken modernisiert und regularisiert wurden.

1.3.1 Der Druckprozeß

Die erste Folioausgabe wurde, wie schon die Pavier-Quartos, in der Druckerei von William und Isaac Jaggard angefertigt. Am Druck waren bis zu zehn Setzer beteiligt, die ihren Vorlagentext anhand einer abgeteilten Vorlage nach Druckformen setzten.[44] Eine Analyse der Bögen ergab, daß für den Satz von *The Tragedy of King Lear* die mit den Buchstaben B und E bezeichneten Setzer verantwortlich waren. Setzer B, der von seiner Druckvorlage häufig abwich, können dabei die Seiten qq2, 3ᵛ, 5, rriᵛ (Spalte b), 2ᵛ, 3ᵛ–6ᵛ zugeschrieben werden. Setzer E fiel der verbleibende Text zu. Es scheint sich bei Setzer E aufgrund der hohen Fehler-

---

[42] The First Folio of Shakespeare. The Norton Facsimile. Based on Folios in the Folger Shakespeare Library Collection. Nachdruck der Ausg. London 1623. 2nd Ed. Prepared by Charlton Hinman. With a new Introduction by Peter W.M. Blayney. New York 1996, S. xxxiii.

[43] Gary Taylor: King Lear. The Date and Authorship of the Folio Version. In: Ders./Michael Warren (Hrsg.): The Division of the Kingdoms. Shakespeare's Two Versions of „King Lear". Oxford 1983 (= Oxford Shakespeare Studies), S. 351–468, hier S. 418.

[44] Vgl. auch Gary Taylor: The Shrinking Compositor A of the Shakespeare First Folio. In: Studies in Bibliography 34, 1981, S. 96–117.

quote um den Lehrling John Leason gehandelt zu haben, der erst 1622 von Jaggard eingestellt worden war und sein Handwerk noch nicht beherrschte.[45]

1.3.2 Die Preßkorrektur

Auch bei der Folioausgabe wurden vor und während des Drucks Preßkorrekturen durchgeführt. Zuständig für die Korrektur war vermutlich Isaac Jaggard, der punktuell vor allem eindeutige Druckfehler korrigierte.[46] Da Jaggard, wie die spärlichen Eingriffe bei Wortfehlern bezeugen, offensichtlich nicht nach Vorlage vorging, scheint er vor allem an der Herstellung eines typographisch sauberen und orthographisch korrekten, nicht aber an der Produktion eines vorlagengetreuen Textes interessiert gewesen zu sein.[47] So beschränken sich auch bei *King Lear* seine Eingriffe vorwiegend auf Akzidenz und Typographie. Sinnverändernde Korrekturen führen überwiegend zu einer Textverschlechterung und sind als Konjekturen Jaggards einzustufen.

---

[45] Zum Druckprozeß vgl. Hinman (Hrsg.), The First Folio of Shakespeare, S. xxxiii–xxxvii; ders.; The Printing and Proof-Reading I, S. 271, 277 u. 293; Trevor H. Howard-Hill: New Light on Compositor E of the Shakespeare First Folio. In: The Library 6th Ser. 2, 1980, S. 173–178; CBf, S. 62f.

[46] Vgl. Hinman, The Printing and Proof-Reading I, S. 236–239; Blayney, The Texts of King Lear, S. 222.

[47] Vgl. Hinman (Hrsg.), The First Folio of Shakespeare, S. xxx–xxii; ders., The Printing and Proof-Reading I, S. 238f.; Blayney, The Texts of King Lear, S. 206f.

2 Editionsgeschichte

Die Editionsgeschichte des *King Lear* ist determiniert von der Frage, wie die jeweiligen Editoren die Authentizität der überlieferten Erstdrucke bewerten. Auch wenn heute weitgehend anerkannt wird, daß die erste Quarto- und die erste Folioausgabe auf autoritativen Druckvorlagen basieren, wurden die Textzeugen bis ins späte 20. Jahrhundert als verderbte Ableitungen eines nicht mehr erhaltenen Urtextes betrachtet. Um die Überlieferung und die textliche Divergenz der Ausgaben zu erklären, wurden unterschiedliche Modelle entwickelt, die allesamt auf der Überzeugung beruhten, daß die Drucke bei der Textkonstitution zu einem singulären Text zu konflationieren seien. Erst seit den achtziger Jahren des 20. Jahrhunderts werden die Drucke als *Fassungen* anerkannt und getrennt voneinander ediert. Da das editorische Verfahren bei der Fassungsedition, dessen Konsequenzen im Rahmen der vorliegenden Arbeit erörtert werden, aus dem wissenschaftlichen Diskurs zur Überlieferungsproblematik bei *King Lear* hervorgeht, sollen im folgenden die Editionsgeschichte des Dramas und die damit verbundenen Unterschiede bei der Textkonstitution in *Lear*-Ausgaben skizziert werden.

2.1 Das 18. Jahrhundert

Noch vor dem Zeitalter der Romantik wurde Shakespeare in England der Status eines Klassikers zugesprochen. Die Grundlage für die Glorifizierung des Dramatikers als Originalgenie hatten bereits seine Herausgeber Heminge und Condell im Vorwort der Folioausgabe von 1623 geschaffen: „And what he thought, he uttered with that easinesse, that wee haue scarse receiued from him a blot in his papers."[1] Der Überzeugung folgend, „if Shakespeare was a classic, he should be edited like a classic",[2] wurden nun im 18. Jahrhundert die bei antiker Überlieferung applizierten Methoden der Konflation und Konjektur von den *gentlemen editors* auf die Drucke Shakespeares übertragen.[3] Aufgrund der unterschiedlichen Überlieferungssituation führte jedoch die Anwendung altphilologischer Verfah-

---

[1] Hinman (Hrsg.), The First Folio of Shakespeare, S. 7.

[2] Gary Taylor: Reinventing Shakespeare: A Cultural History from the Restoration to the Present. London 1990, S. 89.

[3] Ronald B. McKerrow: The Treatment of Shakespeare's Text by his Earlier Editors, 1709–1768. In: Studies in Shakespeare. Ed. by H.S. Bennett et al. Selected and Introduced by Peter Alexander. London, New York 1964, S. 103–131, hier S. 120.

ren, die am Beispiel einer weitverzweigten, nicht-autoritativen Manuskriptüber-
lieferung entwickelt worden waren, zu einem eklektischen Editionsverfahren bei
Shakespeare, das sich in den *King Lear*-Editionen des 18. und 19. Jahrhunderts
manifestiert.[4]

Die in der Klassikeredition geschulten, frühen Herausgeber von Shakespeares
King Lear waren der Überzeugung, daß der archetypische Urtext weder durch den
Quarto- noch den Foliodruck, gleichwohl aber durch ein verlorenes Autormanu-
skript repräsentiert werde. Die überlieferten Textträger wurden somit als verderbte Derivate eines Originalmanuskripts bewertet, die nur bedingt Autorität
für die Edition besaßen. Zur Rekonstruktion des „single lost original"[5] wurden
bei der Textkonstitution eklektisch einzelne Lesarten ausgewählt sowie unklare
oder dem Herausgeber mißfallende Stellen emendiert.[6] Für die Beurteilung der
Authentizität der Texte gab es dabei keine einheitlich verbindlichen Kriterien; sie
oblag allein der subjektiven Urteilskraft der Herausgeber. Da im 18. Jahrhundert
nicht alle Editoren Zugang zu den überlieferten Texten hatten und ein wissenschaftlich fundiertes Editionsverständnis, das eine Kollation der Frühdrucke bedingt hätte, sich erst im 19. Jahrhundert entwickelte, wurden als Textgrundlage
für eine Neuausgabe häufig frühere Editionen herangezogen.[7]

2.1.1 Nicholas Rowe

Nach den anonymen Bearbeitungen der zweiten bis vierten Folioausgabe war
Rowe der erste namentlich bekannte Herausgeber von Shakespeares Gesamtwerk. Auch wenn der Text seiner 1709 erschienenen, mehrbändigen Gesamtaus-
gabe[8] allein auf der vierten Folioausgabe basiert, unterscheidet sich Rowe durch
sein editorisches Bewußtsein erheblich von seinen anonymen Vorgängern. Sein
Verdienst für die Shakespeare-Edition liegt vor allem in redaktionellen Eingriffen
wie der Vereinheitlichung von Sprechernamen, der Einführung eines Personen-

---

[4] Vgl. Simon Jarvis: Scholars and Gentlemen: Shakespearean Textual Criticism and Representations of Scholarly Labour. 1725–1765. Oxford 1995, und Margreta deGrazia: Shakespeare
Verbatim. The Reproduction of Authenticity and the 1790 Apparatus. Oxford 1991.

[5] Steven Urkowitz: Shakespeare's Revision of King Lear. Princeton 1980 (= Princeton Essays
in Literature), S. 5. Das konjekturale Element des an den Klassikern geschulten Editionsverfahrens kam dabei in der subjektiven Beurteilung der Texte durch die *gentlemen editors*
zur Geltung.

[6] Andreas Kreßler: Lears, Hamlets, …Shakespeares? Textvarianten und Konsequenzen. In:
Jahrbuch der Deutschen Shakespeare-Gesellschaft 127, 1991, S. 39–52, hier S. 41f.

[7] Vgl. dazu auch Gabler, Der Text, S. 225ff.

[8] The Works of Mr. William Shakespeare. In Six Volumes. Revis'd and Corrected, with an
Account of the Life and Writings of the Author. Ed. by Nicholas Rowe. London 1709.
Reprinted with an Introduction by Samuel H. Monk. New York 1967 (= Augustan Reprint
Society Publ. 17 = Extra Ser.1).

verzeichnisses, der Überarbeitung von Bühnenanweisungen sowie der Akt- und Szenenstruktur.[9]

Wie Delius treffend formuliert, gelang es Rowe, der noch keinen Zugriff auf die frühen Quartodrucke hatte, „allein aus der Folio einen immerhin lesbaren Text des *King Lear* herzustellen".[10] Rowes Eingriffe in den Foliotext des Dramas beschränken sich auf normalisierende Redaktionen und die Reduktion der in F4 aufgeführten 23 Szenen auf 18. Auf ihn gehen zudem einige Emendationsvorschläge zurück, die noch heute berücksichtigt werden.

2.1.2 Alexander Pope

Die 1725 erschienene Shakespeare-Ausgabe Popes[11] ergänzt die formalen Überarbeitungen Rowes und führt eine Akt- und Szeneneinteilung nach italienisch-französischem Muster ein.[12] So beginnt in seiner *Lear*-Edition mit jedem Auftritt einer wichtigen Person eine neue Szene, wodurch insgesamt 60 Szenen entstehen. Außerdem finden sich redaktionelle Überarbeitungen sowie einige einschneidende Veränderungen bei der Textkonstitution. Popes unter den *Historical Plays* eingeordneter *King Lear* basiert ebenfalls auf dem Foliotext, ist aber bereits durch Passagen des Quartodrucks ergänzt. Da Pope, gemäß seinem poetologisch-normativen Shakespeare-Bild Textstellen, deren Authentizität er bezweifelte, gänzlich strich oder in Fußnoten relegierte, erweist sich sein Text als eigenwillige Revision des Roweschen *King Lear*.

2.1.3 Lewis Theobald

Die hermeneutischen Grundsätze für die Emendation, die Theobald erstmals in seiner 1733 erschienenen Shakespeare-Ausgabe aufstellte, waren für die Editionsgeschichte Shakespeares richtungsweisend. Theobalds *Lear*-Text, der auf einem aus den Ausgaben Rowes und Popes hergeleiteten Foliotext basiert, zeichnet sich bereits durch ein kritisches Vorgehen bei Konjekturen und Anmerkungen aus. Theobald brachte zudem als erster die noch im 20. Jahrhundert favorisierte These auf, die Vorlage für den Quartodruck sei eine im Theater entstandene

---

9 Eine detaillierte Beschreibung von Rowes editorischem Vorgehen liegt vor bei McKerrow, The Treatment of Shakespeare's Text, S. 105–115.

10 Nikolaus Delius: Ueber den ursprünglichen Text des King Lear. In: Jahrbuch der Deutschen Shakespeare-Gesellschaft 10, 1875, S. 50–74, hier S. 73.

11 The Works of Shakespear in Six Volumes: Collated and Corrected by the Former Editions by Mr. [Alexander] Pope. London 1723–1725. Nachdruck New York 1969.

12 Vgl. McKerrow, The Treatment of Shakespeare's Text, S. 117.

Raubkopie.[13] Insgesamt hebt sich Theobalds *Lear*-Edition durch die stärkere Einarbeitung von Quartopassagen von der seines Vorgängers ab und nähert sich somit bereits der Gestalt des konflationierten *King Lear*-Textes an.

2.1.4 Samuel Johnson

Nach den Editionen Hanmers (1744) und Warburtons (1747) stellt die *King Lear*-Edition Johnsons (1765–1768) eine weitere bedeutende Stufe in der editionsgeschichtlichen Entwicklung des Dramas dar. Obwohl auch seine Ausgabe auf einem derivativen Vorlagentext basiert, unterscheidet sie sich in ihren kommentierenden Anmerkungen deutlich von den Editionen seiner Vorgänger. Johnson, der als der Begründer der Shakespeare-Kommentierung gilt, differenziert in seinem *Lear*-Text typographisch zwischen Folio- und Quartolesungen und weist seine Leser in den Anmerkungen immer wieder auf die Textvarianten in den Erstdrucken hin.[14] Auf ihn geht zudem die bis in das 20. Jahrhundert kontrovers diskutierte These zurück, daß der Foliodruck von *King Lear* eine Revision des Quartotextes darstelle: „yet I believe the folio is printed from *Shakespeare*'s last revision, carelesly and hastily performed."[15]

2.1.5 Edward Capell

Capell, der eine der bedeutendsten Shakespeare-Sammlungen seiner Zeit besaß, standen bei der Texterstellung weitaus mehr Quartoausgaben zur Verfügung als seinen Vorgängern.[16] Obwohl er die Frühdrucke sorgfältig kollationierte und den Text seiner 1768 erschienenen Edition auf neugefertigten Abschriften der elisabethanischen Originale gründete, ging auch er bei der Textkonstitution eklektisch vor: „It […] became proper and necessary to look into the older editions, and to select from thence whatever improves the Author, or contributes to his advancement in perfectness".[17] Obwohl Capell im allgemeinen annahm, daß die

---

13 The Works of Shakespeare. In Seven Volumes. Collated with the Oldest Copies, and Corrected with Notes, Explanatory, and Critical. By [Lewis] Theobald. London 1733 bis 1734. Nachdruck New York 1967 (= Augustan Reprint Society Publ. 20= Extra Ser.2), Bd. 1, S. xxxvii–xxxviii. Vgl. auch Peter Seary: Lewis Theobald and the Editing of Shakespeare. Oxford 1990.

14 Vgl. Gabler, Der Text, S. 236.

15 The Plays of William Shakespeare in Eight Volumes. With the Corrections and Illustrations of Various Commentators. To which are Added Notes by Sam[uel] Johnson. London 1765–1768. Nachdruck New York 1968, Bd. 6, S. 148.

16 Vgl. McKerrow, The Treatment of Shakespeare's Text, S. 128–131.

17 Mr. William Shakespeare: His Comedies, Histories, and Tragedies. Set out by Himself in Quarto, or by the Players his Fellows on Folio, and now Faith-fully Republish'd from

Shakespeareschen Quartoausgaben von autoritativen Vorlagen gesetzt wurden und die Foliotexte derivative Nachdrucke darstellten, hielt er die erste Quartoausgabe von *King Lear* aufgrund ihrer schlechten Textqualität für verderbt. Seine Edition des Dramas ist der These verpflichtet, daß sich die beiden Quartodrucke (Q1 und Q2) gegenseitig korrigieren, der Foliotext aber an einigen Stellen die einzig korrekte Lesung enthält. Gemäß der Editionstradition des 18. Jahrhunderts ist somit auch sein editorisches Verfahren bei *King Lear* von Eklektizismus geleitet.[18]

2.1.6 Edward Malone

Gegen Ende des 18. Jahrhunderts setzte eine Hinwendung zu einem historischen Shakespeare-Verständnis ein, die in den Variorum-Ausgaben des 19. Jahrhunderts gipfelte.[19] Die verstärkte Auseinandersetzung mit der Geschichte der Shakespeareforschung zeigt sich in der Edition Malones, wenn diese sämtliche Konjekturen früherer Editoren verzeichnet. Malones *King Lear* begründet schließlich die Gestalt des auf Basis der Frühdrucke erstellten, konflationierten Textes, der bis ins 20. Jahrhundert als richtungsweisend galt.[20] Wenngleich bereits Capell Quarto- und Foliodrucke des Dramas kompilierte, mag es vor allem dem Einfluß Malones wissenschaftlicher Reputation zuzuschreiben sein, daß nachfolgende Editoren von der Konvention des foliobasierten, konflationierten *King Lear* nicht abzuweichen wagten:

> Malone's extraordinary scholarly labours earn a genuine and deserved respect from later editors, but the strength of his reputation also seems to have validated the unproven hypothesis of a lost original manuscript for King Lear, and to have lent authority to the composite texts that try to reproduce it.[21]

---

those Editions in ten Volumes Octavo. With an Introduction: Whereunto will be Added in some other Volumes, Notes, Critical and Explanatory and a Body of Various Readings entire. Ed. by Edward Capell. London 1768, Bd. 1, S. 21f.

[18] Vgl. Edward Capell: Notes and Various Readings to Shakespeare. 3 Bde. London 1779. Nachdruck New York 1970, Bd. 1, Teil 2, S. 140.

[19] Vgl. Gabler, Der Text, S. 236ff.

[20] The Plays and Poems of William Shakespeare. Collated Verbatim with the most Authentick Copies, and Rev. with Corrections and Illustrations of Various Commentators. To which are Added, an Essay on the Chronological Order of his Plays; an Essay Relative to Shakspeare and Jonson; a Dissertation on the 3 p. of King Henry VI; an Historical Account of the English Stage; and Notes. Ed. by Edmond Malone. 7 Bde. London 1790. Nachdruck New York 1968.

[21] Steven Urkowitz: The Base Shall to th' Legitimate: The Growth of an Editorial Tradition. In: Taylor/Warren (Hrsg.), The Division of the Kingdoms, S. 23–44, hier S. 40.

2.2 Das 19. Jahrhundert

Die Verklärung Shakespeares zum Originalgenie wurde im 19. Jahrhundert nach und nach von einer positivistisch orientierten Shakespearekritik abgelöst. Unter dem Einfluß der Naturwissenschaft wurde nun auf Grundlage empirischer Methoden die Authentizität des Shakespearekanons diskutiert und in Frage gestellt. Obwohl das 19. Jahrhundert Shakespeare als kollaborierenden Autor einstufte, ist die Desintegration des Werkkanons als Pendant zur Originalgeniebewegung im 18. Jahrhundert zu begreifen, da die Untersuchung der Stücke auf die Zuschreibung von Autorschaft und die Erstellung eines *authentischen* Shakespeare-Textes abzielte.[22]

Die Frage nach der Autorität der Drucke stand auch bei der Diskussion der *Lear*-Zeugen im Vordergrund. Als Vorlage für den Quartodruck wurde vor allem Theobalds These der illegitimen, in Stenographie verfaßten Theatermitschrift favorisiert.[23] Versuche Knights[24] und Koppels,[25] die Theorie Johnsons aufzugreifen und den Foliodruck als Ergebnis von Autorrevision zu erklären, wurden von der opinio communis zurückgewiesen: „Die Differenzen zwischen dem Quartotext und dem Foliotext des King Lear [...] sprechen nicht für, sondern gegen die Annahme einer späteren Revision des Dramas von Shakespeares Hand."[26] Die Ausgaben aus dieser Zeit weisen somit weiterhin den nach dem Vorbild Malones konstituierten, konflationierten Text auf, von dem nur wenige Editoren abwichen. Eine Ausnahme stellt die Edition Knights dar, die nach der Maxime „not a line which appears to have been written by Shakespeare ought to be lost"[27] den Foliotext wiedergibt und die Quartopassagen in Klammern setzt.

---

[22] Hugh Grady: The Modernist Shakespeare. Critical Texts in a Material World. Oxford 1991, S. 47ff.

[23] Vgl. die von Alexander Schmidt im Jahre 1880 getätigte Äußerung: „If it proved too much for one shorthand writer, two or three could accomplish it, [...] and if it could not be finished at the first performance, it could certainly be done at the second or third." (zit. nach Urkowitz, Shakespeare's Revision, S. 7).

[24] The Pictorial Edition of the Works of Shakespeare. Ed. by Charles Knight. 8 Bde. London 1839–1843. Vgl. auch Furness, S. 360–373.

[25] Richard Koppel: Textkritische Studien über Shakespeare's Richard III und King Lear. Dresden 1877.

[26] Delius, Ueber den ursprünglichen Text, S. 74.

[27] Knight (Hrsg.), The Pictorial Edition of the Works of Shakespeare, Bd. 6, S. 392.

2.3 Das 20. Jahrhundert

2.3.1 New Bibliography

Der sich gegen Ende des 19. Jahrhunderts abzeichnende Paradigmenwechsel von einem hermeneutischen zu einem positivistischen Textverständnis schlug sich auch in der Shakespearekritik des 20. Jahrhunderts nieder. Die Methodik der Buchkunde (*Critical Bibliography*) löste die spekulative Vorgehensweise der *disintegrators* ab, die wie Fleay versucht hatten, durch sogenannte *verse tests* die Chronologie des Shakespearekanons zu bestimmen.[28] Zielsetzung der *Critical Bibliography* war es, durch die wissenschaftliche Reflexion editorischer Praktiken ein besseres Verständnis von der Tradierung und den Produktionsbedingungen gedruckter Texte zu gewinnen. Die materielle Basis der Buchkunde („bibliography is the study of books as material objects"[29]) stellte dabei ein Pendant zur Bewegung des *New Criticism* dar und bewirkte eine Trennung von Literatur- und Textkritik. Während sich im 18. Jahrhundert Editoren gleichzeitig auch als Literaturkritiker betätigten, konzentrierten sie sich nun auf die Erfassung von Texten als Zeichensysteme:

> Bibliography is the study of books as tangible objects [...]. It is not concerned with their contents in a literary sense, but it certainly is concerned with the signs and symbols they contain (apart from their significance).[30]

Wenngleich sich die *Critical Bibliography* von dem eklektischen Verfahren der Editoren des 18. und 19. Jahrhunderts abheben wollte, zielte die Aufdeckung von Textverderbnis wiederum auf die Ermittlung des Archetyps und des Autororiginals ab.

Die positivistischen Axiome der Buchkunde bildeten die Grundlage für das Verfahren des *Copy-text-editing*, das bis etwa Mitte des 20. Jahrhunderts die angloamerikanische Editionswissenschaft dominierte. Der Begriff *Copy-text* wurde von McKerrow geprägt, der mit Hilfe druckanalytischer Untersuchungen jeweils die Drucke mit den spätesten, auf den Autor zurückgehenden Korrekturen bestimmte. Diese Drucke legte er dann unter der Bezeichnung *Copy-text* dem Textteil seiner Edition zugrunde. Da er die ästhetisierend-eklektische Textkonstitution

---

[28] Grady, The Modernist Shakespeare, S. 47–60.

[29] W.W. Greg: The Function of Bibliography in Literary Criticism. Illustrated in a Study of the Text of *King Lear*. In: Ders.: Collected Papers. Ed. by James C. Maxwell. Oxford 1966, S. 267–279, hier S. 215.

[30] Ebd., S. 271

der Editoren des 18. und 19. Jahrhunderts ablehnte, verzichtete McKerrow auf jegliche Emendation und folgte strikt dem von ihm gewählten Basistext.[31]

Der Emendationsverzicht McKerrows wurde von Greg als Unterwerfung unter die „tyranny of the copy-text" kritisiert.[32] Greg, der seinen Theorieentwurf als pragmatischen Ratschlag für die Edition von Renaissance-Texten verstand, war der Überzeugung, daß gedruckt überlieferte Texte aufgrund der Intervention von Schreibern, Setzern und Druckern prinzipiell mit Textverderbnis durchsetzt seien und somit keinen autorisierten Text repräsentierten. Da der früheste Zeuge in seinem Zeichenstand der nicht mehr überlieferten auktorialen Niederschrift am nächsten stehe, sei dieser als Copy-Text zu wählen. Auf Greg geht die Differenzierung in sinntragende („the significant, […] ‚substantive', readings of the text […] that affect the author's meaning or the essence of his expression")[33] und akzidentelle Textbestandteile (*accidents* oder *accidentals*)[34] wie „spelling, punctuation, word-division, and the like" zurück. Im Hinblick auf die Textkonstitution sieht sein methodologischer Ansatz vor, daß der Editor nur in der Akzidenz dem Copy-Text folgen solle, da sie in höherem Maße der sukzessiven Textverderbnis unterliege als die *substantives*. Die substantiellen Textbestandteile seien dagegen kritisch auf ihre Authentizität zu prüfen und gegebenenfalls durch Lesarten aus späteren revidierten Zeugen zu korrigieren. Auch bei Wortvarianten ohne bedeutungtragende Funktion, den *indifferent variants,* sei dem Copy-Text zu folgen, wenn nicht entschieden werden könne, ob sie in Folgedrucken auf Revision oder Korruption zurückzuführen seien. Im Gegensatz zu McKerrow findet sich bei Greg wieder die Einbeziehung der subjektiven und kritischen Urteilsfähigkeit des Editors bei der Beurteilung von Textvarianz. Die Entscheidung, ob spätere Varianten in den Copy-Text übernommen werden sollen, liegt nach Greg allein in der Kompetenz des Editors, der beim Umgang mit substantiellen Varianten somit die gleichen Freiheiten besitzt wie der Editor klassischer Texte.[35]

Gregs Methodologie wirkte sich auch auf die Editionspraxis von *King Lear* aus. Wie die Editoren des 18. und 19. Jahrhunderts war Greg der sogenannten *single-text-theory* verpflichtet und betrachtete die *Lear*-Drucke als verderbte Ableitungen eines verlorenen Archetyps. Da er dem Foliotext ein höheres Maß an Autorität als dem Quartodruck zubilligte, sah sein Modell bei dieser Situation von *collateral substantive texts* vor, daß der Foliozeuge als Textgrundlage (Copy-Text) für die

---

[31] Vgl. McKerrow, Prolegomena for the Oxford Shakespeare, S. 17f.
[32] Greg, The Rationale of Copy-Text, S. 382ff. Erste Ansätze zu einer Neuformulierung der Copy-Text-Theorie finden sich bereits 1942 in W.W. Greg: The Editorial Problem in Shakespeare. A Survey of the Foundations of the Text. Oxford 1942.
[33] Greg, The Rationale of Copy-Text, S. 376.
[34] Ebd.
[35] Ebd., S. 377.

Edition herangezogen werden solle.[36] Zur Rekonstruktion des Autortextes wurde dann der Foliodruck an vom Editor als korrupt bewerteten Stellen mit Quarto-passagen eklektisch konflationiert:

> The [...] text of the play [...] is based on F; but since the F texts of other plays contain numerous errors and ‚sophistications‘ (i.e. unauthorized ‚improvements‘), we shall accept Q readings not only where the F readings are manifestly corrupt, but also where Q seems palpably superior. [37]

Resultat dieses Editionsverfahrens war ein nach den Grundsätzen des kritischen Eklektizismus erstellter *idealer Text*, der Anspruch auf Definität erhob und sich durch strukturelle Geschlossenheit auszeichnete.[38]

2.3.1.1 Der Quartotext

In der editionstheoretischen Auseinandersetzung über die mögliche Druckvor-lage des Quartotextes lassen sich im wesentlichen zwei Positionen unterscheiden: Zum einen wurde die These vertreten, die Vorlage sei – bei aller Uneinigkeit über die Tradierung des Quartodrucks – ein mündlich überlieferter Text (*reported text*). Zum anderen wurde postuliert, der Quartotext sei direkt von Shakespeares Entwurfshandschriften (*foul papers*) gedruckt worden.

Nachdem der Quartodruck noch in den Anfängen der Buchkunde von Pollard[39] zu den von Shakespeares Entwurfshandschriften gedruckten *good quartos* gezählt worden war, wurde ihm von Chambers[40] der Status eines *reported text* zu-gesprochen und somit wieder jeglicher Anspruch auf Autorität entzogen. Auch Greg schloß sich Chambers an und kam 1935 zu dem Schluß, daß der Text der ersten Quartoausgabe auf eine während einer Theateraufführung entstandene, stenographische Mitschrift zurückgehe.[41]

Die Kurzschrifthypothese brach erst zusammen, als Duthie[42] die stenogra-phischen Systeme der Zeit untersuchte und aufzeigte, daß kein System leistungs-fähig genug für die Aufzeichnung eines im Spieltempo gesprochenen Theater-stücks war. Doch auch nach der Zurückweisung der Kurzschrifthypothese wurde an der Theorie der Textzwischenträger festgehalten: Duthie plädierte für ein

---

[36] Ebd., S. 391.
[37] William Shakespeare: King Lear. Ed. by Kenneth Muir. London 1952 (The Arden Shake-speare), S. xvii.
[38] Vgl. hierzu auch Hans Walter Gabler: Textual Studies and Criticism. In: Dave Oliphant/ Robin Cradford (Hrsg.): New Directions in Textual Studies. Austin 1990, S. 151–166.
[39] Alfred W. Pollard: Shakespeare Folios and Quartos. A Study in the Bibliography of Shake-speare's Plays 1594–1685. London 1909, S. 76.
[40] Chambers, William Shakespeare, Bd. 1, S. 463–470.
[41] Greg, The Function of Bibliography, S. 289.
[42] George Ian Duthie: Elizabethan Shorthand and the First Quarto of King Lear. Oxford 1949.

Gedächtnisprotokoll (*memorial reconstruction*) der Schauspieler während einer Tournee in der Provinz: „I imagined its personnel gathered round a scribe, each actor dictating his own speeches in a kind of performance without action".[43]

Später modifizierte er seine Theorie und schloß sich der Position Walkers an, die dafür plädierte, daß die Vorlage des Quartotextes eine auf Grundlage der Entwurfshandschrift Shakespeares erstellte und durch ein Gedächtnisprotokoll verderbte Raubkopie der *boy actors* sei.[44] Obwohl auch Walkers These von der Vorstellung eines überbrachten Quartotextes ausgeht, fokussiert sie schon die Möglichkeit einer autorisierten Vorlage und wertet somit den Status der ersten Quartoausgabe erheblich auf. Vor Walker hatte Doran bereits 1931 die Theorie vorgebracht, daß die Quartoausgabe von Shakespeares Entwurfshandschriften gedruckt wurde.[45] Die zahllosen Textfehler in Q1 erklärte Doran durch eine unleserliche handschriftliche Vorlage, welche erst nach der Revision durch Shakespeare ihre endgültige Form im Foliotext erreicht habe.

2.3.1.2 Der Foliotext

Als Vorlage für den Foliotext wurde gemeinhin eine unautorisierte Einrichtung für das Theater in Form eines mit Anmerkungen versehenen und mit dem Bühnenmanuskript kollationierten Quartoexemplars angenommen. Von Doran wurde die schon von Johnson, Koppel und dem Theaterkritiker Granville-Barker[46] eingeführte Hypothese der Revision wieder aufgebracht. Doran verstieß damit jedoch gegen die vorherrschende wissenschaftliche Meinung, deren Druck sie nicht standzuhalten vermochte. Genötigt von Greg widerrief sie 1941 ihre Revisionsthese, hielt jedoch weiterhin an der Annahme fest, der Quartodruck repräsentiere eine frühere Form des Stücks.[47]

---

[43] Ebd., S. 131.

[44] Alice Walker: Textual Problems of the First Folio. Cambridge 1953 (= Shakespeare Problems; 7), S. 49.

[45] Doran, The Text of King Lear, S. 122–137.

[46] Harley Granville-Barker: Prefaces to Shakespeare. 2 Bde. London 1930, Bd. 1, S. 328f.

[47] Klaus Bartenschlager/Hans Walter Gabler: Die zwei Fassungen von Shakespeares King Lear: Zum neuen Verhältnis von Textkritik und Literaturkritik. In: Deutsche Shakespeare-Gesellschaft West, Jahrbuch, 1988, S. 163–186, hier S. 169.

2.3.2 Die Fassungsthese

2.3.2.1 Theorie der Autorrevision

Mitte der siebziger Jahre des 20. Jahrhunderts wurde von Warren die These der Autorrevision erneut aufgegriffen. Während noch im Jahre 1965 Honigmanns[48] Belege für eine Revision in den Theaterstücken Shakespeares von der opinio communis zurückgewiesen worden waren, gelang es Warren anhand der strukturellen Relation von Varianten die unterschiedliche Charaktergestaltung der Figuren Albany und Edgar in Quarto- und Folio-*Lear* aufzuzeigen.[49] Da Warren die Divergenzen der Frühdrucke auf Fassungsunterschiede zurückführte, wandte er sich gegen die eklektische Konflation der Zeugen zu einem singulären Text:

> Conflated texts such as are commonly printed are invalid, and should not be used either for production or for interpretation. Though they may give their readers all of „what Shakespeare wrote", they do not give them Shakespeare's play of *King Lear*, but a play created by the craft and imagination of learned scholars, a work that has no justification for its existence.[50]

Warrens These wurde gestützt durch zwei weitere Untersuchungen, die unabhängig voneinander ebenfalls eine fassungsspezifische Interdependenz von Varianten in den *Lear*-Frühdrucken nachweisen konnten. Taylor,[51] der die strukturelle Darstellung des Krieges untersuchte, und Urkowitz,[52] der in Abkehr vom *poetic drama* das dramatisch-szenische Potential der Varianten im Kontext ihrer jeweiligen Fassungen aufzeigte, kamen ebenfalls zu dem Ergebnis, daß die Textunterschiede nur durch Autorrevision zu erklären seien: „the theory of revision as the basis for variants in *King Lear* offers a more powerful, more complete, and more coherent explanation for the data than any other theory so far stated."[53]

Das erneute Aufgreifen der Revisionsthese stellte nicht nur das vorherrschende, aus der Romantik überkommene Autorbild in Frage, sondern leitete zugleich einen Paradigmenwechsel in der Editionswissenschaft ein, der die literaturkritische Betrachtung von Text, die durch die positivistische Wissenschaftsauffassung der Buchkunde zurückgedrängt worden war, wieder in den Vordergrund

---

[48] Ernst A.J. Honigmann: The Stability of Shakespeare's Text. London 1965.

[49] Michael J. Warren: Quarto and Folio King Lear and the Interpretation of Albany and Edgar. In: David Bevington/Jay L. Halio (Hrsg.): Shakespeare: Patterns of Excelling Nature. Shakespeare Criticism in Honor of America's Bicentennial from the International Shakespeare Ass. Congress Washington, D.C., April 1976. Newark 1978, S. 95–107.

[50] Ebd., S. 105.

[51] Gary Taylor: The War in King Lear. In: Shakespeare Survey 33, 1980, S. 27–34.

[52] Urkowitz, Shakespeare's Revision.

[53] Ebd., S. 149.

rückte.[54] Im Gegensatz zu buchkundlichen Untersuchungen und früheren Ansätzen zur Revisionsthese stützten die *New Revisionists* ihr Argument auf eine hermeneutisch motivierte Textevaluation, die die strukturellen Relationen von Varianten innerhalb ihres Fassungskontextes berücksichtigt und die Varianz der Texte auf Grundlage dramenästhetischer Kriterien begründet. Die in der Editionswissenschaft vorherrschenden buchkundlichen Paradigmen wurden zwar anerkannt, der makroskopischen Untersuchung des Variantenverbundes jedoch untergeordnet.[55] Wie exemplarisch in der Aufsatzsammlung *The Division of the Kingdoms*[56] vorgeführt, konnte durch die Kombination von hermeneutischem und positivistischem Befund erstmals schlüssig nachgewiesen werden, daß die Divergenzen zwischen Quarto- und Foliotext nicht auf Textverderbnis, sondern auf Fassungsunterschiede zurückzuführen sind. Analog zu Doran setzten auch die *New Revisionists* als Druckvorlage für den Quartotext eine Entwurfshandschrift Shakespeares an.

Während die Annahme, die Quartoausgabe sei direkt von Shakespeares Entwurfshandschriften gedruckt worden, heute mehrheitlich akzeptiert ist, wird, wie am Beispiel der nachfolgend aufgeführten Positionen gezeigt werden kann, die Frage nach der Vorlage für den Foliodruck immer noch kontrovers diskutiert.

Aufgrund einer Analyse der Preßkorrekturen und der akzidentellen Varianz in den überlieferten Quarto- und Foliodrucken wird von Taylor und Wells die Position vertreten, bei der Druckvorlage für den Foliotext handle es sich um ein in Abgleich mit einem unabhängigen Manuskript kollationiertes und annotiertes Exemplar der zweiten Quartoausgabe. Die handschriftliche Quelle leite sich wie-

---

[54] Daß rein buchkundliche Fakten für die Beurteilung der Textrelationen keine neuen Ergebnisse erbringen können, hatte sich bereits bei Greg gezeigt, der 1927 eine Revision bei *King Lear* noch vehement abgelehnt hatte. Auch nach Relativierung seiner Position fand er trotz der extensiven Untersuchung der Varianz keine befriedigende Erklärung für die Deszendenz der Quelltexte: „*King Lear* still offers a problem for investigation" (Greg, Shakespeare's First Folio, S. 383). Auch die auf den Druckprozeß fokussierten Studien von Stone (The Textual History) und Blayney (The Texts of King Lear), die zwar beide zu dem Ergebnis führen, daß die Folio- eine spätere Fassung des Quartotextes darstellt, basieren auf einer analytisch-buchkundlichen Textbetrachtung und vernachlässigen den literaturkritisch interpretierbaren Zusammenhang der Varianten in den Fassungen.

[55] Stone (The Textual History), der Q1 als autoritative Textfassung und F als eine von fremder Hand vorgenommene Revision betrachtet, leitet zwar die These eines neuen stemmatischen Modells für F bereits 1980 ein, bedient sich dabei allerdings ausschließlich buchkundlicher Methoden in der Tradition Gregs. Auch Blayneys extensive Analyse über den Druckprozeß der Quartoausgabe geht über rein buchkundliche Methoden nicht hinaus. Die für den zweiten Band angekündigte Anwendung seiner Ergebnisse auf das Textproblem von *King Lear* steht bis heute aus.

[56] Taylor/Warren (Hrsg.), The Division of the Kingdoms.

derum aus dem Exemplar von Q1 ab, das Shakespeare zwischen 1609 und 1610 zu revidieren begann.[57] Halio setzt hingegen die Revision der ersten Quartoausgabe zwischen 1611 und 1612 an.[58] Seiner Einschätzung nach sei auf der Grundlage eines im Theater benutzten Soufflierbuchs und des revidierten Quartoexemplars ein neues Soufflierbuch erstellt worden, das dann als Druckvorlage für F herangezogen wurde. Im Gegensatz zu Wells und Taylor erkennt Halio den Einfluß der zweiten Quartoausgabe erst im Druck (*collateral influence*) und nur hinsichtlich der Akzidenz an; die substantiellen Varianten hingegen entstammten ausschließlich dem neu erstellten Soufflierbuch.[59]

Unterschiedliche Positionen liegen jedoch nicht nur bezüglich der stemmatischen Relation der Zeugen, sondern auch zu der Identität des Revisors vor. Noch in den 70er und 80er Jahren wurde die Revision vornehmlich auf Shakespeare beschränkt und durch inhaltliche und linguistische Kriterien belegt. Adaption, Zensur, Co-Autorschaft und Setzerwillkür wurden als Ursachen für die Fassungsunterschiede systematisch ausgeschlossen.[60] Die Anerkennung der Revision stellte zwar das in der ersten Folioausgabe entworfene Bild des „unfehlbaren" Autors im Hinblick auf den Schreibprozeß in Frage; zur Begründung von Motivation und Autorisation der Überarbeitung wurde zunächst jedoch wiederum das Geniekonzept bemüht: „The mad trial is so good, by the normal standards of this world, that perhaps no one but Shakespeare could have been dissatisfied with it."[61] Gestützt wurde der autorzentrierte Ansatz durch die These, daß die in der Foliofassung auftretenden Änderungen grundsätzlich eine Verbesserung der

---

[57] Vgl. TC, S. 529ff. sowie Taylor, King Lear, S. 428f.; siehe aber auch Trevor H. Howard-Hill: Q1 and the Copy for Folio *Lear*. In: PBSA 80, 1986, S. 419–435, und CBf, S. 63–68.

[58] CBf, S. 69f.

[59] Ebd. Die Beurteilung der stemmatischen Relationen der Textzeugen nach der Revisionsthese beruht, wie bei den hier skizzierten Positionen, auf der Vorstellung, der Quartotext repräsentiere eine frühere Fassung des Werks *King Lear* als der Foliotext. Der Annahme einer Deszendenz von Q zu F steht die These gegenüber, daß der Quartotext auf auktoriale Revision zurückgehen, der Foliotext hingegen eine frühe, mit Textverderbnis durchsetzte Fassung der Entwurfspapiere Shakespeares darstellen könnte. Vgl. Weis, S. 39f. und Frank Kermode: Shakespeare's Language. London 2000, S. 184.

[60] Vgl. die Beiträge von John Kerrigan (Revision, Adaptation, and the Fool in *King Lear*, S. 195–246), Paul Werstine (Folio Editors, Folio Compositors, and the Folio Text of *King Lear*, S. 247–312) und MacD.P. Jackson (Fluctuating Variation: Author, Annotator, or Actor?, S. 313–350) in: Taylor/Warren (Hrsg.), The Division of the Kingdoms; sowie Taylor, King Lear.

[61] Gary Taylor: Monopolies, Show Trials, Disaster, and Invasion: *King Lear* and Censorship. In: Ders./Warren (Hrsg.), The Division of the Kingdoms, S. 75–120, hier S. 101.

bühnentechnischen Wirkung darstellen („that *King Lear* is a better drama in its later state")[62]

Beide Positionen sind jedoch zunehmend von Gegnern der Revisionsthese in Frage gestellt worden. So argumentiert Clare, daß Bühnenaufführungen der letzten 30 Jahre nur auf den konflationierten Texten basierten, da die in der Folioausgabe vorgenommenen Streichungen von Produzenten, Schauspielern und dem Publikum als nachteilig empfunden würden.[63] Die Streichungen in der Folioausgabe stammten deshalb nicht notwendigerweise von Shakespeare selbst, sondern könnten aus den verschiedensten Gründen vorgenommen worden sein, etwa um der Rolle eines Starschauspielers mehr Gewicht zu verleihen. Clare lehnt somit, wie auch Knowles und Murphy, eine Autorisation für die Varianz in F entschieden ab.[64] Die Beobachtung, daß nicht alle Änderungen die Quartofassung aufwerten, kann jedoch weder als Beleg noch als Ausschlußkriterium für eine Autorrevision dienen. Wie Howard-Hill am Beispiel neuzeitlicher Schriftsteller aufzuzeigen vermag, führt Autorrevision nicht notwendigerweise zu einer erkennbaren Verbesserung der vorangehenden Fassung. Nicht jede Variante spiegelt die Genialität des Autors wider und beweist somit die Authentizität einer Revision:

> It is manifestly ridiculous to believe that every variation a revising author introduces will bear the mark of his genius so that the variant will not only improve the text but improve it in a manner that only the author could […].[65]

Daß die bei Clare aufgeführten Streichungen und die zahlreichen, der Gruppe der *indifferent variants* zuzuordnenden Varianten in *King Lear* nicht zu einer unmittelbar erkennbaren Verbesserung der Foliofassung führen, schließt ihre Autorität nicht notwendigerweise aus. Aufgrund der theatergeschichtlichen Faktoren kann die Revision jedoch nicht eindeutig auf Shakespeare reduziert werden. Da Shakespeare als Schauspieler und Mitinhaber der *King's Men* sowohl künstlerische als auch finanzielle Kontrolle ausübte, mögen Textänderungen einerseits kaum

---

[62] Stanley Wells: The Once and Future *King Lear*. In: Taylor/Warren (Hrsg.), The Division of the Kingdoms, S. 1–22, hier S. 19.

[63] Zur Aufführungspraxis der Fassungen vgl. David Richman: The *King Lear* Quarto in Rehearsal and Performance. In: Shakespeare Quarterly 37, 1986, S. 374–382.

[64] Robert Clare: ‚Who Is it That Can Tell Me Who I Am?': The Theory of Authorial Revision between the Quarto and Folio Texts of *King Lear*. In: The Library 6th Ser. 17, 1995, S. 34–59; John L. Murphy: Sheep-Like Goats and Goat-Like Sheep: Did Shakespeare Divide *Lear's* Kingdom? In: PBSA 81, 1987, S. 53–63, und besonders Ann R. Meyer: Shakespeare's Art and the Texts of *King Lear*. In: Studies in Bibliography 47, 1994, S. 128–146, sowie Richard Knowles: Revision Awry in Folio *Lear* 3.1. In: Shakespeare Quarterly 46, 1995, S. 32–46.

[65] Trevor H. Howard-Hill: Modern Textual Theories and the Editing of Plays. In: The Library 6th Ser. 11, 1989, S. 89–115.

seiner Aufmerksamkeit entgangen sein.[66] Theateraufführungen stellten andererseits jedoch das Produkt einer kollaborativen Tätigkeit dar und wurden, den
Reaktionen des Publikums entsprechend, während der Spielzeit von den Schauspielern gemeinsam modifiziert.[67] Wird der soziokulturelle Kontext bei der Text-
entwicklung einbezogen, ist davon auszugehen, daß dramaturgische Änderungen
in Kooperation mit der Theatergruppe durchgeführt und während der gesamten
Aufführungsperiode in das Soufflierbuch eingetragen werden konnten.[68] Bei
Berücksichtigung theatergeschichtlicher Faktoren muß der in den Anfängen der
Revisionsthese verfolgte, autorzentrierte Revisionsbegriff bei Shakespeare zugunsten eines produktionsbezogenen Ansatzes relativiert werden. In Rekurrenz
auf die von Jerome McGann eingeführte *social theory of editing*[69] könnte der Terminus *Revision* dann als sozialer Akt definiert werden, der jegliche Art des textuellen
Eingriffs umfaßt: „the entire range of terms used in labeling changes: corrections, alterations, additions or insertions, omissions or deletions, cuts, amend-
ments, augmentations, and stop-press variants."[70]

Die Relevanz soziokultureller Aspekte bei der Beurteilung der Revision
bedingt zugleich die Anerkennung textgenetischer Faktoren. Nach Orgel ist ein
Dramentext als „unstable, infinitely revisable script"[71] zu begreifen, der auch
nach seiner schriftlichen Fixierung nur vorläufigen Charakter besitzt und sich in
der Performanz entwickelt. So mögen die Änderungen in der Foliofassung im
Laufe der Spielzeit nach und nach eingearbeitet worden sein und Zwischen-
stadien nur auf der Bühne, nicht aber im Druck ihren Niederschlag gefunden
haben:

---

[66] Vgl. Grace Ioppolo: Revising Shakespeare. Cambridge 1991, S. 103.

[67] Vgl. Wells, S. 8.

[68] In diesem Zusammenhang ist anzufügen, daß die Zuordnung des Textes zu Shakespeare
auf dem Titelblatt keinen Nachweis für die tatsächliche Verfasserschaft darstellt. Wie
deGrazia anführt, wurde Shakespeares Name beim Verkauf der Druckrechte der Manuskripte durch die Theatertruppe angefügt. Daß Shakespeare als Verfasser aufgeführt wird,
mag somit weniger auf seine ausschließliche Verantwortung für die Textproduktion als auf
seine zentrale Rolle innerhalb der Theatertruppe zurückgehen. Nach deGrazia und Stallybrass ist bei Shakespeare somit ein durch den Produktionsprozeß determinierter, kolla-
borativer Autorbegriff anzusetzen: „The authorial name ties the work not to a sole agent
or ‚only begetter‘, but to a productive and reproductive network". Margreta deGrazia/
Peter Stallybrass: The Materiality of the Shakespearean Text. In: Shakespeare Quarterly 44,
1993, S. 155–285, hier S. 276. Auch Stephen Orgel geht von einem erweiterten Autorbegriff aus, der den Einfluß der Theatertruppe berücksichtigt. Indem er Text bei Shakespeare als soziales Produkt definiert, stellt er die Kategorie der Authentizität grundsätzlich in
Frage; vgl. Stephen Orgel: The Authentic Shakespeare. In: Representations 21, 1988, S. 1–25.

[69] Vgl. Jerome J. McGann: A Critique of Modern Textual Criticism. Chicago 1983.

[70] Ioppolo, Revising Shakespeare, S. 45.

[71] Orgel, The Authentic Shakespeare, S. 24.

The implication is that the quarto represents the play *before* it was performed, the play as it went to the acting company to be transcribed and turned into a performing text, and that the folio version represents the performing text, though not necessarily the only version the company had performed in the years between 1605 and 1623.[72]

Das „Werk" *King Lear* wäre somit als Summe aller Druck- und Bühnenfassungen zu definieren.

2.3.2.2 Editionspraxis

Während sich die Revisionsthese auf die Rezeption des Dramas im Theater kaum auswirkte, beeinflußte sie in entscheidendem Maße die Editionspraxis. Die *theory of revision* führt zwangsläufig dazu, die Drucke nicht mehr als verderbte Repräsentanten eines Archetypus, sondern als eigenständige Fassungen anzuerkennen und die Erstellung eines konflationierten Textes nach dem Copy-Text-Verfahren abzulehnen. So wurden 1986 erstmals in der Geschichte der *Lear*-Edition die Quarto- und Foliofassungen in der Oxford-Ausgabe in historischer und modernisierter Schreibung ediert. Ziel der Editoren Wells und Taylor war es, auf Grundlage der Frühdrucke *(Control-texts)* die Bühnenfassungen von 1609 und 1623 zu rekonstruieren.[73] Die in einem eigenen Band, dem *Textual Companion*[74] abgedruckten Anmerkungen sind ausschließlich funktionaler Art und beziehen sich auf textkritische Aspekte. Da heute die Revisionsthese als Erklärung für die Varianz der *Lear*-Drucke mehrheitlich akzeptiert ist, liegen neben Faksimile-Ausgaben[75] zahlreiche kritische Editionen der Fassungen vor, die sich hauptsächlich in ihrem unterschiedlichen Kommentarangebot und editorischen Schwerpunkt

---

[72] Orgel, S. xxxi; vgl. auch TC, S. 510: „Q does not contain act or scene divisions, and like most of Shakespeare's other plays it was written for continuous performance." Vgl. auch CBq, S. 1f. und 7, und Wells, S. 3f.: „The text resembles others that are believed to have been printed from Shakespeare's original papers in that it represents a manuscript intended for performance but bearing no indications of revision, or even annotation, as a result of performance."

[73] Siehe Oxford. Zum Begriff des *Control-text* vgl. TC, S. 59f. Hierzu ist anzumerken, daß Bühnentexte im Grunde nicht rekonstruiert werden können. Da sie performativ und somit instabil sind, können sie als geschlossene Struktur in einer Edition nicht dargestellt werden. Vgl. auch A.R. Braunmuller: Work, Document, and Miscellany: A Response to Professors deGrazia and Marotti. In: William Speed Hill (Hrsg.): New Ways of Looking at Old Texts: Papers of the Renaissance English Text Society, 1985–1991. New York 1993 (= Medieval and Renaissance Texts and Studies; 107), S. 223–227, hier S. 224.

[74] Zur Diskussion der formalen Präsentation bei Oxford vgl. Michael Dobson: The Design of the Oxford Shakespeare: An Ever Writer to a Never Reader? In: Analytical and Enumerative Bibliography NF 4, 1990, S. 91–97, Brian Parker: Bowers of Bliss: Deconflation in the Shakespeare Canon. In: The New Theatre Quarterly 6, 1990, S. 357–361.

[75] Vgl. Warren (Hrsg.), The Complete King Lear.

unterscheiden.[76] Der separaten Edition der Fassungen steht bis heute der traditionelle, konflationierte *King Lear*-Text gegenüber, der, wie die *Lear*-Edition Foakes' zeigt, auch unter Berücksichtigung der Revisionsthese zu rechtfertigen gesucht wird.

2.3.2.3 Textkonstitution

Durch die Fassungsedition in der Oxford-Gesamtausgabe wurde der aus der Revisionsthese folgenden Eigenständigkeit von Quarto- und Folio-*Lear* erstmals editionspraktisch Rechnung getragen. Die Oxford-Editoren zielten ausdrücklich darauf ab, die Drucke unabhängig voneinander zu edieren und die Eigenständigkeit der Fassungen zu wahren („to preserve the separate integrity of each").[77] Leitprinzip der Textkonstitution war die Prämisse der Fassungstrennung, nach der, im Gegensatz zum Copy-Text-Verfahren, das Material der Drucke nicht eklektisch kompiliert werden durfte. Dem Prinzip der Fassungstrennung folgten auch die in der Nachfolge Oxfords erschienenen Editionen der *Lear*-Drucke, die ebenfalls eine eklektische Vermischung der Textstufen nach dem Copy-Text-Verfahren ablehnen. Untersucht man nun die in jüngerer Zeit erschienenen Fassungseditionen auf die Einhaltung der Fassungstrennung, so zeigen sich trotz der gemeinsamen Arbeitsthese deutliche Unterschiede in der Behandlung von Wortvarianten. Divergenzen weisen vor allem die Editionen des Quartozeugen auf, der in der Oxford-Ausgabe erstmals als eigenständiger Text ediert ist. Da dem Quartotext in der Editionstradition ein hohes Maß an Textverderbnis zugesprochen wurde, besteht die Schwierigkeit einer Edition darin, den dokumentarischen Quelltext unabhängig von der Foliofassung und von seiner Bewertung in der Editionstradition auf seine Authentizität zu prüfen und nur bei nachweisbarer Textverderbnis editorisch einzugreifen. Diesem Anspruch will die Oxford-Ausgabe mit dem Grundsatz begegnen, dem Quelltext solange Folge zu leisten, wie er als sinnvoll beurteilt werden kann: „we have retained Q wherever we could make defensible sense of it".[78] Die editionspraktische Implementierung dieser Prämisse setzt allerdings eine differenzierte Definition des Varianten- und

---

[76] Zur Edition der Quartofassung in Einzelbänden vgl. CBq und Wells. Zur Foliofassung vgl. CBf und Freeman. Eigenständige Editionen der Fassungen in einem Band bieten unter anderem Weis, Orgel, Oxford und William Shakespeare: The Norton Shakespeare. Based on the Oxford Edition. Gen. Ed. Stephen Greenblatt. New York 1997. Vgl. aber auch die Edition Holderness' (M. William Shak-speare: His True Chronicle Historie of the Life and Death of King LEAR and his three Daughters. Ed. and Introduced by Graham Holderness. Hemel Hempstead 1995 [= Shakespearian Originals: First Editions]), die auf editorische Eingriffe verzichtet.

[77] TC, S. 510.

[78] Ebd.

38

Fehlerbegriffs voraus, die verhindert, daß fassungsspezifische Varianz wie bei der eklektischen Konflation als Textverderbnis klassifiziert wird. Die Analyse bisher erschienener Fassungseditionen[79] bezüglich ihres Variantenkonzepts zeigt zunächst, daß die im Rahmen der Fassungsdiskussion vorgebrachte hermeneutische Definition von Autorvarianten weitgehend akzeptiert wird.[80] Analysiert man hingegen die den Fassungseditionen jeweils zugrunde liegenden Definitionen von Textverderbnis, so zeigt sich, daß die Kriterien für Textfehler nicht offengelegt werden. Wo und warum Textverderbnis angenommen und welche Art von Fehlerbegriff angesetzt wird, läßt sich nur anhand der editorischen Eingriffe erschließen.[81] Auch wenn die Gründe für die Annahme und Entstehung von Überlieferungsfehlern in der Regel einleitend und in den Anmerkungen zum Text diskutiert werden, erfolgt keine Einzelanalyse der als verderbt betrachteten Stellen.[82] Des weiteren werden nicht alle editorischen Eingriffe begründet, so daß häufig unklar bleibt, warum überhaupt Textverderbnis angenommen und worauf sie zurückgeführt wurde.[83] Die undifferenzierte Verwendung des Fehlerbegriffs führt dazu, daß häufig – wie aus den nachfolgend aufgeführten Beispielen ersehen werden kann – ein Überlieferungsfehler angesetzt wird, obwohl die Fassungslesung Sinn ergibt.[84]

Die Q : F Varianz *spirituall* : *Sphericall* (*Trecherers by spirituall / predominance* [Q, TLN 403f.] *Treachers by Sphericall predominance* [F, TLN 452]) beinhaltet zwei im *Oxford English Dictionary* (OED) belegte Lexeme. Foliobasierte, konflationierende Edi-

---

[79] Untersucht wurden die Fassungseditionen von Wells/Taylor (Oxford), Halio (Cambridge), Weis, Holderness, Wells, Orgel und Freeman.

[80] Die Editoren der Oxford-Ausgabe beschreiben diese beispielsweise als funktionale Relationen auf thematischer, dramatisch-szenischer und struktureller Ebene, deren Bestimmung einen interpretatorischen Akt darstellt (vgl. TC, S. 15). Cambridge bezieht sich auf die Fassungsthese und die in der Folioausgabe geführte Diskussion der Fassungsunterschiede (CBf, S. ix). Vgl. auch Weis' Analyse der Fassungsunterschiede, die sich ebenfalls auf strukturelle Divergenzen bezieht (Weis, S. 1–40).

[81] Gemäß der Definition Oxfords: „An editor, in emending decides that a text is diseased" (TC, S. 60) wird jedem editorischen Eingriff ein Überlieferungsfehler zugrunde gelegt. Auch bei Cambridge ist die Textfehlerannahme nur aus den editorischen Eingriffen erschließbar.

[82] Vgl. insbes. TC, S. 509–511; CBf, S. 58–81; CBq, S. 1–26 und 131–137; Weis, S. 34–46; Wells, S. 3–9 und 81–87.

[83] Als Fehlerkategorien werden Schreib- und Druckfehler genannt. Druck- und Satzfehler werden gemäß den buchkundlichen Erkenntnissen über den Druckprozeß allgemein unterteilt in *Lesefehler, Auslassung, Substitution, Transposition* (TC, S. 510).

[84] Eine ausführliche Darstellung der editorischen Umsetzung der Fassungsthese in den Editionen von Oxford und Cambridge liegt vor in Alexandra Braun: Die Edition von ‚M. William Shakespeare: His True Chronicle Historie of the life and death of King LEAR and his three Daughters' unter der Fassungsthese. Zulassungsarbeit zum 1. Staatsexamen. München 1997 [unveröffentl.].

tionen folgen ihrer Textgrundlage und behalten die Foliolesung mit der Begründung bei, sie stelle die kontextuell passendere Variante dar.[85] Die Quartovariante
spirituall wird dabei auf eine Verlesung von i/e, t/c sowie eine h-Auslassung der
vermeintlichen Manuskriptlesart *Sphericall* zurückgeführt.[86] Anknüpfend an die
Editionstradition klassifiziert auch Oxford *spirituall* als Überlieferungsfehler und
emendiert nach F (Oxfq, 2.415). Die angenommene Verlesung wird dabei nicht
wie bei Duthie auf *sphericall* zurückgeführt, sondern auf *spiricall*, eine Schreibvariante
von *spericall*. Wells, wie auch Orgel (History, 1.2.117), übernimmt die Emendation
Oxfords nach F mit der Begründung:

> Q's ‚spirituall‘, retained by HalioQ and Weis, without note, seems implausible and is
> not supported by *OED*. TC, interpreting Q as a misreading, observes that it is ‚more
> understandable if the copy had the obsolete ‚spir‘ spelling of the noun *sphere*‘.[87]

Die Negation des semantischen Potentials der Quartovariante ist jedoch fraglich,
da die für *spirituall* im OED aufgeführte Bedeutung „of or pertaining to […]
spirit"[88] eine im Kontext sinntragende Lesung bietet. Zudem legt die Kollation
des unmittelbaren Kontextes mit seinen Varianten wie Q *of Starres* : F *of a Starre*,
Q *bastardy* : F *bastardizing*, Q *mine* : F *my Cue*, Q *like them of / Bedlam* : F *like
Tom / o'Bedlam* sowie den nur in der Foliofassung auftretenden Lesungen *Fa,
Sol, La, Me* nahe, daß die Rede revidiert wurde. Da Oxford (Oxfq 2.410ff., Oxff
1.2.424ff.) die aufgeführten Varianten jeweils ihren Quelltexten gemäß in den
edierten Text aufnimmt, werden die Divergenzen in dieser Passage offensichtlich
als fassungsspezifische Lesungen anerkannt. Angesichts dieser Tatsache stellt
sich die Frage, warum einzig *spirituall* als Überlieferungsfehler klassifiziert wird.
Wie die Textvarianz in Edmunds Rede indiziert, scheint der Revisor sensibel auf
bestimmte Einzelstellen reagiert zu haben. Es ist somit nicht auszuschließen, daß
im Zuge der Revision das ausdrucksschwächere Adjektiv *spirituall* durch das
semantisch stärkere *sphericall* in der Bedeutung „of or pertaining to the celestial
spheres"[89] ersetzt wurde. Aufgebracht wird dieser Vorschlag bereits von Stone,
der die Adjektive in seiner Sektion *Q1/F ‚True' Variants* als Fassungsspezifika
einordnet.[90]

Auch die Quarto-Textstelle *Horses are tide by the heeles* (Q, TLN 1092) wird bei
Oxford (Oxfq 7.1200f.), Wells (7.192f.), Orgel (2.4.6f.) und Weis (2.4.6f.) durch
die Foliovariante *Horses are / tide by the heads* (F, TLN 1282–1283) emendiert. Das

---

[85] Vgl. Duthie I.ii.119 sowie Muir (Hrsg.), King Lear, 1.2.120, und Foakes 1.2.123.
[86] Vgl. Duthie I.ii.119.
[87] Vgl. Wells 2.115.
[88] OED, *a* (4.a.).
[89] OED, *a.* (3.).
[90] Vgl. Stone, The Textual History, S. 224.

editorische Verfahren gleicht wiederum dem Vorgehen konflationierender Editionen, die *heeles* aufgrund paläographischer Kriterien als Verlesung von *heads* klassifizieren. Während in anderen Fassungseditionen die Emendation nicht begründet wird, gesteht Wells in seiner Neuedition der Quartolesung semantische Validität zu: „Q is not nonsense, but F seems closer to normal practice."[91] Wie aus seiner Anmerkung zu ersehen ist, stützt sich Wells' Eingriff nicht auf überlieferungskritische, sondern auf interpretatorische Kriterien. Da jedoch die Quartovariante nach ihrer Definition im OED eine im unmittelbaren Kontext sinntragende Lesung in der Bedeutung „*heeles* = ‚the two hind feet. Also the hoof or whole foot'"[92] darstellt, kann weder auf syntaktischer noch auf semantischer Ebene ein Indiz für den Ausschluß der Quartolesung gefunden werden. In einer Fassungsedition ist die Quartolesung somit wie bei Cambridge (CBq, 2.4.6) beizubehalten.

Indem Wells' Eingriff nicht auf einem fehlerhaften Befund, sondern auf einer Interpretation des Textes durch den Editor beruht, überlagert hier die *subjektivistische* Arbeitsphase der Interpretation die Erstellung eines *objektiven* Befunds.[93] Der Eingriff scheint folglich durchgeführt worden zu sein, *weil* die Variante in der Foliofassung einen Textfehler im Quartotext suggerierte.

Das Verfahren in den Editionen ist jedoch bei den aufgeführten Beispielen nicht nur aufgrund der subjektivistischen Ermittlung von Textverderbnis, sondern auch aufgrund des Vorgehens bei der Emendation in Frage zu stellen. Wird bei der Emendation der Quartofassung auf Material der Foliofassung zurückgegriffen, führt dies zu einer Kompilation unterschiedlicher Textstufen. Während bei der Copy-Text-Edition die Erstellung eines Mischtextes gerechtfertigt scheint, da von verderbten Fremdüberlieferungen ausgegangen wird, ist bei der Fassungsedition grundsätzlich die strukturelle Integrität von Quarto- und Foliotext zu respektieren. Nach der Revisionsthese stellt der Foliotext eine an eine unterschiedliche Aufführungsintention gebundene Bearbeitung des Quartotextes dar. Es ist somit nicht a priori davon auszugehen, daß sich die Fassungen gegenseitig korrigieren, wie die Behebung von Textfehlern im Rückgriff auf das Material der anderen Fassungen impliziert. Bei einem autorzentrierten Revisionsbegriff ist letztlich nur dann von einer Korrektur zu sprechen, wenn der Revisor in Erinnerung an die eigene Manuskriptlesung einen Setzerfehler durch die ursprünglich intendierte Lesung behebt. Da der Autor bei seiner Überarbeitung

---

[91] Wells 7.193.
[92] OED, *n*¹ (2.b.[b.]).
[93] Zur Diskussion der Begriffe *Subjektivität / Objektivität* und *Befund / Deutung* vgl. Hans Zeller: Befund und Deutung. Interpretation und Dokumentation als Ziel und Methode der Edition. In: Gunter Martens/Hans Zeller: Texte und Varianten. Probleme ihrer Edition und Interpretation. München 1971, S. 45–89.

die Wirkung des eigenen Textes aus der Sicht eines Rezipienten reflektiert, ist durchaus in Betracht zu ziehen, daß ein Setzerfehler als Stimulus für eine neue Idee dienen kann. Der aus einer Revision resultierende Neutext kann somit, unabhängig davon, ob er auf Grundlage eines fehlerfreien oder fehlerhaften Textes entsteht, aus einem Textverständnis resultieren, das sich erst im Akt der Rezeption entwickelt. Die Revision mag jedoch ebenso der Verbesserung einer ursprünglich angelegten Intention verpflichtet sein, die der Autor im nun gelesenen, eigenen Text nicht vollständig repräsentiert sieht. Da zwischen der Komposition und dem Großteil der Revision von *King Lear* etwa fünf Jahre gelegen haben mögen, ist allerdings anzunehmen, daß der Revisor, selbst wenn er einen Setzerfehler erkannte, sich an die eigene Manuskriptlesung nur selten erinnerte. Eine Analyse der Varianz zeigt zudem, daß häufig auf Grundlage eines Fehlers in der Quartofassung ein Neutext erstellt wurde, der der inneren Logik des Textes folgt, nicht aber eine ursprünglich für den Quartodruck intendierte Lesung herzustellen scheint. Wird nun der Differenzierung der Kategorien *Korrektur* und *Revision* in der Edition nicht hinreichend Rechnung getragen, werden durch das editorische Verfahren, wie nachfolgend an Beispielen aus der Cambridge-Edition gezeigt werden kann, die Grundsätze der Revisionsthese insgesamt in Frage gestellt.

Obwohl die logische Struktur des Quartotextes (Q, TLN 58–61) bei der Textstelle

> Of al these bounds, euen from this line to this,
> With shady forrests and wide skirted meades,
> We make thee Lady, to thine and *Albaines* issue,
> Be this perpetuall, what saies our second daughter?

keinerlei Anzeichen für einen Textfehler liefert, bewertet Halio die nur in der Foliofassung auftretenden Textzeilen *and with Champains rich' d, / With plenteous Riuers, and wide-skirted Meades,* (F, TLN 69f.) als versehentliche Auslassung des Setzers und emendiert die Quartofassung nach F (CBq, 1.1.52f.): „Probably as a result of eye-skip on the part of the compositor […] Q omits these words, which F restores."[94] Als Begründung führt er unter Berufung auf Dorans These an, daß der Setzer des Quartotextes von *and* (TLN 59) zu *and* (TLN 60) gesprungen sei und den dazwischenliegenden Text übersehen habe.[95] Nach den Kriterien der Revisionsthese sind die beiden Verszeilen jedoch als Bestandteil der Naturmetaphorik zu werten, die in der Foliofassung verstärkt wird. So bringt Lear in seiner Rede an die Töchter das Motiv *nature* ein (*Where Nature doth with merit challenge*), das bereits auf die Frage nach der menschlichen (Un-)Natur in der Heide-

---

[94] CBq, S. 131.
[95] Vgl. CBf, S. 277.

szene vorausdeutet. Der Topos Natur wird dann in der Foliofassung auf konkreter Ebene fortgeführt, indem Lear beim Blick auf die Landkarte eine idyllische Landschaft mit *shadowie Forrests, and with Champains rich' d, / With plenteous Riuers, and wide-skirted Meades,* entwirft. Lear bleibt sprachlich der Naturmetaphorik verhaftet, als er Cordelias Bewerber, *France* und *Burgundy*, in Analogie setzt mit *Vines of France* und *Milke of Burgundie*. Zu deuten sind die Naturmetaphern in der ersten Szene des ersten Akts im Zusammenhang mit eben jenem Handlungsstrang in der Heideszene, in dem Lear im Toben der Naturgewalten eine Entsprechung zu dem Zerreißen der natürlichen Bande zwischen Vater und Kind findet. Da die Naturmetaphorik in der Eingangsszene nur in der Foliofassung begegnet, ist anzunehmen, daß die Bilder retrospektiv eingearbeitet wurden. Die Heideszene mag dabei als Schlüsselstelle für die Einführung des Motivs *nature* im ersten Akt gedient haben.[96] Werden nun die Folioverse in den edierten Text der Quartofassung eingearbeitet, wird der Bestandteil eines Motivkomplexes übertragen, der in seiner Komplexität im Quartotext noch nicht entwickelt ist. Die Emendation der Quartofassung negiert daher nicht nur die Prämisse der Fassungstrennung, sondern stellt die editionstheoretische Basis der Edition, die *theory of revision,* insgesamt in Frage, da sie die literarkritisch analysierbaren Relationen von Motiveinheiten in den Fassungen nicht anerkennt.

Auch hinsichtlich der Entkleidungsmetapher werden die fassungsspezifischen Relationen bei Cambridge vernachlässigt, da ebenfalls, wie bei der Textstelle *off off you leadings, come on bee true* (Qa, TLN 1623; *off off you lendings, come on* [Qb]; *Off, off you Lendings : Come, vn- / button heere* [F, TLN 1888f.), Teile eines erst in der Foliofassung verstärkten Motivkomplexes nach Q importiert werden. In der Annahme, es handele sich bei Qa *leadings* um eine Verlesung, die durch Qb *lendings* korrigiert wird, stimmt Cambridge (CBq 3.4.85f.) mit anderen Fassungseditionen überein.[97] Während Oxford jedoch Qa *come on bee true* beibehält und sowohl Weis (3.4.97) als auch Orgel (3.4.100) auf Fassungsebene nach Qb korrigieren, emendiert Cambridge in Anlehnung an F zu *Come unbutton-*. Begründet wird der angenommene Textfehler als vermeintliche Verlesung des im Manuskript stehenden *vnbutton* zu *on bee true,* die nach Aussage Cambridges durch die Foliovariante korrigiert wird.[98]

Daß aber die Variante in der Foliofassung nicht die Manuskriptlesart gewesen sein kann, sondern aus dem Revisionsprozeß hervorgeht, legt vor allem der intratextuelle Zusammenhang der Foliovariante in ihrem Gesamtkontext nahe. *Come, vnbutton heere* ist im Gesamtkontext Bestandteil der Entkleidungsmetapher,

---

[96] Vgl. John Jones: Shakespeare at Work. Oxford 1995, S. 233–34.

[97] Sowohl Weis (3.4.97) als auch Oxfq, Wells und Orgel (3.4.100) emendieren Qa *leadings* nach Qb *lendings*.

[98] Vgl. CBq, S. 16.

die in der Foliofassung real und metaphorisch den Handlungsverlauf durchzieht: Wenn Lear sich in der Heideszene in der Erkenntnis des Wahnsinns seiner Kleider entledigt (*Off, off you Lendings : Come, vnbutton heere*), wird das ebenfalls erst in F eingeführte Motiv des Königs, der sich in der Eingangsszene seiner Macht „entkleidet" hat (*Since now we will diuest vs both of Rule / Interest of Territory, Cares of State* [F, TLN 54f.), wieder aufgenommen. Das symbolische Ablegen allen menschlichen Scheins in der Heideszene antizipiert bereits Lears Bestreben in der Schlußszene, die unerträgliche Last des Lebens ebenfalls abzustreifen: *Pray you vndo this Button. Thanke you Sir* (F, TLN 3281).[99]

Insgesamt werden in den Fassungseditionen durch die Eingriffe an den aufgeführten Textstellen das im Editionsmodell verankerte Prinzip, eine von der anderen Fassung unabhängige Emendation von Textverderbnis zu gewährleisten („to preserve the separate integrity of each […] to emend Q […] as though F did not exist"[100] – oder wie Cambridge es formuliert – „those attempting to edit Q *Lear* must use F with caution"[101]) negiert. Zurückzuführen ist dies vornehmlich auf die Autorzentrierung des editorischen Verfahrens, die sich sowohl in der Ermittlung als auch in der Emendation von Textfehlern niederschlägt. Eine Untersuchung des emendatorischen Vorgehens in den Ausgaben zeigt, daß die Behebung von Textfehlern nach Prinzipien erfolgt, die teils explizit formuliert,[102] teils über die Art der emendatorischen Eingriffe zu erschließen sind. Drei Arten der Textfehlerbehebung werden insgesamt angewandt: die Fassungsrestitution, die Emendation durch Rückgriff auf die Überlieferung und die Konjektur.

Die Umsetzung des Leitprinzips, durch den editorischen Eingriff so geringfügig wie möglich von der Textstufe des Quelltextes abzuweichen,[103] wird durch

---

[99] Auch Halio zieht in der Edition des Foliotextes die Signifikanz der Entkleidungsmetapher als Beweis für eine Revision heran. Das Motiv der Machtentkleidung in 1.1.44f. interpretiert er dabei als Bestandteil eines mehrteiligen Motivkomplexes: „contributions to the patterns of imagery involving clothing and nakedness, as in the announcement that Lear will ,divest' himself" (CBf, S. 72f.). Fernerhin betont er, daß es sich bei der Erweiterung von Lears Rede in der Eingangsszene sowie bei in späteren Szenen auftretenden Entkleidungsmetaphern nicht um Fremd-, sondern um Autorvarianten handle (CBf, S. 73): „Careful comparison of the entire speech in F with its shorter – and different – form in Q, combined with other changes later in the Folio version of the play that Clayton notes, strongly suggest, though they cannot prove, authorial second thoughts and subsequent revision."

[100] TC, S. 510.

[101] CBq, S. 20.

[102] Vgl. TC, S. 510.

[103] „We have attempted, as far as possible, to emend Q – where emendation seems desirable – as though F did not exist, seeking in every case the most plausible explanation for the apparent error, and the most economical restoration of sense" (TC, S. 510).

die Restitution der Fassungslesart auf Fassungsebene erreicht. Da in diesem Fall Textfehler des unkorrigierten (Qa/Fa) durch die Varianten des korrigierten Textzustandes (Qb/Fb) behoben werden, stellt die editorische Anwendung der Fassungsrestitution eine Validierung des korrigierten Textzustandes dar.

Erlaubt die zu edierende Fassung keinen Rückschluß auf die korrekte Lesung und sind sowohl der unkorrigierte als auch der korrigierte Textzustand als fehlerhaft zu bewerten, kann eine sinnlose Textstelle durch Emendation nach der anderen Fassung oder Konjektur emendiert werden. Da bei einem autorzentrierten Verständnis der Revisionsthese die Foliofassung als autoritativer Text gilt, wird in den hier betrachteten Fassungseditionen, wie in der Oxford-Ausgabe dargelegt, der Import von Foliolesungen der Textfehlerbehebung durch die Konjektur vorgezogen.

> Naturally, we have retained Q wherever we could make defensible sense of it [...] but having decided in any specific case that Q is probably corrupt, one must still decide, whether to accept F's reading, or to adopt an editorial conjecture. Acceptance of F is always easier and in one respect safer: if an editor accepts that F represents Shakespeare's own revision, then the F reading in such cases is presumably Shakespearian, even if Shakespeare did not intend it to stand in Q.[104]

Durch die Autororientierung des Emendationsmodells wird, wie bei der Copy-Text-Edition, das Kriterium *Autornähe* über das Kriterium *Historizität* gestellt. Die Negation der Fassungstrennung als auch die Kontamination der Fassungstexte ist somit bereits in der Formulierung der editionstheoretischen Prämissen angelegt. Werden aus einer revidierten Fassung Lesungen in einen unrevidierten Text importiert, wird ein Text erstellt, der zwar aus lauter autoritativen Varianten besteht, historisch jedoch nie existiert hat. Da die Manuskriptlesungen aufgrund der defizitären Überlieferung grundsätzlich nicht mehr nachvollziehbar sind, liegt eine Emendation durch Rückgriff auf die Überlieferung ebenso in der subjektiven Verantwortung des Editors wie die Konjektur. Auch Wells scheint dies anzuerkennen, wenn er in seiner Neuedition von Quarto-*Lear* seine noch in der Oxford-Ausgabe vertretene Position revidiert:

> The aim has been to preserve Quarto readings where they can be justified and, in emending where they cannot, to give no more weight to Folio alternatives than to other possibilities. The Folio is, after all, a derivative, adapted, and edited text.[105]

Er behält jedoch nach wie vor seine autorzentrierte Orientierung bei der Emendation bei: „Nevertheless, readings of the Folio are accepted if, as frequently happens, they appear to offer the best solution to errors in Q."[106] Da sein Text nur an wenigen Stellen von dem der Oxford-Ausgabe abweicht, zeigt die Rela-

---

[104] Ebd.
[105] Wells, S. 8.
[106] Ebd., S. 84.

tivierung seiner Position – wie auch sein Verfahren bei Q1 *heeles* belegt – kaum Auswirkungen auf die Textkonstitution.

Wenngleich also durch die Fassungsedition der *Lear*-Drucke eine Abkehr von einem eklektischen Vorgehen anvisiert wird, ist das editorische Verfahren in den hier betrachteten Editionen noch in der Copy-Text-Tradition verhaftet. Auch unter dem Leitprinzip der Fassungstrennung zielt die Emendation von Textfehlern in der Editionspraxis noch immer auf die Rekonstruktion der nicht-überlieferten Autorvarianten und somit auf die Erstellung *idealer* Autortexte ab.[107] Zugleich wird nicht reflektiert, daß aufgrund der defizitären Überlieferung die Editionsziele, autoritative und zugleich historische Fassungstexte von *King Lear* zu erstellen, nicht vereinbar sind. Obwohl insgesamt auf editionstheoretischer Ebene durchaus ein Bewußtsein für die Implikationen des Fassungsbegriffs bei *King Lear* besteht, greifen die für die Editionspraxis abgeleiteten Konsequenzen zu kurz. Zu kritisieren sind weniger die Entscheidungen der Editoren bei einzelnen Textstellen als das Fehlen einheitlich verbindlicher, der Überlieferungssituation angepaßter Parameter für den Umgang mit Varianten und Textfehlern von gleicher Konsequenz und Trennschärfe, wie sie für die Copy-Text-Edition vorliegen.

Für eine Neuedition der Fassungen ist also ein Editionsmodell zu entwickeln, das eine schlüssige Realisierung der Drucke als eigenständige Texte unter Wahrung ihrer Historizität zu erreichen vermag. Dabei gilt es in Auseinandersetzung mit dem editionswissenschaftlichen Hintergrund zu prüfen, inwieweit eine Systematisierung der Editionspraxis bei Fassungen, insbesondere für Fehlerbegriff und Emendationsverfahren, bereits vorliegt. Unter Berücksichtigung des bei defizitären Shakespeare-Drucken anzusetzenden Text- und Autormodells ist dann die Übertragbarkeit eines relevanten Repertoires an Editionsprinzipien auf den Typus Fassungsedition bei *King Lear* zu prüfen.

---

[107] Die Editoren der Oxford-Ausgabe distanzieren sich jedoch in ihren allgemeinen Editionsprinzipien ausdrücklich von dem Ziel, den Wortlaut Shakespeares rekonstruieren zu wollen. Ziel sei vielmehr die Edition der Bühnentexte. In der Sekundärliteratur wurde der Ausgabe somit häufig eine historische oder soziologische Ausrichtung attestiert. Siehe Margreta deGrazia: What is a Work? What is a Document?. In: Speed Hill (Hrsg.), New Ways of Looking at Old Texts, S. 199–207, hier S. 203; TC, S. xxxiii; sowie David C. Greetham: Theories of the Text. New York 1999, S. 119–120.

3 Die Edition von Fassungen

3.1 Methodische Optionen

3.1.1 Anglo-amerikanische Editionswissenschaft

3.1.1.1 Copy-Text-Edition

Die Edition von Fassungen bei Shakespeare ist einzubetten in den wissenschaftsgeschichtlichen Kontext der anglo-amerikanischen Editionsphilologie, die bis ins spätere 20. Jahrhundert von der positivistisch ausgerichteten Methodik der Buchkunde dominiert wurde.[1] Der Begründer des Copy-Text-Modells, W.W. Greg, entwickelte seine Position in *The Rationale of Copy-Text* am Beispiel von Renaissance-Zeugen, die fast ausschließlich in Druckausgaben überliefert sind. Da, anders als bei Manuskripten, bei Drucken grundsätzlich mit Textverderbnis durch den Setzer oder Korrektor zu rechnen ist, differenziert Greg nicht Autorfassungen, sondern Druckausgaben (*editions*):

> In case of revision or correction the normal procedure would be for the author to send the printer either a list of the alterations to be made or else a corrected copy of an earlier edition. In setting up the new edition we may suppose that the printer would incorporate the alterations thus indicated by the author; but it must be assumed that he would also introduce a normal amount of unauthorized variation of his own.[2]

Bedingt durch sein buchkundliches Textverständnis betrachtet Greg es als Aufgabe des Editors, nach kritischer Sichtung aller Ausgaben dem Leser einen von Textverderbnis bereinigten Autortext zu präsentieren. Gregs editorisches Verfahren bei Revision sieht deshalb vor, daß nur dann revidierte Lesungen in die als Copy-Text fungierende früheste Textstufe übernommen werden, wenn sie als autoritative Substitutionen der ursprünglichen Lesungen bewertet werden können. Liegt nach dem kritischen Urteil des Editors keine vom Autor durchgeführte Ersetzung vor, ist die Lesung des Copy-Textes beizubehalten.

Gregs Editionsprinzipien wurden von Fredson Bowers auf die Edition von revidierten Autorhandschriften und Typoskripten übertragen und durch Über-

---

[1] Vgl. auch die überblicksgeschichtlichen Beiträge zur anglo-amerikanischen Editionswissenschaft von William Speed Hill: Theory and Pratice in Anglo-American Scholarly Editing, 1950–2000. In: Anglia 119 H. 3, 2001, S. 327–350, und Paul Eggert: Recent Editorial Theory in the Anglophone World. A Review Article. In: Anglia 119 H. 3, 2001, S. 351-375.

[2] Greg, The Rationale of Copy-Text, S. 387.

legungen zur Mehrfachüberlieferung ergänzt.[3] Während Greg auf die Rekonstruktion des vom Autor *geschriebenen* Textes abzielt, strebt Bowers, unter dem sich die Copy-Text-Theorie zu einem systematischen Editionsverfahren weiterentwickelte, die Rekonstruktion des vom Autor *intendierten* Textes an. Nach Bowers manifestiert sich der Wille des Autors nicht in den dokumentarischen Manuskriptfassungen, sondern in dem vom Editor aus der Überlieferung kritisch rekonstruierten *text of the author's final intentions*.[4] Dementsprechend bestimmt Bowers bei Autorrevision in Handschriften (*pre-publication revision*) das jeweils früheste Manuskript als Copy-Text und emendiert dieses durch die substantiellen Lesungen revidierter Zeugen. Grundlage für Bowers' Verfahren ist die Vorstellung des „unermüdet zum Besseren arbeitenden Schriftstellers"[5], dessen Werk vom Editor als „Testamentsvollstrecker"[6] der Nachwelt in seiner idealen Gestalt überliefert werden soll. Seinem teleologisch ausgerichteten Werkbegriff zufolge sind autorisierte Manuskriptfassungen allenfalls für die kritische Sichtung des Editors oder Historikers, nicht jedoch für den Leser von Interesse. Liegen mehrere Fassungen eines Werks vor, ist nach Bowers, solange die Divergenz der Zeugen eine Konflation zuläßt, ein eklektischer Text zu erstellen. Eine separate Edition kommt aus editionspragmatischer Sicht nur dann in Betracht, wenn in

---

[3] Greg geht in seinem Theorieentwurf nur von Zeugen aus, die in jeweils einem autorisierten Exemplar (*single text authority*) überliefert sind. Autorisierte Doppeldrucke, die in gleicher stemmatischer Relation zum Manuskript stehen (*multiple text authority*), werden von ihm nicht berücksichtigt. Bei derartigen *radiating texts* ist nach Bowers der Copy-Text durch kritische Variantenanalyse aus den Zeugen zu rekonstruieren (vgl. Fredson Bowers: Mixed Texts and Multiple Authority. In: Text 3, 1987, S. 63–90, hier S. 88–90).

[4] Um dem Vorwurf der eklektischen Textkonstitution entgegenzutreten, ersetzt Bowers das für die Textkonstitution gewählte Leitprinzip der *author's final intention* durch das Prinzip der *author's latest intention* (vgl. Bowers, Mixed Texts and Multiple Authority, S. 74f.). Das Prinzip der *author's final intention* wird in der Sekundärliteratur häufig Greg zugeschrieben. Bei eingehender Betrachtung von Gregs *The Rationale of Copy-Text* zeigt sich jedoch, daß seine Überlegungen nicht auf die Rekonstruktion des autorintentionalen Texts, sondern – in Anlehnung an Lachmann und die klassische Editionsphilologie – des Autororiginals – „what the author wrote" (Greg, The Rationale of Copy-Text, S. 381) – abzielen. Es ist deshalb zu unterscheiden zwischen dem von Greg entwickelten pragmatischen Verfahren für die Edition von Renaissance-Texten und dem von Bowers systematisierten *Copy-text-editing* nach dem Leitprinzip der Autorintentionalität. Die heutige, teils undifferenzierte Verwendung des Begriffs *Copy-Text-Edition* meint häufig die für alle Epochen verbindliche, autorintentionale Textkonstitution nach dem Verfahren Bowers.

[5] Johann Wolfgang von Goethe: Literarischer Sansculottismus. In: Goethes Werke. Hrsg. im Auftrage der Großherzogin Sophie von Sachsen. Bd. 40. Weimar 1901, S. 196–203, hier S. 196.

[6] Georg Witkowski: Grundsätze kritischer Ausgaben neuerer deutscher Dichterwerke. In: Funde und Forschungen. Eine Festgabe für Julius Wahle zum 15. Februar 1921. Hrsg. von Werner Deetjen. Leipzig 1921, S. 216–226, hier S. 225.

Substanz und Akzidenz extensiv revidierte Zeugen nicht mehr in einem kritischen Text zusammenzuführen sind:

> Literary critics, historians, general scholars, students of all kinds – these need as authoritative a reconstruction of a full text as the documents allow, not editions of the separate documents, except when the distance is so great as to make eclectic reconstruction impossible, as with Henry James's *Roderick Hudson* or Wordsworth's *Prelude*.[7]

Bowers Position zum Umgang mit revidiertem Material gründet in einem statischen Textbegriff, der das literarische Werk als Endprodukt auktorialen Schaffens versteht. Varianten fungieren somit als „Hilfsmittel der Bedeutungskonstitution"[8] und dienen vornehmlich dem Nachweis editorischer Entscheidungen im Apparat. Aufgrund der buchkundlichen Orientierung der Copy-Text-Edition werden Textfehler mit Überlieferungsverderbnis gleichgesetzt („textual error": „mechanical errors" und „non-authorial revisions").[9] Die Fokussierung des editorischen Verfahrens auf den Autorwillen wird wiederum in der Definition von Überlieferungsverderbnis als „readings not intended by the author of the text"[10] reflektiert, die sowohl Autorirrtümer als auch Druck- und Schreibversehen durch Dritte einschließt. Da keine separate Aufstellung der als verderbt ermittelten Textstellen im Sinne eines „Befunds" erfolgt, kann die Ermittlung von Textverderbnis nur anhand einer Analyse der emendatorischen Eingriffe im Variantenapparat nachvollzogen werden. Trotz des Anspruchs der Copy-Text-Edition auf Objektivität ist der Benutzer somit bei der Ermittlung und Emendation von Textverderbnis gänzlich auf das Urteil des Editors angewiesen.[11]

Das eklektische Verfahren des *Copy-text-editing* bei der Emendation ist bereits in dem für die Klassifikation von Überlieferung angewendeten Kriterium *Autorität* definitorisch angelegt. Durch die von Greg eingeführte Differenzierung von akzidentellen und substantiellen Textbestandteilen, die auch Bowers aufgreift („Authority divides itself between the words as meaningful units [i.e., the sub-

---

[7] Fredson Bowers: Remarks on Eclectic Texts. In: Ders.: Essays in Bibliography, Text, and Editing. Charlottesville 1975, S. 488–528, hier S. 528.

[8] Gunter Martens: Was ist – aus editorischer Sicht – ein Text? Überlegungen zur Bestimmung eines Zentralbegriffs der Editionsphilologie. In: Siegfried Scheibe/Christel Laufer (Hrsg.): Zu Werk und Text: Beiträge zur Textologie. Berlin 1991, S. 135–156, hier S. 136.

[9] G. Thomas Tanselle: Textual Scholarship. In Joseph Gibaldi (Hrsg.): Introduction to Scholarship in Modern Languages and Literatures. New York 1981, S. 29–52, hier S. 29.

[10] Ebd., S. 30.

[11] Als *Korrektur* wird bei der Copy-Text-Edition die Beseitigung von Textverderbnis durch Rückgriffe auf Textzeugen anderer Entstehungsstufen definiert. Eine Emendation stellt dagegen die Textverbesserung durch den Editor auf dem Wege der Konjektur dar. Hierzu ist jedoch anzumerken, daß eklektische Rückgriffe auf die Überlieferungsgeschichte durchaus auch als eine Form von Emendation zu bewerten sind, da sie aufgrund subjektiver Präferenzen des Editors vorgenommen werden und den jeweiligen Fassungstext kontaminieren.

stantives] and the accidentals."),[12] wird die linguistische von der dokumentarischen Struktur des Überlieferungsträgers getrennt. Da auf Grundlage des relativen Autoritätsbegriffs bei der Textkonstitution mit Varianten unterschiedlicher Entstehungsstufen wie mit Lesarten eines Textes verfahren werden darf, stellt der edierte Text einen „Mischtext" dar, der sich dadurch auszeichnet, daß er aus „lauter autorisierten Varianten [...] besteht", die jedoch „im neuen Zusammenhang eine neue nicht autorisierte Fassung bilden, die der Autor als Fassung nicht gekannt, die historisch nie existiert hat."[13]

Den bei Greg und Bowers angelegten Textbegriff hat schließlich Tanselle, der nach Bowers zu den vehementesten Vertretern der eklektischen Textkonstitution zu zählen ist, im Hinblick auf die Revision zu differenzieren versucht. In Reaktion auf die Kritik am Copy-Text-Verfahren als einer ahistorischen Methode argumentiert er, daß das Kriterium Historizität bei der Copy-Text-Edition in der zu einem bestimmten Zeitpunkt in der Vergangenheit rekonstruierten Autorintention verankert ist.[14] Da sich Tanselle über die historische Situierung des Dokuments hinwegsetzt, differenziert er bei der Textkonstitution zwischen horizontaler und vertikaler Revision:

> If one may think of a work in terms of a spatial metaphor, the first [type of revision; Anm. d. Verf.] might be labeled „vertical revision", because it moves the work to a different plane, and the second „horizontal revision", because it involves alteration within the same plane.[15]

Indem für Tanselle die aus horizontaler Revision hervorgehenden Fassungen Elemente eines sich linear entwickelnden Werks darstellen, sieht er nur bei vertikaler Revision eine separate Edition von Fassungen vor.[16]

Die editorische Implementierung von Tanselles Revisionsbegriff wird in Foakes' *King Lear*-Edition reflektiert, auch wenn das in dieser Ausgabe angewandte editorische Verfahren nicht explizit auf Tanselles Position rekurriert.[17] Foakes verankert das Kriterium *Historizität* zwar nicht in der Autorintention, vernachlässigt aber wie Tanselle bei der Textkonstitution die historische Dimension der Dokumente. Wenngleich er durchaus anerkennt, daß die Divergenzen

---

[12] Fredson Bowers: Some Principles for Scholarly Editions of Nineteenth-Century American Authors. In: Studies in Bibliography 17, 1964, S. 223–228, hier S. 223f.

[13] Zeller, Befund und Deutung, S. 59.

[14] G. Thomas Tanselle: Textual Instability and Editorial Idealism. In: Studies in Bibliography 49, 1996, S. 1–60, hier S. 17.

[15] G. Thomas Tanselle: The Editorial Problem of Final Authorial Intention. In: Studies in Bibliography 29, 1976, S. 167–211, hier S. 193. Eine kritische Auseinandersetzung mit dieser Position findet sich bei Greetham, Theories of the Text, S. 188.

[16] Tanselle, The Editorial Problem, S. 195.

[17] Vgl. Foakes.

zwischen der ersten Quarto- und der ersten Folioausgabe aus Revision hervorgehen können, spricht er den Fassungen einen Eigenwert für die Edition ab:

> In fact none of the differences between Q and F radically affects the plot of the play, or its general structure, and there is every reason to think that we have two versions of the same play, not two different plays.[18]

Analog zu Tanselle scheint auch für Foakes eine separate Edition von Fassungen nur bei kritisch erkennbarer, signifikanter Varianz im Sinne einer *vertikalen Revision* gerechtfertigt. Wie in seinem Beitrag *French Leave, or Lear and the King of France* dargelegt, erkennt er zwar einzelne Änderungen von Quarto- zu Folio-*Lear* als bedeutungskonstitutiv an; die Annahme zweier Fassungen lasse sich aber nur anhand einer Textstelle belegen.[19] Seine Edition zielt nun darauf ab, mit einem konflationierten Lesetext einen Eindruck des Gesamtwerks *King Lear* zu vermitteln, gleichzeitig aber mit Hilfe von Siglen die Unterschiede zwischen Quarto- und Foliodruck zu markieren. Mit Hilfe der Siglierung soll der Rezipient dann selbst entscheiden können, welchen Lesetext er bevorzugt: „it then becomes the decision of readers, actors and directors whether to prefer Q to F, F to Q, or to take readings from both."[20] Foakes' Verfahren vernachlässigt jedoch, daß die beiden Textstufen in Dokumenten mit abweichender historischer Situierung überliefert sind, deren textueller und bibliographischer Code durch die Konflation kontaminiert wird.[21] Seinem methodischen Ansatz steht zudem entgegen, daß sich, wie in zahlreichen Untersuchungen zur Revision bei *King Lear* belegt, durchaus Unterschiede in der dramaturgischen Wirkung der Fassungen feststellen lassen. Nach der These der *New Revisionists* sind diese jedoch nur in ihrem makroskopischen Verbund zu erkennen. Da Foakes' Edition aber in buchkundlicher Tradition Fassungsunterschiede als isolierte Einzelvarianten präsentiert, wird trotz der Siglierung ein hermeneutischer Zugang zu den Fassungsdivergenzen verwehrt.

3.1.1.2 Versioning

Gegen das Konzept der finalen Autorintention formierte sich in den siebziger Jahren kritischer Widerstand, der zu einer veränderten Betrachtung des Textbegriffs und zu einer zunehmend konzeptuellen und historischen Situierung des

---

[18] Ebd., S. 119.

[19] Vgl. Reginald A. Foakes: French Leave, or *Lear* and the *King of France*. In: Shakespeare Survey 49, 1996, S. 217–219, hier S. 217. Vgl. auch ders.: Shakespeare Editing and Textual Theory: A Rough Guide. In: Huntington Library Quarterly 60 H. 4, 1997, S. 425–442.

[20] Foakes S. 119.

[21] Zu den Begrifflichkeiten vgl. Jerome J. McGann: The Textual Condition. Princeton 1991 (= Princeton Studies in Culture, Power, History).

Begriffs *version* führte. Neben den Beiträgen von Thorpe, Pizer, Gaskell und McLaverty stellt vor allem Parkers diskurstheoretischer Ansatz das Paradigma des durch das *Center for Editions of American Authors* (CEAA) und ihr Nachfolge-organ CSE *(Center for Scholarly Editions)* durch ein Gütesiegel institutionalisierten, *definitiven* Textes ebenso wie das der *finalen Autorintention* in Frage.[22] Da Parker Revisionen nicht grundsätzlich als Verbesserungen eines Textes begreift, plädiert er dafür, entgegen dem gängigen Verfahren nur die literarisch wertvollen Revisionen in den edierten Text zu übernehmen. Wenngleich Parker weiterhin in einem statischen Textbegriff verharrt und den kreativen Prozeß als determiniert betrachtet,[23] trägt sein Ansatz entscheidend zur Dekonstruktion des Leitprinzips *Autorintention* bei, da er das Axiom des teleologisch schaffenden Autors entthront. Auch Katz wendet sich gegen das Paradigma der finalen Autorintention, indem er Fassungen Werkcharakter und Eigenwert für die Edition zugesteht. Wie Katz aufzeigt, verläuft die Entwicklung neuzeitlicher Texte im Gegensatz zu Renaissance-Drucken nicht linear. Da die Fassungen autorisierter Zeugen unterschiedliche Revisions- und Publikationsstadien eines Textes repräsentierten, seien sie nicht auf eine singuläre Autorintention reduzierbar.[24]

Vor dem Hintergrund, das literarische Werk nicht mehr als Produkt eines zielgerichteten Autorschaffens, sondern als dynamischen Prozeß zu verstehen, entwickelte sich unter dem Zentralbegriff *Versioning* in den 70er und 80er Jahren eine editionstheoretische Systematisierung des bei Katz implizierten historischen Textverständnisses.[25] In Rekurrenz auf strukturalistische und poststrukturalistische Theoreme der Literaturkritik, die die buchkundliche Definition von *Text*

---

[22] Siehe James Thorpe: „[A]uthorial revision is embodied in multiple printed versions to an extent which seems to be almost limitless" (Principles of Textual Criticism. San Marino 1972, S. 35); Donald Pizer: On the Editing of Modern American Texts. In: Bulletin of the New York Public Library 75, 1971, S. 147–153; Gaskell, A New Introduction to Bibliography, und ders.: From Writer to Reader: Studies in Editorial Method. Oxford 1978; James McLaverty: The Concept of Authorial Intention in Textual Criticism. In: The Library 6th Ser. 6, 1984, S. 121–138; Hershel Parker: Flawed Texts and Verbal Icons. Literary Authority in American Fiction. Chicago 1984; Center for Editions of American Authors: Statement of Editorial Principles and Procedures. Überarb. Aufl. New York 1972. Vgl. dazu auch Tanselle, Textual Instability and Editorial Idealism.

[23] Parker, Flawed Texts, S. ix.

[24] Joseph Katz: ,Novelists of the Future': Animadversions against the Rigidity of Current Theory in the Editing of Nineteenth-Century American Writers. In: Eric W. Domville (Hrsg.): Editing British and American Literature, 1880–1920: Papers Given at the Tenth Annual Conference on Editorial Problems, Univ. of Toronto Nov. 1974. New York 1976, S. 65–76, hier S. 75. Vgl. hierzu auch die Kritik G. Thomas Tanselles (Textual Criticism and Scholarly Editing since Greg: A Chronicle, 1950–1985. Virginia 1987, S. 71ff).

[25] Der Begriff *Versioning* wird eingeführt von Donald H. Reiman: Romantic Texts and Contexts. Columbia 1987, S. 167–182

als einem objektiv evaluierbaren Zeichensystem ablösten,[26] wurde nun das literarische Werk als Summe seiner in Relation zueinander stehenden Textzustände definiert („The materials of which […] finished literary works are composed are seen to be interlinked, symbiotic, and in continuous, interrelated flux.").[27] Der hermeneutische Ansatz zur Neudefinition des Autor- und Textbegriffs, der bei *King Lear* in der Revisionsthese mündete, resultierte editionspraktisch in einer Hinwendung zu historischen Editionsverfahren.

Den methodischen Durchbruch begründete dabei Gablers synoptische Edition von James Joyce' *Ulysses*.[28] Seine auf den verso-Seiten gedruckte Textsynopse basiert auf einem strukturalistischen Textbegriff, wie er etwa in der neugermanistischen Editionswissenschaft von Zeller vertreten wird.[29] Grundlage für die Edition ist somit die Perspektivierung von Text und Werk auf synchroner (Zustand des Systems zu einem gegebenen Zeitpunkt) und diachroner (Wandel des Systems in der Zeit) Ebene. Die als Fassungen bezeichneten synchronen Strukturen stehen über ihren systemischen Charakter auf diachroner Achse in Korrelation zum *Werk*,[30] das die Summe der auktorialen Textstufen („Thus the work may be said to comprise all its authorial textual states.")[31] bildet. Da Varianten als integraler Bestandteil der Textdynamik betrachtet werden, wird in der Edition die Trennung von Text und Apparatmaterial, wie sie in den konventionellen Präsentationsformen der Copy-Text-Edition vorliegt, aufgehoben und durch eine Darstellung der Textgenese ersetzt. Die synoptische Darbietung bildet dabei die Transformation der synchronen Fassungsstrukturen durch ihre Kompositions- und Publikationsphasen auf der diachronen Achse des Werks ab. Bezugspunkt von Fassungs- und Werkbegriff ist der realhistorische Autor, dessen Revisionsvarianz als Unterscheidungskriterium für Textstufen dient.

Die Textsynopse auf den verso-Seiten wird ergänzt durch einen nach den kritischen Grundsätzen des Copy-Text-Verfahrens erstellten Lesetext auf den recto-Seiten. Während die strukturalistische Perspektive in der neugermanistischen Editionswissenschaft zu einer historisch motivierten Fassungsedition

---

[26] Vgl. George Bornstein: What Is the Text of a Poem by Yeats. In: Ders./Ralph G. Williams (Hrsg.): Palimpsest: Editorial Theory in the Humanities. Michigan 1993 (= Editorial Theory and Literary Criticism), S. 167–193, hier S. 170.

[27] Vgl. Paul Eggert: Textual Product or Textual Process: Procedures and Assumptions of Critical Editing. In: Philip Cohen (Hrsg.): Devils and Angels. Textual Editing and Literary Theory. Virginia 1991, S. 57–77, hier S. 66.

[28] Vgl. Gabler (Hrsg.), Ulysses.

[29] Vgl. Hans Zeller: Struktur und Genese in der Editorik. Zur germanistischen und anglistischen Editionsforschung. In: LiLi 5 H. 19/20, 1975, S. 105–126, hier S. 115 .

[30] Vgl. Hans Walter Gabler: The Synchrony and Diachrony of Texts: Practice and Theory of the Critical Edition of James Joyce's Ulysses. In: Text 1, 1981, S. 305–326.

[31] Ebd., S. 307.

führte, vereint die Edition des *Ulysses* die historisch-genetische Dimension mit der traditionellen, editionspragmatischen Orientierung auf den Autortext.[32]

Die in der *Ulysses-Edition* verwirklichte Kombination strukturalistischer und eklektisch-kritischer Editionsprinzipien wirkt sich auch auf den Textfehlerbegriff und das Emendationsverfahren aus. Zunächst wird aus der Überlieferung der Copy-Text (*continuous manuscript text*) für die Edition erstellt. Da der *continuous manuscript text* als virtuelle Struktur materiell nicht überliefert ist, stellt der Copy-Text einen rekonstruierten „Rohtext" dar, dessen Textfehler bereinigt werden.[33] Die Ermittlung von Textfehlern und die Emendation des Copy-Textes erfolgt jedoch nicht aufgrund buchkundlich-eklektischer, sondern auf Basis hermeneutischer Kriterien. Indiziert beispielsweise die interne Logik des Textes einen Fehler bei der Interpunktion, wird dieser auf Grundlage der Textstruktur emendiert. Da der Rückgriff auf die autoritative Überlieferung nur als eine mögliche Quelle für die Emendation verstanden wird, können bei der Emendation auch Fremdlesungen übernommen werden.[34] An zahlreichen Textstellen folgt die Emendation somit der „Intention des Textes"[35] und nicht, wie bei der Bowerschen Copy-Text-Edition, dem Willen des Autors.[36]

Während der Lesetext der *Ulysses*-Ausgabe auf Grundlage eines aus der Überlieferung rekonstruierten, virtuellen Manuskripttextes erstellt ist, wird bei der Edition von Fassungen der Lesetext anhand einer dokumentarisch überlieferten Textstufe konstituiert. Die Fassungsedition basiert, wie am Beispiel von *King Lear* dargelegt, auf dem Grundsatz, daß durch Revision eine neue Fassung entsteht, deren Lesungen nicht in frühere Textstufen importiert werden dürfen. Die edito-

---

[32] Vgl. ebd., S. 309, sowie Greethams Beurteilung der Edition: „[I]t is not a disjunct between radical and conservative but one between structure and syntagm, or […] an attempted marriage between Continental and Anglo-American models for the presentation and consumption of text" (Greetham, Theories of the Text, S. 311f.).

[33] Vgl. Hans Walter Gabler: On Textual Criticism and Editing: the Case of Joyce's *Ulysses*. In: Bornstein/Williams (Hrsg.), Palimpsest, S. 195–226, hier S. 201. Vgl. auch Vicki Mahaffey: Intentional Error: The Paradox of Editing Joyce's *Ulysses*. In: George Bornstein (Hrsg.): Representing Modernist Texts: Editing as Interpretation. Michigan 1991, S. 171–191.

[34] Gabler, On Textual Criticism and Editing, S. 208–211.

[35] Zum Begriff *Textintention* siehe Hans Zeller: Die Bedeutung der Varianten für die Interpretation. In: Louis Hay/Winfried Woesler (Hrsg.): Edition und Interpretation: Edition et Interprétation des Manuscrits littéraires. Akten des Deutsch-Französischen Editoren-Kolloquiums Berlin 1979. Bern 1981 (= Jahrbuch für internationale Germanistik; A 11), S. 119–132, hier S. 125.

[36] Die strukturalistische Dimension des Fehlerbegriffs wird auch in neueren Kritiken nicht erwähnt. Vgl. Greetham, Theories of the Text, S. 164–165 und 310ff. Einen Überblick über die kontroverse Beurteilung der Editionsprinzipien in der *Ulysses*-Ausgabe bietet Peter L. Shillingsburg: Scholarly Editing in the Computer Age. Theory and Practice. Athen 1986, S. 109–114.

rische Implementierung des Fassungsprinzips bewirkt auch bei neuzeitlicher Überlieferung eine Ersetzung der konflationierten Kanontexte durch die edierten Fassungstexte. Dies zeigt sich etwa bei der Cornell-Edition der Werke William Wordsworths, in der erstmals die unterschiedlichen Fassungen von Wordsworths *Prelude* ediert sind.[37]

Wenngleich die Edition von Fassungen auch bei neuzeitlichen Texten das traditionelle Copy-Text-Verfahren zunehmend ablöste,[38] wurde die Orientierung auf einen *idealen Autortext*, wie sie sich aus der eklektischen Editionstradition ableitet, nicht gänzlich aufgegeben. Hinsichtlich des editorischen Verfahrens lassen sich, wie am Beispiel von Shillingsburgs Thackeray-Edition aufgezeigt werden kann, teils auch bei der Edition autorisierten Materials durchaus Parallelen zur Edition der *Lear*-Fassungen feststellen. Shillingsburg hebt sich vom Copy-Text-Verfahren insofern ab, als er die überlieferten Manuskriptfassungen als Textgrundlage heranzieht und auf eine ästhetisch motivierte Emendation verzichtet.[39] Seine historische Ausrichtung auf eine Textstufe wird jedoch von einem autorzentrierten Verfahren überlagert, wenn Manuskripte nur unvollständig überliefert sind oder autorisierte Änderungen für den Druck vorliegen. So wählt Shillingsburg bei Thackerays Roman *Vanity Fair* das nur zu einem Sechstel überlieferte Manuskript als Textgrundlage (Copy-Text) für seine Edition. Die fehlenden Teile des Manuskripts ergänzt er durch den Text der vollständig überlieferten, gedruckten Erstausgabe. Dadurch wird eine Kompilation von Textstufen und eine Vermischung von auktorialen Merkmalen und Setzerkonventionen in der Inter-

---

[37] Vgl. William Wordsworth: The Thirteen-Book Prelude. Ed. by Mark L. Reed. 2 Bde. Ithaka 1991 (= The Cornell Wordworth; 15). Neben einem *apparatus criticus* werden die edierten Lesetexte teils durch den photomechanischen Abdruck der Faksimiles und die textgenetische Präsentation der Transkriptionen ergänzt.

[38] Epochenorientierte Übersichten über die Entwicklung von traditionellen zu fassungsorientierten Editionsverfahren bei neuzeitlichen Texten (unter Angabe zahlreicher Beispiele) finden sich bei David C. Greetham (Hrsg.): Scholarly Editing: A Guide to Research. New York 1995, v.a. in den Beiträgen von John H. Middendorf (Eighteenth-Century English Literature, S. 283–307), Donald H. Reiman (Nineteenth-Century British Poetry and Prose, S. 308–330), Peter L. Shillingsburg (Nineteenth-Century British Fiction, S. 331–350), Joel Myerson (Colonial and Nineteenth Century American Literature, S. 351–364) und James L.W. West III (Twentieth-Century American and British Literature, S. 365–381).

[39] William Makepeace Thackeray: The History of Pendennis. Ed. by Peter L. Shillingsburg. With Commentary by Nicholas Pickwood. New York, 1991, S. 411: „Although some of the readings in the manuscript and many in the revised versions appear to be aesthetically superior than those in the first edition, these are not incorporated into the present reading text except where it appears that the printers of the first edition distorted the manuscript reading or where a revised edition provides a reading for what is clearly an impossible [...] reading in the copy-text in a section where no manuscript survives."

punktion herbeigeführt.[40] Auch bei der Edition von *The Newcomes* gründet er den Lesetext auf das überlieferte Manuskript, übernimmt jedoch die von Thackeray autorisierten Änderungen für die erste Druckausgabe.[41] Daß er bei diesem Verfahren aus historischer Perspektive „synchronisiert, was sich diachron ereignet hat"[42], verteidigt Shillingsburg bei der Diskussion seiner Editionsprinzipien.[43] Wie er in *The Newcomes* darlegt, ist seine Edition von der Zielsetzung geleitet, einen bestimmten historischen Moment in der Genese des auktorialen Textes festzuhalten, der anhand der Überlieferungslage rekonstruiert werden kann, materiell jedoch nicht dokumentiert ist. Grundlage für Shillingsburgs Verfahren bildet ein Fassungsbegriff, der nicht an die dokumentarische Dimension des Dokuments gebunden ist, sondern *Fassung (version)* als Konzept begreift, das durch den materiellen Text nur partiell repräsentiert wird:

> A version is one specific form of the work – the one the author intended at some particular moment in time. A version has no substantial existence, but is represented more or less well or completely by a single text as found in a manuscript [...].[44]

Abhängig vom Grad der Realisierung differenziert Shillingsburg zwischen der *potential version* als dem gedanklichen Konzept, der *developing version* als den ersten Zügen einer graphischen Realisation und der *essayed version* als der schriftlichen Niederlegung.[45] Indem Shillingsburg, ähnlich wie Tanselle, die gedanklich realisierte von der schriftlich fixierten Fassung scheidet, lehnt er eine Gleichsetzung von *version* und *document* ab: „Versions are not facts to be discovered about works; they are, rather, concepts created and put there by readers as a means of ordering (or as justification for valuing) textual variants."[46] Dementsprechend hält er das strikte Festhalten am Quelltext bei der Edition von Fassungen nicht für notwendig. Leitprinzip für die Textkonstitution sei vielmehr der Wille des Autors in bezug auf eine bestimmte Textstufe. Wenngleich Shillingsburg den Begriff *Autorintention* im Gegensatz zu Bowers nicht im Sinne einer aus der Überlieferung rekonstruierten, sondern für die in den Zeugen nachweisbare Autorintention verwendet, verharrt sein editorisches Verfahren im traditionellen

---

[40] William Makepeace Thackeray: Vanity Fair. A Novel without a Hero. Ed. by Peter L. Shillingsburg. With Commentary by Nicholas Pickwood and Robert Colby. New York 1989.

[41] Vgl. William Makepeace Thackeray: The Newcomes. Ed. by Peter L. Shillingsburg. Michigan 1996, S. 401–417, und Peter L. Shillingsburg: A Resistance to Contemporary German Editorial Theory and Practice. In: editio 12, 1998, S. 138–150.

[42] Zeller, Struktur und Genese in der Editorik, S. 115.

[43] Thackeray, The Newcomes, S. 403–422.

[44] Shillingsburg, Scholarly Editing, S. 44.

[45] Peter L. Shillingsburg: Resisting Texts: Authority and Submission in Constructions of Meaning. Michigan 1997 (= Editorial Theory and Literary Criticism), S. 69.

[46] Ebd., S. 93.

Copy-Text-Denken. Indem er Fremdeingriffe als Textfehler klassifiziert, bewertet er die Zeugen wiederum aus einer autorzentrierten Perspektive. Da er zudem zwischen *Autortext* und *autorintendiertem Text* nicht differenziert, stellen für ihn Fremdeingriffe grundsätzlich *nicht-intendierte* Lesungen dar:

> This edition of Thackeray's works attempts to present the author's form of expression at the time he first gave it publication, but free from unintended readings. Its primary purpose is, therefore, historical (establishing what the author wrote at particular points in time) and yet also critical (correcting scribal errors and weeding out unwanted or unnecessary editorial intervention).[47]

Wie bei den Fassungseditionen von *King Lear* überlagert auch bei der Thackeray-Edition die Autorzentrierung die historisch-dokumentarische Dimension der Fassungen. Analog zu den *Lear*-Ausgaben präsentiert Shillingsburgs Fassungsedition somit ebenfalls eine vom Editor durch Säuberung von Fremdeingriffen rekonstruierte, ideale Version einer Autorfassung:

> The reading text produced for each work is, however, a critical edition in that it represents a critical construct of a corrected version as I believe Thackeray would have liked it to be at one time [...]. Our reading text is the result of our attempts to rescue that authorial version from the corrupted form in which it was published.[48]

In *Resisting Texts* erweitert Shillingsburg seine Fassungsdefinition durch eine rezeptionsorientierte Perspektive, ohne jedoch editorische Konsequenzen aus dieser Neudefinition abzuleiten. *Fassungen* seien demnach über das Axiom *Leser* zu definieren, der unter Anwendung seines Vorwissens auf Grundlage der materiellen Textstruktur einen individuellen Rezeptionstext produziere.[49] Da unter einem pluralen Editionsverständnis unterschiedliche Editionstypen zu rechtfertigen seien, komme dem Editor nicht die Erstellung eines definitiven Textes, sondern die Verdeutlichung seines editorischen Verfahrens beim Umgang mit Varianz zu.[50]

Wie sich an Shillingsburgs Edition zeigt, ist die Kompilation von Fassungsmaterial kein auf die Drucküberlieferung der Renaissance beschränkter Einzelfall. Fungiert der Autor als Leitprinzip für die Textkonstitution, darf auch bei einem im Grundsatz historisch ausgerichteten Verfahren auf andere Textstufen zurückgegriffen werden. Da der Begriff des *Textfehlers* nicht von der Kategorie *Textverderbnis* differenziert wird, zielt die Textkonstitution auf die Rekonstruktion eines historisch nicht dokumentierten, *idealen* Autortextes ab. Die Edition Shillingsburgs ist nur ein Beispiel für den Umgang mit Varianten und Text-

---

[47] Thackeray, The History of Pendennis, S. 409.
[48] Ebd., S. 407.
[49] Vgl. Shillingsburg, Resisting Texts, S. 94–98.
[50] Vgl. ebd., S. 180.

fehlern bei neuzeitlichen Fassungen in der anglo-amerikanischen Editionswissenschaft. Dennoch ist tendenziell festzustellen, daß im anglo-amerikanischen Raum – wie die Diskussion des wissenschaftsgeschichtlichen Hintergrunds zeigt – die Differenzierung des Fassungsbegriffs auf editionstheoretischer Ebene kein Pendant auf editionspraktischer Ebene findet. Eine autor- oder gattungsübergreifende Auseinandersetzung mit den Konsequenzen eines historischen Textbegriffs für die Formulierung des editorischen Leitprinzips, des Textfehlerbegriffs und der Emendation ist nicht erkennbar. Da kein systematischer Zugang zur Erstellung eines Editionstypus *Fassungsedition* verfolgt wird, ist das editorische Verfahren bei der Konstitution kritischer Fassungstexte an das jeweilige Text- und Autormodell des Editors gebunden. Sowohl die Beurteilung von Textverderbnis als auch die Emendation ist dabei häufig der autororientierten Tradition des *Copy-text-editing* verpflichtet. Ein semantisch orientierter Textfehlerbegriff, wie er für eine Fassungsedition von *King Lear* notwendig wird, fehlt bei der Edition neuzeitlicher Texte.

3.1.1.3 Social Theory of Editing

Die Divergenz der unter dem Zentralbegriff *Versioning* versammelten Editionsverfahren verdeutlicht auch ein Vergleich der bisher behandelten autorzentrierten Modelle mit sozio-historischen Ansätzen. Während Shillingsburg, Gabler und Eggert als Vertreter eines editionspragmatischen Ansatzes Fassungen für *edierbar* halten,[51] lehnen die Befürworter der *social theory of editing* ein kritisches Verfahren bei der Textkonstitution überwiegend ab. Begründet wurde die *social theory of editing* von McGann, der den bereits bei Buchkundlern wie McKenzie diskutierten Aspekt der Publikation zum Zentralbegriff seiner sozio-kulturell determinierten Editionstheorie erhob.[52] Ausgehend von einer Dekonstruktion des aus der Romantik überkommenen Bildes eines unabhängig von seiner sozialen Umgebung schaffenden Autorgenies und in Rekurrenz auf die marxistisch-orientierte und strukturalistische Literaturtheorie begreift McGann das litera-

---

[51] Paul Eggert erkennt Revisionsvarianz als Ausdruck auktorialer Intertextualität an und plädiert ebenfalls für die Erstellung eklektischer Fassungstexte (vgl. Eggert, Textual Product or Textual Process, S. 70ff.). Vgl. dazu auch die von Mailloux geäußerte Kritik an Eggerts editionstheoretischer Position: „For Eggert, traditional editing privileges the determinate reading text, while poststructuralism rejects all privileging of any kind of determinacy [...]. This depiction of traditional editing and poststructuralist theory makes them rather monolithic in themselves and absolutely opposed in their relation to each other." (Steven Mailloux: The Rhetorical Politics of Editing: A Response to Eggert, Greetham, and Cohen and Jackson. In: Cohen [Hrsg.], Devils and Angels, S. 124–133, hier S. 125).

[52] Vgl. Donald F. McKenzie: Oral Culture, Literacy, and Print in Early New Zealand: The Treaty of Waitangi. Wellington 1985, und ders.: Bibliography and the Sociology of Texts. London 1987 (= The Panizzi lectures; 1985).

rische Werk als Resultat einer Transformation von kreativem Prozeß zu sozio-kulturellem Phänomen. Da *Text* als Produkt einer kollaborativen Tätigkeit zwischen dem Autor und seinem gesellschaftlichen Umfeld zu betrachten sei, könne kein werkübergreifender, finaler Autorwille angesetzt werden.[53] Auf Grundlage seines materialistischen Werkbegriffs betont McGann, die Aufgabe des Editors sei nicht mehr die Rekonstruktion eines definitiven Textes durch Aufdeckung und Beseitigung von Textverderbnis, sondern die Fokussierung der Fassungen selbst („how to distinguish and choose between textual versions").[54] Wenngleich McGann den traditionellen Autorbegriff in Frage stellt, ersetzt er bei der Fassungsdefinition die Bezugsgröße Autor durch den Faktor Produktions-prozeß: „We enter the world of textual versions where intentions are plainly shifting and changing under the pressure of various people and circumstances."[55] So liefert McGanns *social theory of editing* zwar einen entscheidenden Beitrag zur kritischen Auseinandersetzung mit den Axiomen des vorherrschenden Text- und Autormodells auf editionstheoretischer Ebene, stellt aber das eklektische Verfah-ren der Copy-Text-Edition zunächst nicht grundsätzlich in Frage. McGann ver-steht seine in *A Critique of Modern Textual Criticism* formulierten Prinzipien nicht als Ersatz, sondern als Alternative zum Leitprinzip *Autorintention*, die vor allem dann anzuwenden seien, wenn das Werk von den Einflüssen des Publikations-prozesses profitiert habe.[56]

Um die Grenzen des Konzepts Autorintention bei Mehrfachüberlieferung aufzuzeigen, erweitert er in *The Textual Condition* seine soziologische durch eine bibliographische Orientierung. Unter Berücksichtigung der materiellen Implika-tionen des Textträgers differenziert er zwischen bibliographischem und linguisti-schem Code, die er gleichermaßen als bedeutungskonstitutiv klassifiziert:

> [A]ll texts […] are embodied phenomena, and the body of the text is not exclusively linguistic. By studying texts through a distinction drawn between linguistic and biblio-graphical codes, we gain at once a more global and a more uniform view of texts and the processes of textual production.[57]

Auf Grundlage seines Codesystems lehnt McGann bei Mehrfachüberlieferung ein konflationierendes Editionsverfahren nach dem Copy-Text-Prinzip nun deutlich ab. Seine Definition von *eclectic editing* ist allerdings eng gefaßt und auf die Rekonstruktion eines singulären Idealtextes beschränkt. Sie berücksichtigt

---

[53] Vgl. McGann, A Critique of Modern Textual Criticism, S. 62: „The forms represent diver-gent patterns of varying purposes and intentions rather than an ancestral series in which we are trying to track down the author's final intentions."
[54] Vgl. ebd., S. 56.
[55] Vgl. ebd., S. 62.
[56] Vgl. Tanselles Kritik an McGanns Position in Tanselle, Textual Criticism, S. 128–134.
[57] McGann, The Textual Condition, S. 14.

nicht, daß die Kompilation von Varianz unterschiedlicher Textstufen bei einer Fassungsedition ebenfalls als eklektisch zu bezeichnen ist.[58]

Wie McGann definiert auch Stillinger, der ebenfalls zu den Vertretern eines sozio-kulturellen Ansatzes zu zählen ist, das Konzept der Fassung über die Bezugsgröße Autor. Im Gegensatz zu den Anhängern der Greg-Bowers-Schule geht er von einem erweiterten Autorbegriff aus, der die Einflußfaktoren der Textproduktion berücksichtigt. Nach Stillinger repräsentieren Fassungen neuzeitlicher Texte an unterschiedliche Produktionsphasen gebundene Intentionen eines Autorkombinats („network of many separate intentions").[59] Jede Veränderung der Autorsituation führe dabei zu einer neuen Fassung („Removing one or more of the authors […] simply produces a different version").[60] Analog zu McGann differenziert auch Stillinger Fassungen über ihre dokumentarische Dimension:

> And while currently there is no agreed-on definition of the degree of difference necessary to distinguish one version of a work from another […] it is the nature of the concept that the text of a version includes all the words of that version, regardless of how many authors contributed to the writing.[61]

Editorisches Resultat der hier exemplarisch vorgestellten, sozio-historischen Editionsansätze ist das *documentary editing*. Indem das Kriterium *Autorität* in der Materialität des Überlieferungsträgers verankert wird, erfolgt eine Gleichsetzung von Text und Dokument. Konsequent umgesetzt bedeutet dies eine historisch-dokumentarische Edition, die die Vermischung von Material unterschiedlicher Publikationsstufen und somit ein eklektisches Verfahren wie auch jegliche Art von editorischem Eingriff verbietet.[62] Aufgrund der Gleichstellung von Fremd- und Autorvarianten wird im Gegensatz zu einer autororientierten kritischen Edition der Fassungen Überlieferungsverderbnis nicht emendiert. Im Hinblick auf den Fehlerbegriff und die Textkonstitution enthält sich der Editor somit jeglicher Wertung. Da das Ziel des dokumentarischen Edierens nicht die Erstellung eines lesbaren Textes, sondern die Darstellung der Pluralität von Fassungen ist,

---

[58] Vgl. ebd., S. 73: „That copy-text becomes ‚eclectic' when the editor, after examining the relevant documents, introduces readings from other textual witnesses which are judged to exhibit greater authority than the authority of the copy-text." Anzumerken ist hier, daß nicht der Copy-Text, sondern der edierte Text als eklektisch zu bezeichnen ist.

[59] Jack Stillinger: Multiple Authorship and the Myth of the Solitary Genius. New York 1991, S. 200.

[60] Ebd.

[61] Ebd.

[62] Vgl. hierzu das Verfahren in der Edition von Oliver Goldsmith: Poems and Plays. Ed. by Tom Davis. London 1975 (Everymans Library; 415), und dessen Bewertung bei Shillingsburg, Scholarly Editing, S. 21.

zielen McGanns und Stillingers theoretische Prämissen auch nicht auf die Eta-blierung eines neuen „Editionstypus" ab.[63] Die in McGanns Codesystem ange-legte Einheit von Text und Dokument zeigt sich editionspraktisch in seinem elektronischen Rossetti-Archiv, in dem sich der editorische Eingriff auf die An-notation beschränkt.[64]

Eine Systematisierung von McGanns *social theory of editing* auf editionspraktischer Ebene entwickelt in Ansätzen Marotti, der sich am Beispiel von Gedichten der Renaissance mit den Kriterien eines sozio-historischen Editionstypus ausein-andersetzt.[65] Nach Marotti solle vor allem bei Manuskripten der Renaissance die Klassifikation und Selektion von Überlieferungszeugen nicht nach autor-zentrierten, sondern nach soziologischen Kriterien erfolgen. In einer Edition seien somit auch nicht-autoritative, „verderbte" Fassungen darzustellen, wenn sie rezeptionsgeschichtlich von Bedeutung sind. Durch seine Forderung erweitert Marotti das Selektionskriterium *Autorität*, das zur Bestimmung der substantiellen Textzeugen dient, um eine überlieferungsgeschichtliche Dimension. Auch hin-sichtlich des Variantenapparats fordert er eine Neustrukturierung, die die Dar-stellung von Überlieferungsvarianten ermöglicht:

> We should find ways of presenting a wider range of „corrupt" or non-authorial vari-ants in the textual apparatus of single-author editions: their presence need not be justi-fied by imagining the possibility of alternate authorial versions of texts (as in the case of two *King Lears*) but by their intrinsic historical value.[66]

Obwohl er nicht auf die Problematik des Varianten- und Fehlerbegriffs explizit eingeht, gehen seine Überlegungen über eine rein dokumentarische Präsentation des Materials hinaus, wie sie unter dem *documentary editing* vorgenommen wird.

Übertragen auf Shakespeare führt die sozio-historische Ausrichtung zur Forde-rung nach der Dekonstruktion des Autororiginals. Wie deGrazia in Anlehnung an Foucault betont, sind die Texte Shakespeares nicht über die Kategorie Autor, sondern als materielle Produkte des Druckwesens in der Renaissance zu definie-ren.[67] Da der poststrukturalistische Textbegriff deGrazias und Stallybrass' die Kategorie des monadischen Autortextes jedoch grundsätzlich ausschließt, wird

---

[63] Vgl. William Speed Hill: English Renaissance: Nondramatic Literature. In: Greetham (Hrsg.), Scholarly Editing, S. 204-230, hier S. 217–219.

[64] Vgl. Jerome J. McGann: The Complete Writings and Pictures of Dante Gabriel Rossetti: A Hypermedia Research Archive. In: Text 7, 1994, S. 95–105.

[65] Vgl. Arthur F. Marotti: Manuscript, Print, and the English Renaissance Lyric. In: Speed Hill (Hrsg.), New Ways of Looking at Old Texts, S. 209–221.

[66] Ebd., S. 214

[67] Vgl. deGrazia, What is a Work?, S. 206f.; und dies.: The Essential Shakespeare and the Material Book. In: Textual Practice 2, 1988, S. 69–87.

bereits die Vorstellung von einem definitiven und authentischen Shakespeare-Text abgelehnt:

> [W]e have no desire to perpetuate the illusion that we had an ‚original‘ or ‚unedited‘
> text […]. Even if we could convince ourselves that we had an ‚original‘ or ‚unedited‘
> text, we would have established not its existence but rather the persistence of the epi-
> stemological categories that make us believe in its existence.[68]

Der Leser werde somit nicht einmal in Faksimile-Editionen mit dem „authentic literary object" konfrontiert.[69] Markus vertritt eine weniger radikale Position, wenn sie betont, daß nur durch die Befreiung aus dem hermeneutischen Zirkel der Editionstradition (*Unediting*) die kulturelle Materialität der Shakespeare-Drucke erfaßt und editorisch repräsentiert werden könne.[70] Ihrer sozio-historischen Ausrichtung tragen am ehesten Faksimile-Ausgaben und die *Lear*-Edition Holderness' Rechnung, die auf kritische Eingriffe verzichtet.[71]

Insgesamt ist das *documentary editing*, das an die Tradition des *historical editing* anknüpft,[72] jedoch nicht als „Editionsverfahren" im kritischen Sinne zu bezeichnen. Da sich der Editor einer Wertung enthält und auf die Konstitution eines Lesetextes verzichtet, werden die Konsequenzen des sozio-historischen Ansatzes für den Varianten- und Fehlerbegriff sowie die Emendation kaum diskutiert. Im Vordergrund steht die Präsentation von Pluralität, nicht die Lesbarkeit von Text. Wenngleich also Faksimile- und diplomatische *Lear*-Editionen durchaus einen entscheidenden Beitrag zum Verständnis der Originaldrucke leisten, können sie die kritische Edition von Fassungen nicht ersetzen.

3.1.2 Neugermanistische Editionswissenschaft

Wie die Analyse der Fassungsdiskussion zeigt, liegt in der anglo-amerikanischen Editionswissenschaft kein systematisches, historisch-orientiertes Modell zur Edition von Fassungen vor, das sich auf kritische Editionen von Quarto- und Folio-*Lear* anwenden ließe. Werden Fassungen kritisch ediert, folgt die Textkonstitution einem autororientierten Leitprinzip, dessen buchkundliches Verfahren sich über die strukturelle Kohärenz der dokumentarischen Fassungen hinwegsetzt. Wird die Historizität einer Fassung im Dokument selbst verankert, ist im Rah-

---

[68] deGrazia/Stallybrass, The Materiality of the Shakespearean Text, S. 257.

[69] Vgl. Margreta de Grazia/Peter Stallybrass: Love among the Ruins: Response to Pechter. In: Textual Practice 11, 1997, S. 69–79.

[70] Vgl. Leah S. Markus: Unediting the Renaissance. Shakespeare, Marlowe, Milton. London 1996.

[71] Vgl. Warren (Hrsg.), The Complete King Lear, und Holderness (Hrsg.), King Lear.

[72] Zum Begriff und zur Diskussion des *historical editing* vgl. G. Thomas Tanselle: Historicism and Critical Editing. In: Studies in Bibliography 39, 1986, S. 1–46.

men des *documentary editing* ein editorischer Eingriff ausgeschlossen.[73] Vergleicht man die anglo-amerikanische Polarisierung von autorzentrierten und dokumentarischen Verfahren mit dem editorischen Vorgehen in anderen Editionsdisziplinen, so zeigt sich, daß, wie etwa bei der historisch-kritischen Ausgabe, auch bei einer kritischen Edition die Historizität der überlieferten Textstufe gewahrt werden kann.[74] Aus der Vielzahl der neugermanistischen Ansätze zur Definition des Fassungs- und Fehlerbegriffs erweisen sich für *King Lear* insbesondere die in dem Sammelband *Texte und Varianten* von Scheibe[75] und Zeller[76] vertretenen Positionen als richtungsweisend. Beide entwickeln eine historisch orientierte Systematisierung, die sich von der Methodologie autorintentionaler Verfahren grundlegend abhebt.

Im Gegensatz zum anglo-amerikanischen Vorgehen steht bei der Historisch-kritischen Ausgabe nicht die Rekonstruktion eines idealen, sondern die Konstitution eines materiell überlieferten Fassungstextes im Vordergrund. Wie Zeller anführt, zielt die Textkonstitution auf die Dokumentation des in der Überlieferung „bezeugten" Autorwillens ab, der bei neuzeitlicher Überlieferung durch die autorisierten Texte faktisch repräsentiert werde.[77] Da der Editor das über-

---

[73] Shillingsburg differenziert fünf Arten der editorischen Ausrichtung: *documentary (historical)*, *aesthetic, authorial, sociological* und *bibliographic orientation*. Die Wahl des editorischen Ansatzes sei jeweils abhängig davon, wie der Editor das Kriterium *authority* verankere (vgl. Scholarly Editing, S. 15–27). Der Begriff *historical* oder *documentary orientation* wird bei Shillingsburg sowohl zur Bezeichnung von korrigierenden als auch rein dokumentarischen Editionsverfahren verwendet. Die Verwendung des Begriffs in der vorliegenden Arbeit bezeichnet jedoch ausschließlich dokumentarische Editionsverfahren. Korrekturen von Textverderbnis („accidents of history"; ebd., S. 18) können, wie die Fassungsedition Shillingsburgs zeigt, zu einer Aufgabe der historischen zugunsten einer autororientierten Perspektive führen.

[74] Vgl. dazu auch Bodo Plachta: Germanistische Editionswissenschaft im Kontext ihrer Geschichte. In: Anglia 119 H. 3, 2001, S. 376–399.

[75] Siegfried Scheibe: Zu einigen Grundprinzipien einer historisch-kritischen Ausgabe. In: Martens/Zeller (Hrsg.), Texte und Varianten, S. 1–44.

[76] Zeller, Befund und Deutung.

[77] Vgl. ebd., S. 56. Der Begriff der Autorisation wird in der neugermanistischen Editionswissenschaft aus unterschiedlicher Perspektive definiert. Scheibe bezieht sich in *Texte und Varianten* auf einen juristisch orientierten Autorisationsbegriff, der an eine Willensentscheidung des Autors gebunden ist. Vgl. Scheibe, Zu einigen Grundprinzipien, S. 28f., sowie ders.: Probleme der Autorisation in der textologischen Arbeit (In: editio 4, 1990, S. 57–72, bes. S. 58), Zum editorischen Problem des Textes (In: Norbert Oellers [Hrsg.]: Probleme neugermanistischer Edition. Berlin 1982 [= ZfdPh; Sonderheft 101], S. 12–29, bes. S. 19), und Zur Abgrenzung der Begriffe Autorisation und Authentizität. (Vortrag im Rahmen der neunten internationalen Tagung der Arbeitsgemeinschaft für germanistische Edition zum Thema „Autor – Autorisation – Authentizität", RWTH Aachen, 20.–23. Februar 2002). Andere Ansätze verfolgen unter anderem Klaus Hurlebusch (Zur Aufgabe und Methode philologischer Forschung, verdeutlicht am Beispiel der historisch-kritischen Edition: Eine

lieferte Material aus historischer Perspektive betrachtet, ist er bei der Wahl der Textgrundlage an keine der vom Autor zu Lebzeiten gewollten Textfassungen gebunden. Sind mehrere autorisierte Fassungen überliefert, kann grundsätzlich jede als Textgrundlage für die Edition herangezogen werden.[78]

Die historische Perspektive, die die Selektion der Textgrundlage und die Textkonstitution leitet, wirkt sich auch auf die Definition von Fehlerbegriff und Emendationsmodell aus. Bei Scheibe und Zeller wird der Parameter Historizität nicht, wie etwa bei Shillingsburgs Thackeray-Edition, in einem zu einem bestimmten Zeitpunkt vom Autor intendierten Text, sondern im materiell überlieferten Dokument verankert. Da die Vermischung von Fassungsmaterial die historische Integrität des synchronen Systems Fassung verletzt, ist eine Kompilation unterschiedlicher Textstufen ausgeschlossen.[79] In die autorisierte Textgrundlage darf nur eingegriffen werden, wenn angenommen werden muß, daß ein Textfehler vorliegt und die Autorisation des Textes somit an einer bestimmten Stelle aufgehoben ist.[80] Keinesfalls darf ein editorischer Eingriff – wie häufig in den Fassungseditionen von *King Lear* – aufgrund subjektiver Präferenzen erfolgen oder, wie Scheibe es formuliert, „weil im anderen Zeugen eine Variante vorliegt".[81] Sowohl Zeller als auch Scheibe sprechen sich für einen eng gefaßten Fehlerbegriff aus, der sich ausschließlich auf semantische Kriterien stützt.[82]

Auseinandersetzung mit Hermeneutik und Historizismus. In: Martens/Zeller [Hrsg.], Texte und Varianten, S. 117–142, bes. S. 136–137), sowie Klaus Kanzog (Einführung in die Editionsphilologie der neueren deutschen Literatur. Berlin 1991, S. 23f.), Norbert Oellers (Authentizität als Editionsprinzip. In: Walther Dürr [Hrsg.]: Der Text im musikalischen Werk: Editionsprobleme aus musikwissenschaftlicher und literaturwissenschaftlicher Sicht. Berlin 1998 [= ZfdPh; Beiheft 8], S. 43–57, bes. S. 44) und Herbert Kraft (Die Geschichtlichkeit literarischer Texte. Eine Theorie der Edition. Tübingen 1973.) Zur neueren Diskussion siehe die Ergebnisse der Aachener Tagung „Autor – Autorisation – Authentizität", insbes. die Beiträge von Gunter Martens (Autor – Autorisation – Authentizität. Terminologische Überlegungen zu drei Grundbegriffen der Editionsphilologie), Rüdiger Nutt-Kofoth (Der „echte" Text und sein Autor. Ansätze zu einem funktionalen Authentizitätsbegriff vor dem Hintergrund der Begriffsgeschichte von ‚Autorisation' und ‚Authentizität' in der neugermanistischen Editionsphilologie) und Peter Shillingsburg (Authority and Authorization in American Editing). Zur anglo-amerikanischen Position siehe auch Martha Mathijisens vergleichenden Beitrag The Concept of Authorisation. In: Text 15, 2002, S. 77–90.

[78] Vgl. Scheibe, Probleme der Autorisation, S. 68.

[79] Vgl. Zeller, Struktur und Genese in der Editorik, S. 115.

[80] Vgl. Zeller, Befund und Deutung, S. 61.

[81] Scheibe, Zu einigen Grundprinzipien, S. 43.

[82] Der Begriff des *Textfehlers* wird in der neugermanistischen Editionswissenschaft kontrovers diskutiert. Vgl. unter anderem die in editio 5, 1991, erschienenen Beiträge von Waltraud Hagen (Textfehler oder Sachirrtum? Textkritische Entscheidungen im Verhältnis zu Textverständnis und Autorisation; S. 76–81), Karl Konrad Pohlheim (Textfehler. Begriff und Problem; S. 38–54) und Winfried Woesler (Entstehung und Emendation von Textfehlern; S. 55–75).

Textfehler liegen nach Scheibe dann vor, wenn Stellen „für sich oder im engeren Kontext keinen Sinn zulassen (Typ ‚nud‘ bis Typ ‚er legte seine breite Stimme in Falten‘)“.[83] Auch Zellers Fehlerbegriff stützt sich auf das Sinnkriterium, wobei *Sinn* in bezug auf die neuere Literatur als „textspezifische Logik“ oder „textinterne Struktur“ verstanden wird.[84] Nicht jede Art von Textverderbnis stellt allerdings nach seiner Definition zugleich auch einen Textfehler dar.[85] Die für die Textkonstitution verbindliche Autorisation werde nicht durch jeden Druckfehler oder jedes Schreibversehen, sondern nur „durch Druckfehler bestimmter Art, die als ‚Textfehler‘ definiert werden“ aufgehoben.[86] Die eng gefaßte semantische Orientierung des Fehlerbegriffs, nach der ein editorischer Eingriff nur bei eindeutiger Verletzung des Sinnkriteriums gestattet ist, soll verhindern, dass die historische von einer subjektivistischen Perspektive überlagert wird. So sei es besser, „im äußersten Fall einen vom Autor akzeptierten Setzereingriff, eine nachweisbare historische Textverderbnis“ zuzulassen, als sich dem Ideal des „besten Textes“ zu verpflichten.[87]

3.2 Fassungsedition bei *King Lear*

3.2.1 Fassungsbegriff

Sowohl die Zellersche Differenzierung der Kategorien Textfehler und Textverderbnis als auch die Systematisierung des Fehlerbegriffs auf Grundlage semantischer Kriterien sind für die Edition der *Lear*-Fassungen methodologisch richtungsweisend. Werden einheitlich semantische Parameter für die Ermittlung fehlerhafter Stellen definiert, wird nicht nur den Theoremen der Revisionsthese Rechnung getragen, sondern auch die subjektivistische Emendation sinntragender Lesungen, wie sie in den bisher erschienenen Fassungseditionen der

---

[83] Scheibe, Zu einigen Grundprinzipien, S. 43. Die Formulierung Scheibes wurde zunächst von Zeller als Begrenzung des Sinnkriteriums auf den syntaktischen Zusammenhang und somit als Einschränkung des editorischen Interpretationsspielraums kritisiert. Scheibe widerspricht Zellers Kritik und stellt den Bezug seines Textfehlerbegriffes auf den Gesamtkontext eines Werkes klar. Zur Diskussion vgl. Zeller, Befund und Deutung, S. 71, Anm. 61, sowie Siegfried Scheibe: Editorische Grundmodelle. In: Ders./Christel Laufer (Hrsg.): Zu Werk und Text. Beiträge zur Textologie. Berlin 1991, S. 23–48.

[84] Zeller, Befund und Deutung, S. 70.

[85] Zellers Trennung von Textfehler und Textverderbnis wird später durch eine weniger „rigoristische Definition des Textfehlers“ ersetzt. Vgl. Hans Zeller: Fünfzig Jahre neugermanistischer Edition. Zur Geschichte und künftigen Aufgaben der Textologie. In: editio 3, 1989, S. 1–17, hier S. 12.

[86] Zeller, Befund und Deutung, S. 72.

[87] Ebd., S. 73.

Drucke feststellbar ist, vermieden. Sowohl Scheibes als auch Zellers Ansatz zur Definition von Fassungs- und Fehlerbegriff sind allerdings auf die Bedingungen neuzeitlicher, autorisierter Überlieferung ausgerichtet und somit nicht gänzlich auf die Shakespeare-Überlieferung übertragbar. Die Berücksichtigung der Autorisation bei der definitorischen Festlegung der editorischen Methodologie korrespondiert mit der Überlieferungssituation neuzeitlicher Texte, die zumeist noch Spuren des Autors in Manuskript oder Druckfahne aufweisen. Bei Shakespeare-Drucken hingegen ist der realhistorische Autor in der defizitären Überlieferung nur mittelbar festzumachen. Da Shakespeare bekanntlich auf den Druck seiner Texte keinen Einfluß nahm, ist nicht mehr nachzuvollziehen, inwieweit Textbestandteile vom Autor selbst stammen oder von ihm beauftragt und gebilligt wurden. Wenngleich nach der Revisionsthese die Druckvorlagen als autoritativ gelten, sind, wie bereits Greg feststellte, die Zeugen grundsätzlich von Fremdeingriffen (Setzer- und Korrektoreingriffen) durchzogen. Eine definitive Scheidung der Kategorien Autor- und Überlieferungsfehler, wie sie bei Handschriften weitgehend möglich ist, kann aufgrund fehlender Kriterien nicht mehr vorgenommen werden. Wird die Relativität des Autoraxioms bei der Fassungsdefinition berücksichtigt, nähert sich die Festlegung des Fassungsbegriffs bei *King Lear* der Definition Bumkes für mittelalterliche deutsche Texte an, die über die hermeneutisch relevanten Varianten determiniert ist. Bumke begreift Fassungen als

> „Versionen […] die in solchem Ausmaß wörtlich übereinstimmen, daß man von ein und demselben Werk sprechen kann, die sich jedoch im Textbestand und / oder in der Textfolge und / oder in den Formulierungen so stark unterscheiden, daß die Unterschiede nicht zufällig entstanden sein können, vielmehr in ihnen ein unterschiedlicher Formulierungs- und Gestaltungswille sichtbar wird."[88]

Da nicht nachzuweisen ist, inwieweit „verschiedene Fassungen auf denselben Autor zurückgehen", fordert Bumke, den Begriff *Fassung* von der Autoranbindung freizuhalten.[89] Aufgrund der Instabilität des Kriteriums Autor kann, analog zu mittelalterlichen Texten, bei *King Lear* die Fassungsdefinition ebenfalls nur an den überlieferten Dokumenten festgemacht werden. Durch die historische Situierung der Dokumente sind die Quarto- und Foliofassungen als synchrone Strukturen zu beschreiben, die auf einer diachronen Achse in Relation zum Werk *King Lear* stehen.[90] Der Autor dient vornehmlich als externe Bezugsgröße für die Zuordnung zum Werk. Im Gegensatz zu literarischen Texten ist bei der Werkdefinition der spezifische Charakter der Bühnentexte zu berücksichtigen, so daß

---

[88] Joachim Bumke: Die vier Fassungen der Nibelungenklage. Untersuchungen zur Überlieferungsgeschichte und Textkritik der höfischen Epik im 13. Jahrhundert. Berlin 1996 (= Quellen und Forschungen zur Literatur- und Kulturgeschichte; 8), S. 32.

[89] Ebd., S. 45.

[90] Zu den Begriffen vgl. Gabler, The Synchrony and Diachrony of Texts, S. 305ff.

sich das Werk aus der Summe aller Bühnen- und Druckfassungen zusammensetzt. Der Text der Fassungen ist somit als „unstable, infinitely revisable script"[91] zu begreifen, das im Akt der Aufführung einer Transformation unterliegt. Die Dimension des Fassungsbegriffs auf performativer Ebene ist jedoch zu trennen von der dokumentarischen Ebene. Im Gegensatz zum indefinitiven Charakter der Bühnenfassungen sind die schriftlichen Textfassungen, wenn sie einmal fixiert sind, durch ihren bibliographischen und linguistischen Code historisch situiert.[92] Jede Bühnenfassung stellt somit eine Repräsentation der synchronen Struktur Druckfassung dar.

Ebenso wie Zeller die Rolle der Autorintention bei der Textkonstitution in Frage stellt, ist in Anlehnung an seine Position bezüglich Shakespeares *King Lear* festzuhalten, daß die Kategorie Autor eine „bloße Vorstellung des Editors" bleibt, „als sie nicht oder nicht deutlich verwirklicht, als sie in der Überlieferung nicht bezeugt ist."[93] Da die Spuren des Autors in der Überlieferung nicht eindeutig belegt werden können, ist jeglicher Versuch, die Manuskriptlesungen anhand buchkundlicher Kriterien zu rekonstruieren, als spekulatives Vorgehen zu werten. Dies erkennt auch Foakes bei seiner Interpretation der Überlieferungszusammenhänge in Quarto- und Folio-*Lear* an: „This is, of course, speculation, but all interpretation must be speculative, since the only direct evidence we have is in the texts as printed in Quarto and Folio."[94]

3.2.2 Variantenbegriff

Wird die Kategorie *Autor* bei der Definition des Fassungsbegriffs vernachlässigt, wirkt sich dies auch auf die Festlegung des Variantenbegriffs aus. Begriffe wie *authorial* und *transmissional variants* rekurrieren terminologisch und konzeptuell auf ein autorzentriertes Textmodell und greifen bei der spezifischen Überlieferungssituation der *Lear*-Fassungen zu kurz. In Korrelation mit der im Rahmen dieser Arbeit vorgestellten, strukturbezogenen Fassungsdefinition wird daher für eine Neuedition von *King Lear* der Begriff *Fassungsvariante* eingeführt, dessen Definition sich rein auf den faktischen Überlieferungsbefund stützt. Im Sprachsystem des Fassungstextes zeichnet sich eine Fassungsvariante dadurch aus, daß sie eine sinnvolle Lesung konstituiert, unabhängig davon, ob diese nach buchkundlichen Kriterien die „autoritative" Manuskriptlesart darstellen kann. Da also bei der Variantenklassifikation der analytische dem hermeneutischen Befund unter-

---

[91] Orgel, The Authentic Shakespeare, S. 24.
[92] Zu den Begriffen vgl. McGann, The Textual Condition, S. 14.
[93] Zeller, Befund und Deutung, S. 55.
[94] Foakes, French Leave, S. 223.

geordnet wird, fallen unter die Kategorie *Fassungsvariante* sowohl anzunehmende Autorlesungen als auch scheinbare Fremdeingriffe. Wird eine Lesung aufgrund ihrer semantischen Qualität als Fassungsvariante erkannt, darf sie bei der Textkonstitution nicht aufgrund buchkundlicher Kriterien emendiert werden.

3.2.3 Textfehlerbegriff

Auch die Gleichsetzung von Fremdeingriffen mit Textverderbnis, wie sie in der anglo-amerikanischen Editionswissenschaft üblicherweise vorausgesetzt wird, ist bei einer strukturell orientierten Definition des Fassungsbegriffs nicht mehr aufrechtzuerhalten. Wird aufgrund der Überlieferungssituation der *Lear*-Fassungen und deren druckgeschichtlichem Hintergrund Überlieferungsverderbnis als Bestandteil fassungsspezifischer Varianz betrachtet, kann sich die Ermittlung von Textfehlern nur auf semantische Kriterien stützen. In Anlehnung an die neugermanistischen Positionen Zellers und Scheibes ist daher ein Textfehlerbegriff einzuführen, der in seinem Grundsatz wie folgt definiert werden kann:

> Kriterium für die Bestimmung fehlerhafter Stellen ist, daß sie für sich, innerhalb ihrer syntaktischen Struktur oder ihres Fassungskontexts keinen *Sinn* zulassen.

Da bei defizitär überlieferten Drucken buchkundliche Analysen Aufschluß über den Druckprozeß und somit über die nicht-überlieferten Druckvorlagen geben können, sind analytische Befunde bei der Diskussion von *Textfehlern* in den Fassungstexten durchaus zu berücksichtigen. Die Ergebnisse der Buchkunde können aber faktisch nicht verifiziert werden und gelten daher, im Gegensatz zu den Verfahren bei bisher erschienenen *Lear*-Fassungseditionen, nicht als Entscheidungsgrundlage für die Textkonstitution. Im Anschluß an die Dokumentation eines Textfehlers nach semantischen Kriterien können sie allenfalls als Instrument zur Interpretation von Ursache und Herkunft des Textfehlers dienen.[95]

Aufgrund der unterschiedlichen Überlieferungssituation kann der von Scheibe und Zeller geprägte Fehlerbegriff jedoch nur eingeschränkt und unter Berücksichtigung der linguistischen Besonderheiten des elisabethanischen Sprachgebrauchs übernommen werden. So erweist sich die normative Festlegung des

---

[95] Die Verwendung der Begrifflichkeiten *Befund* und *Interpretation* ist – in modifizierter Form – angelehnt an Zellers Differenzierung von deskriptiver und interpretierender Information bei der Bearbeitung von Handschriften: „Der volle Befund ist – in seiner Einmaligkeit als Handschrift – freilich nicht ermittelbar, aber es sind Informationen über den Befund möglich. Diese bezeichne ich als *Dokumentation*. Die editorische Handschriftenwiedergabe soll also den Überlieferungsbefund *dokumentieren und deuten*." (Zeller, Befund und Deutung, S. 80).

Sinnkriteriums unter linguistischem Aspekt, wie sie das neugermanistische Konzept des *Textfehlers* impliziert, bei Renaissance-Texten stellenweise als problematisch.[96] Im Gegensatz zu neuzeitlichen Texten waren in elisabethanischer Zeit Schreibung, Orthographie, Interpunktion und Grammatik noch nicht standardisiert,[97] so daß die Verwendung unterschiedlicher Formen selbst innerhalb eines Satzes durchaus gebräuchlich war.[98] Darüber hinaus begegnen im Wortschatz der Zeit, der 1623 rund 44.000 Wörter umfaßte, allein zwischen den Jahren 1598 und 1623 etwa 11.000 Erstbelege.[99] Wenngleich nicht jedes bei Shakespeare erstmals auftretende Wort eine Eigenprägung darstellen muß, wird dem Dichter generell die höchste Innovationsrate im Vergleich zu seinen Zeitgenossen zugesprochen.[100] Da sowohl auf lexikalischer als auch auf grammatikalischer Ebene frühestens ab Mitte des 17. Jahrhunderts Standardisierungstendenzen im Sprachgebrauch des Frühneuenglischen erkennbar sind, ist nicht definitiv bestimmbar, wodurch sich ein vom damaligen Rezipienten als „korrekt" empfundener Sprachgebrauch auszeichnete.[101] Die Kategorie der sprachlichen Korrektheit beruhte in elisabethanischer Zeit nicht zuletzt auf einem individuellen Empfin-

---

[96] Vgl. dazu auch die Differenzierung des Fehlerbegriff bei Woesler, Entstehung und Emendation von Textfehlern.

[97] Dieses Argument führen auch deGrazia und Stallybrass (The Materiality of the Shakespearean Text, S. 263) an: „Yet identifying an accident can be difficult when dealing with materials produced prior to the establishment of standards of correctness". Zur Varietät des Frühneuenglischen siehe auch Dieter Stein: Grammatik und Variation von Flexionsformen in der Sprache des Shakespeare-Corpus. München 1974 (= Tuduv Studie Sprachwissenschaften); Dolores M. Burton: Shakespeare's Grammatical Style. A Computer-Assisted Analysis of Richard II and Anthony and Cleopatra. Austin 1973 (= The Dan Dancinger publ. ser.).

[98] Vgl. auch Margreta deGrazia: Shakespeare and the Craft of Language. In: Dies./Stanley Wells: The Cambridge Companion to Shakespeare. Cambridge 2001 (= Cambridge Companions to Literature), S. 49–64, sowie Russ McDonald: Shakespeare and the Arts of Language. New York 2001 (= Oxford Shakespeare Topics).

[99] Marvin Spevack: Shakespeare's Language. In: John F. Andrews (Hrsg.): William Shakespeare: His World, His Work, and His Influence. 3 Bde. New York 1985, Bd. 2, S. 343–361, hier S. 344.

[100] Vgl. Jürgen Schäfer: Documentation in the O.E.D.: Shakespeare and Nashe as Test Cases. Oxford 1980, S. 61–64. Zum Wortschatz vgl. auch Manfred Scheler: Shakespeares Englisch. Eine sprachwissenschaftliche Einführung. Berlin 1982 (= Grundlagen der Anglistik und Amerikanistik; 12), S. 89–90. Zu den Wortbildungsprinzipien vgl. Herbert Voitl: Neubildungswert und Stilistik der Komposita bei Shakespeare. Diss. Freiburg i. Br. 1954; Karl Friedrich Veuhoff: Shakespeares Funktionsverschiebungen. Ein Beitrag zur Erforschung der sprachlichen Neuprägungen Shakespeares. Diss. Münster 1954; Friedhelm Kilian: Shakespeare's Nominalkomposita. Ein Beitrag zur Erforschung seiner Neuprägungen. Diss. Münster 1953.

[101] Vgl. Scheler, Shakespeares Englisch, S. 85.

den der Sprecher, das von soziolinguistischen Faktoren determiniert war.[102] Ein soziokultureller Konsens über die richtige Verwendung von Grammatik und Orthographie ist in frühneuzeitlichen Erstdrucken aber nur ansatzweise repräsentiert. Der Vergleich von Erstdrucken mit ihren Derivaten zeigt, daß bereits bei Nachdrucken um 1600, wie bei der zweiten Quartoausgabe von *Edward III*, versucht wurde, Schreibung und Interpunktion in Anlehnung an die Richtlinien der Druckerei (*house-styling*) zu regularisieren.[103] Auch wenn um 1620 kein Konsens über einen als korrekt zu bewertenden Sprachgebrauch bestand, reflektieren die Drucke dieser Zeit zunehmend eine unsystematische, aber werkstattübergreifende Tendenz zur Modernisierung. Diese Entwicklung läßt sich zum einen, wie Proudfoot aufzeigt, am Beispiel der zwischen 1598 und 1621 entstandenen Nachdrucke des anonymen Bühnenstücks *Mucedorus* verfolgen.[104] Aber auch Nachdrucke von Shakespeare-Dramen, wie die 1619 erschienene und von Q1 (1600) gedruckte, zweite Quartoausgabe von Shakespeares *Merchant of Venice* sowie die zweite Quartoausgabe von *King Lear* weisen Korrekturen von Schreibungen und Wortformen auf, die den Setzern als zeitgenössischen Lesern bereits ungebräuchlich erschienen.[105]

Da also aus der Perspektive der diachronen Linguistik bei der Bewertung der sprachlichen Korrektheit von *King Lear* normative Parameter nur bedingt greifen,

---

[102] Vgl. dazu Vivian Salmon/Edwina Burness (Hrsg.): A Reader in the Language of Shakespearean Drama. Amsterdam 1987 (= Amsterdam Studies in the Theory and History of Linguistic Science; 35), bes. Kapitel I und II.

[103] Vgl. The Raigne of King Edward the Third. Printed for Cuthbert Burby. London, 1596; The Raigne of King Edward the Third. Imprinted at London by S. Stafford, for Cuthbert Burby. London, 1599; William Shakespeare: King Edward III. Ed. by Giorgio Melchiori. Cambridge 1998 (= The New Cambridge Shakespeare), S. 171–177.

[104] Richard Proudfoot: „Modernizing" the Printed Play-Text in Jacobean London: Some Early Reprints of *Mucedorus*'. In: Linda Anderson/Janis Lull (Hrsg.): „A Certain Text": Close Readings and Textual Studies on Shakespeare and Others in Honor of Thomas Clayton. Newark, London 2002, S. 18–28, hier S. 20.

[105] Einen Überblick über die Textüberlieferung und die Unterschiede zwischen Druckausgaben bietet die Sektion *Textual Analysis* in den Editionen der Reihe *The New Cambridge Shakespeare*: vgl. Shakespeare, King Edward III, und William Shakespeare: The Merchant of Venice. Ed. by Molly M. Mahood. Cambridge 1987 (= The New Cambridge Shakespeare; 6), S. 168–183. Zur Druckgeschichte von Mucedorus vgl. Proudfoot, Modernizing the Printed Play-Text. Bei der Bewertung der Sprache in Shakespeare-Dramen ist auch zu beachten, daß die Stücke für das Theater geschrieben wurden und nicht als Lesedramen konzipiert waren. Während bei der Lektüre Inversionen, Unterschiede in der Orthographie sowie im Gebrauch von Singular und Plural unmittelbar ins Auge fallen, werden Abweichungen dieser Art in einer Aufführungssituation vom Publikum kaum wahrgenommen. Wurden die Druckvorlagen, wie auch bei Folio-*Lear*, unter dem Einfluß eines Regiebuchs erstellt, hat die Bewertung grammatikalischer Irregularitäten im Auge zu behalten, daß der Druck in Teilen die Übersetzung eines mündlichen Textes reflektieren könnte.

setzt die Anwendung semantischer Kriterien eine differenzierte Definition des Sinnkriteriums voraus. Wie von Cohen und Jackson bereits für neuzeitliche Texte gefordert, ist unter Berücksichtigung sprachhistorischer Prämissen genau festzulegen, wodurch die Logik oder der Sinn der Fassungstexte verletzt wird:

> Zeller and Gabler seek to discredit the use of authorial intention in selecting or creating a single best text. This criterion survives only in the narrowest sense for discriminating between authorial variants and transmissional corruption. Both editors may underestimate the critical dimension of these discriminations, since neither of them sets forth a theory of interpretation that explains how an editor determines whether a given reading violates a text's logic or sense. Presumably a structuralist editor needs a theory of reading as much as a traditional editor does.[106]

Soll in Rekurs auf die hier aufgestellte Forderung eine theoretische Grundlage für die Anwendung des Sinnkriteriums bei *King Lear* definiert werden, so erfordert dies, daß die Lesungen der Quelltexte zunächst auf ihre semantische Zugehörigkeit zum Lexikon geprüft werden. Wird ein Wort als Lexem klassifiziert, kann seine semantische Validität innerhalb seiner Wortgruppe, seines Teilsatzes oder Satzes ermittelt werden. Nach Untersuchung der syntaktischen und semantischen Kongruenzen innerhalb des Syntagmas erfolgt schließlich die Bewertung der Lesung in der Makrostruktur des Fassungskontextes.[107] Im folgenden sollen nun unter Berücksichtigung der diachronen Linguistik die neu begründeten Kategorien *Fassungsvariante* und *Textfehler* anhand von Beispielen erläutert und in ihren Konsequenzen für die Textkonstitution diskutiert werden.[108] Dabei wird auf die unterschiedlichen Determinanten zur Definition von *Sinn*, wie lexikalische, syntaktische und kontextuelle Kriterien, eingegangen. Im Anschluß an die Überlegungen zur Klassifikation fassungsdifferenzierender Varianz wird die aus der Preßkorrektur resultierende fassungsinterne Varianz unter Zugrundelegung eines semantisch orientierten Variantenbegriffs beleuchtet.

---

[106] Philip Cohen/David H. Jackson: Notes on Emerging Paradigms in Editorial Theory. In: Cohen (Hrsg.), Devils and Angels, S. 103–123, hier S. 116.

[107] Die Definition des Terminus *Wort* und der hier verwendeten Kategorien erfolgt in Anlehnung an Hadumod Bußmann: Lexikon der Sprachwissenschaft. Stuttgart ²1990 (= Kröners Taschenausgabe; 452), S. 765 u. 849.

[108] Die nachfolgend diskutierten Beispiele aus dem Bereich der *fassungsdifferenzierenden Varianz* zwischen Q1 und F1 entstammen vorrangig dem ersten Akt, der im Rahmen der elektronischen Komponente exemplarisch ediert wird. Die Diskussion der Varianz beschränkt sich auf die substantiellen Textbestandteile und Parameter wie Interpunktion und Metrum, die sich auf Syntaxebene auf die Semantik des Textes auswirken können. Orthographie und Zeilenanordnung, ebenso wie die Interpunktion im allgemeinen, wären im weiteren Zusammenhang gesondert zu betrachten. Eine ausführliche Diskussion und Bewertung weiterer Belegstellen findet sich in Braun, Die Edition von M. William Shakespeare. Die Analyse der fassungsinternen Varianz umfaßt alle varianten Druckbögen von *King Lear*, da auf der Grundlage der Variantenklassifizierung der einzelnen Bögen Kriterien für die Behandlung der Preßkorrekturen entwickelt werden.

3.2.3.1 Lexikalisierung

Voraussetzung für die Klassifikation einer Lesung als Fassungsvariante ist, daß sie an sich ein sinntragendes Wort darstellt. Die Ermittlung von Sinn auf lexikalischer Ebene kann anhand von Wörterbüchern oder zeitgenössischen Quellen erfolgen und wirft bei schriftlich verzeichneten Lesungen in der Regel kaum Probleme auf. Sind, wie etwa bei *gull* (Q, 572) : *gall* (F, 644), beide Varianten im OED belegt und ergeben die Lexeme im Rahmen ihrer syntaktischen und kontextuellen Struktur Sinn, können sie der Kategorie Fassungsvariante zugeordnet werden. Die semantische Orientierung des Variantenbegriffs verhindert dabei, daß Q's *gull* wie bisher aufgrund seiner paläographischen Ähnlichkeit mit der Foliolesung emendiert wird.[109] Hält eine Lesung wie *terribe* (Q, 328) der lexikalischen Prüfung nicht stand, fällt sie der Kategorie Textfehler zu.

Die Differenzierung zwischen der Erfassung der morphologischen Struktur, dem *Wort*, und dessen Zuordnung zum Wortschatz als *Lexem* erweist sich jedoch in einigen Fällen aufgrund des Sprachwandels der Zeit als schwierig. Als Referenzquelle für die Beurteilung einer Variante dienen zumeist Wörterbücher zum Sprachgebrauch der Zeit, wie das *Oxford English Dictionary*. Nach Schäfers Untersuchung der Dokumentierungsverfahren des OED überschneiden sich aber bei der Erstellung von Lexika häufig textkritische mit lexikographischen Kriterien. Während der Textkritiker zu entscheiden hat, ob die jeweilige Variante im edierten Text stehen soll, befindet der Lexikograph über den linguistischen Status einer überlieferten Lesung:

> Nevertheless a significant distinction has to be observed. For the textual editor the point at issue is whether any of these forms is a true Shakespearian reading; the lexicographer also has to make up his mind on their linguistic status. If these forms are indeed mere misprints they can be dismissed. If, however, they are the result of the compositor's or corrector's ,editing', i.e. genuine coinages in an age indundated with Latinate neologisms, there is no reason why they should not be fully recorded.[110]

Die Trennung von Textkritik und Lexikographie wurde auch bei der Bearbeitung des Shakespeare-Corpus nicht immer vollzogen. Ein Vergleich von OED-Einträgen und der Editionsgeschichte Shakespeares zeigt, daß Lesungen, die von den Editoren der Cambridge- und Globe-Shakespeare-Ausgaben zurückgewiesen

---

[109] Vgl. Oxfq, S. 224; Taylor, King Lear, S. 453; CBq, S. 48. Gemäß OED kann *gull* in der Bedeutung ,deception' interpretiert und somit auf die Aussage des Narren (*Truth is a dog* und *Ladie oth'e brach*) bezogen werden (OED, n³ [2.]). Die Quartolesung ist jedoch ebenso als „a dupe, simpleton, fool" belegt und könnte somit auch auf die Person des Narren (,A pestilent fool [simpleton] to me!') referieren (vgl. OED, *n³* [1.] und Stone, The Textual History, S. 224. Eine weitere Belegstelle für die Verwendung der Wortbedeutung bei Shakespeare findet sich gemäß OED bei *Richard III*, I.3.328).

[110] Schäfer, Documentation in the O.E.D., S. 20.

wurden, auch nicht im OED verzeichnet sind.[111] Besonders editorische Problemstellen, sogenannte *textual cruxes*, erhielten häufig keinen oder nur untergeord-
neten Lemmastatus. Aufgenommen wurden dagegen zahlreiche Emendationen
von Shakespeare-Editoren des 18. Jahrhunderts, die im OED nicht unter dem
Erscheinungsdatum des Erstdrucks, sondern der jeweiligen Edition eingetragen
wurden.[112] Ein Beispiel für dieses Verfahren ist die Modernisierung des in *The
Tragedie of Macbeth* in den Druckzeugen auftretenden *weyward / weyard* („the three
weyward sisters") zu *weird*, das bis heute in den Anmerkungsapparaten von
Macbeth-Editionen auf das altenglische *wyrd* zurückgeführt wird: „The word
comes from O.E. *wyrd*, M.E. *werd* (i.e. fate)".[113] Die Klassifizierung von *weyward*
als orthographische Variante von *weird* stützt sich im OED jedoch nicht auf
Primärquellen, sondern auf die Emendation Theobalds in seiner 1733 erschienenen *Macbeth*-Edition.[114]

Angesichts des Verfahrens bei der Erstellung von Lemmaeinträgen im OED
stellt sich also die Frage, inwieweit Wörterbücher der Zeit als sichere Quelle für
die Bewertung der sprachlichen Korrektheit der *Lear*-Drucke dienen können. Da
seit den Anfängen der Editionsgeschichte Shakespeares der Folio- gegenüber
dem Quartodruck von *King Lear* bevorzugt wurde, mag die textkritische Bewertung und Bearbeitung der Quartofassung die Selektion von Belegstellen für das
OED beeinflußt haben. Wurden ungebräuchliche Wörter von vornherein als
Druckfehler klassifiziert, fanden sie auch keinen Eingang in die Wörterbücher.
Dies mag auch für die Quartolesung *accent* (Q, 699) gelten, die in Q1 und Q2 als
Adjektiv zu *teares* verwendet wird. Im OED sind für *accent* jedoch nur Beispiele in
substantivischer und verbaler Verwendung belegt, so daß die Lesung gemäß
Lexikalisierungsbefund als Textfehler zu klassifizieren wäre. Seit Mitte des
17. Jahrhunderts ist aber ein figurativer Gebrauch des Verbums *to accent* verzeichnet in der Bedeutung „To mark emphatically or distinctly; to heighten,
sharpen, or intensify, to make conspicuous".[115] Auf diese Bedeutung scheint
auch Holderness zu rekurrieren, der in seiner *Lear*-Edition eine potentielle,
adjektivische Verwendung von *accent* eruiert: „,accent' used adjectivally to signify
,mark', together with ,fret', would have been recognised as the precise poetic
descriptor that it clearly is."[116] Auch wenn Holderness nicht genauer ausführt,

---

[111] Für weitere Beispiele vgl. ebd., S. 19–21.

[112] Vgl. ebd., S. 21f. Inkonsistenzen in der Datierung lassen sich auch bei Komposita feststellen (ebd., S. 23ff.). Zudem dienen häufig Adverbien oder verbale Partizipien auf *-ly* oder
-ing, wie *iauncing*, als Quelle für den Erstbeleg von Grundverben wie *iaunce* (ebd., S. 27f.).

[113] William Shakespeare: Macbeth. Ed. by Kenneth Muir. London ⁹1959 (= The Arden
Shakespeare; 1); I.3.32.

[114] Vgl. deGrazia/Stallybrass, The Materiality of the Shakespearean Text, S. 263.

[115] OED; *v.* (4. *fig.*).

[116] Holderness (Hrsg.), King Lear, S. 158.

welche Wortbedeutung von ‚mark‘ (‚emphasise‘ oder ‚annotate‘) er im Sinn hat, setzt seine Interpretation voraus, daß der figurative Gebrauch des Verbums bereits zur Zeit der Entstehung von Q1 gängig war. Wie Schäfer aufzeigt, sagt die schriftliche Verzeichnung einer Wortbedeutung aber nichts über ihre umgangssprachliche Verwendung aus.[117] *Accent* könnte somit auch als *hapax legomenon* bewertet werden, das aus einer Konversion von Verb zu Adjektiv entstand. Gerade die Konversion ist eines der produktivsten Wortbildungsmuster bei Shakespeare und tritt auch an anderer Stelle in *King Lear* auf.[118] Am häufigsten findet ein Wortartenwechsel von Substantiv zu Verbum statt (*He childed as I fathered* [*King Lear,* Q1, TLN 1801]),[119] doch auch die Konversion von Verbum zu Adjektiv ist durchaus gebräuchlich (*initiate fear, Macbeth,* 3.4.142[120]). Da Shakespeares Wortschatz zudem zahlreiche *hapax legomena* aufweist, kann die fehlende Lexikalisierung von *accent* nicht als eindeutiges Kriterium für die Klassifizierung der Lesung als Textfehler gewertet werden.[121]

Die gegenseitige Bedingtheit von textkritischer Bewertung und Lexikographie mag auch die Einschätzung der Quartolesung *crulentious* (Q1a, TLN 1536) beeinflußt haben. Während Q *accent* im OED zumindest in substantivischer und verbaler Verwendung verzeichnet ist, ist *crulentious* in Wörterbüchern nicht belegt. In der Editionsgeschichte wurde die Lesung deshalb grundsätzlich als Textfehler klassifiziert und durch die Foliolesung *contentious* (F, TLN 1786) emendiert. Qb's *tempestious* wurde aus paläographischen Gründen als Manuskriptlesung zurückgewiesen und für eine Konjektur des Korrektors gehalten, die durch das Substantiv *tempest* (TLN 1543) motiviert war.[122] In Betracht zu ziehen wäre jedoch

---

[117] Vgl. Schäfer, Documentation in the O.E.D., S. 19ff.

[118] Vgl. deGrazia, Shakespeare and the Craft of Language, S. 57.

[119] Vgl. hierzu die Interpretation der Textstelle bei Kathleen Wales: An Aspect of Shakespeare's Dynamic Language: A Note on the Interpretation of *King Lear* III.VII.113: ‚He childed as I father'd‘. In: Salmon/Burness (Hrsg.), A Reader in the Language of Shakespearean Drama, S. 181–190.

[120] Die Akt- und Szenenangabe richtet sich nach dem bei Norton abgedruckten Text der Oxford-Ausgabe (Greenblatt [Hrsg.], The Norton Shakespeare).

[121] Da *accent* sich in seiner Grundbedeutung („The marks by which the nature and position of the spoken accent were indicated in a word" [OED, *n.*]) auf die Wortbetonung bezieht, die sowohl steigend als auch fallend sein kann, könnte eine Konversion des Adjektivs aus Nomen oder Verb auch figurativ die Bedeutung ‚falling‘ übernommen haben. Zu diskutieren wäre ebenso, ob *accent* partizipial – als ein vom Verb abgeleitetes Adjektiv in Analogie zu dem im OED verzeichneten Partizip Präsens *accenting* (*vbl. n.*) – im Sinne von ‚emphatic‘ verstanden werden kann. Des weiteren wäre zu überlegen, ob sich in *accent*, dessen Wortbedeutung sich gemäß OED etymologisch von ‚song added to‘ (OED*; n.*) ableitet, bei einer Konversion von Nomen zu Adjektiv Spuren der ursprünglichen Semantik im Sinne von ‚extra‘, ‚superogatory‘ erhalten haben könnten.

[122] Blayney, The Texts of King Lear, S. 248f.; Greg, The Variants in the First Quarto, S. 164.

auch, daß *crulentious* eine Wortneuschöpfung Shakespeares darstellt oder auf die Verlesung eines Neologismus zurückgeht. Wird eine *-ious*-Suffigierung einer aus dem lateinischen Adjektiv *cruent-us* abgeleiteten Derivationsbasis angesetzt, könnte *crulentious* auf eine Analogiebildung oder einen Druckfehler des im OED verzeichneten *cruentous* (von lat. *cruor* = ‚blood‘, ‚gore‘) zurückgehen.[123] Da *cruentous* jedoch nur in der Bedeutung *bloody* belegt ist, wäre allenfalls eine nicht verzeichnete, figurative Verwendung anzusetzen. Eine Erklärung von *crulentious* als okkasionellem Wortbildungsprodukt aus einer Suffigierung des Adjektivs *cruel* wäre ebenfalls zu diskutieren, bereitet aber hinsichtlich der Schreibung (*cruel* - *crul[e]*) und des Fugenelements *-(e)nt* Schwierigkeiten. Die Endung *-entious* könnte entweder die Bedeutung des Suffix *-ious* (‚characterized by‘) tragen oder sich, möglicherweise auch in Form eines Druckfehlers, aus dem Suffix *-eous* (‚of the nature of, resembling‘) herleiten. Das Adjektiv *cruel* ist allerdings in der Bedeutung ‚causing or characterized by great suffering; extremely painful or distressing‘ als Modifikator von Wetterbedingungen belegt und wäre somit im Kontext der Quartofassung validierbar.[124] Des weiteren könnte sich *crulentious* von dem bei Chaucer belegten *crulle* ableiten, das im OED in der Grundbedeutung ‚curly‘ verzeichnet ist.[125] In übertragener Bedeutung könnte *crulle* im Sinne von ‚curling‘ oder ‚billowing‘ in bezug auf einen Sturm sinnvoll erklärt werden. Wiederum bereitet die Erklärung der Endung *-entious* Probleme, deren semantisches Potential von ‚tending towards‘ bis hin zu der aus dem Suffix *-eous* abgeleiteten Bedeutung ‚of the nature of, resembling‘ reichen kann. Da keine der hier diskutierten Möglichkeiten eine sinnvolle Erklärung für den semantischen Gehalt der Quartolesung in ihrem Fassungskontext (*Thou think'st tis much, that this crulentious storme / Inuades vs to the skin* [Qa, 1537f.]) geben kann, fällt *crulentious* der Kategorie *Textfehler* zu.

3.2.3.2 Syntax

Auch die syntaktische Struktur einer Textstelle ist bei der Bewertung ihres Sinngehalts entscheidend. Vor allem der Quartotext weist zahlreiche Irregularitäten auf syntaktischer Ebene wie Inversionen und Ellipsen auf. Können diese nach den Grammatiken der Zeit als akzeptabler Gebrauch bewertet werden, fallen sie

---

[123] Zur Suffigierung mit *-(i)ous* bei Shakespeare siehe Hannelore Eleonore Stahl: Studien zum Problem der sprachlichen Neuschöpfungen bei Shakespeare. Die Suffixbildungen. Diss.Freiburg i. Br. 1953, S. 195ff. Zum Aspekt der Etymologie siehe Gereon Franken: Systematische Etymologie. Untersuchungen einer Mischsprache am Beispiel des Shakespeare-Wortschatzes. Heidelberg 1995 (= Anglistische Forschungen; 228).

[124] OED; *a.* (4.).

[125] OED, a. nennt Chaucer Prol. 81 und Miller's T. 128 als Belegstelle. Bei beiden Textstellen wird *crulle* zur Beschreibung von Haar verwendet.

gemäß dem hier vorgestellten, semantisch orientierten Variantenbegriff der Kategorie *Fassungsvarianz* zu. Diese Klassifikation steht bei einigen Lesungen in Opposition zu ihrer bisherigen Bewertung in Fassungseditionen.[126] Obwohl beispielsweise Wells in seiner Edition darauf verweist, daß die Ellipse *away, you haue wisedome* (Q, TLN 552f.) in der Quartofassung akzeptabel sein mag,[127] löst er sie, ebenso wie Weis und Oxford, durch Emendation mit *if* auf: *away, if you have wisedom*. Wie auch in der Grammatik Abbotts nachzulesen ist, wurden aber gerade Ellipsen in elisabethanischer Zeit häufig verwendet, da sie dem Bedürfnis der Autoren nach Klarheit und Kürze des Ausdrucks entsprachen: „(a) Clearness was preferred to grammatical correctness and (b) brevity to correctness and clearness.“[128] Daß sich zudem die Quartofassung gerade durch ihre verknappte Sprache von der Foliofassung unterscheidet, wird wohl auch von Wells, Oxford und Weis grundsätzlich anerkannt, wenn sie die Ellipsen in der Eingangsrede Lears nicht emendieren: *The map there; know we haue diuided* (Q, TLN 38f.). Die uneinheitliche Behandlung der syntaktischen Phänomene in den betrachteten Fassungseditionen kann durch die Differenzierung des Textfehlerbegriffs, der nur bei Verletzung der semantischen Validität einen editorischen Eingriff erlaubt, aufgehoben werden.

3.2.3.3 Interpunktion

Der Quartotext hebt sich jedoch nicht nur durch seinen knappen Sprachstil von der Foliofassung ab, sondern auch durch seine spärliche und häufig als fehlerhaft zu bewertende Interpunktion, die durchaus charakteristisch für Texte ist, die direkt von Shakespeares Entwurfshandschriften gedruckt wurden. So werden häufig Kommata statt Strichpunkten, Doppelpunkten und Punkten verwendet und – wie in der Druckerpraxis allgemein üblich – auch Ausrufezeichen und Fragezeichen ausgetauscht. Da nach dem Stand der Forschung davon auszugehen ist, daß Shakespeare seine Entwurfshandschriften nur geringfügig oder gar nicht interpungierte[129] und in elisabethanischer Zeit die Zeichensetzung Aufgabe

---

[126] Zur Transposition siehe Joseph A. Dane: ‚Which is the Iustice, which is the Theefe‘: Variants of Transposition in the Text(s) of *King Lear*. In: Notes and Queries 42, 1995, S. 322–327.

[127] Wells, Sc. 4.87.

[128] Vgl. Edwin A. Abbott: A Shakespearian Grammar : An Attempt to Illustrate some of the Differences between Elizabethan and Modern English. For the Use of Schools. Nachdruck London 1897, S. 9 und § 328. Da die Ellipse ein typisches Sprachmerkmal elisabethanischer Autoren darstellt, mag sie von einem zeitgenössischen Leser zur Zeit der Drucklegung von Q1 nicht als stilistische Besonderheit wahrgenommen worden sein.

[129] Selbst wenn die Quartodrucke stellenweise auktorialen Gebrauch reflektieren, ist die Interpunktion nicht als Hinweis aufzufassen, wie der Text gesprochen werden sollte. Werden Teilsätze durch Kommata getrennt, impliziert dies nicht, daß der Autor die Satzsequenz ohne Pause gesprochen haben wollte. Vgl. auch Wells, S. 86.

der Druckerei war, stammt die erratische Interpunktion des Quartodrucks wohl vornehmlich von den Setzern:[130]

> It looks as though the copy for Q had been written continuously, without line-division, and without punctuation, and that the copy for Q had been left to the compositor to punctuate the text and identify and divide the verse as best he could.[131]

Wenn sich die fehlerhafte Interpunktion in der Quartofassung auch auf die syntaktische Struktur des Textes auswirkt, ist zum Verständnis der Satzstruktur eine Emendation der Interpunktion erforderlich. Läßt sich durch einen Eingriff in die Zeichensetzung des Quartotextes auf Fassungsebene Sinn herstellen, kann, wie die Beispiele aus den Bögen C und D zeigen, vielfach die syntaktische Struktur des Quelltextes ohne Emendation der verbalen Textbestandteile erschlossen werden.

> *Lear.* We that too late repent's, O fir, are you come? is it your
> will that wee prepare any horfes, ingratitude! thou marble har-
> ted fiend. more hideous when thou fheweft thee in a child, then
>
> Q1, D2r

Mit der ursprünglichen Zeichensetzung des Quartotextes ist die Lesung *is it your / will that wee prepare any horses, ingratitude!* (Q, TLN 681f.; *Is it your will, speake Sir? Prepare my Horses. / Ingratitude!* [F, TLN 770f.]) nur schwerlich in ihrem Kontext erklärbar. Auch wenn Lear zunächst Albany anspricht, kann sich die Aussage *prepare any horses* nur auf seine Gefolgschaft beziehen. Um eine plötzliche Änderung des Adressatenkreises zu ermöglichen, kann Q's *is it your will that wee* folglich nur als plötzlicher Abbruch der Gedankenfolge Lears interpretiert werden. Nach Änderung der Interpunktion stellt die Quartolesung *is it your will that wee – prepare any horses, ingratitude!* eine sinnvolle Fassungslesung dar.

> *Duke.* What is the matter fir?
> *Lear.* Ile tell thee, life and death! I am afham'd that thou haft
> power to fhake my manhood thus, that thefe hot teares that
> breake from me perforce, fhould make the worft blafts and fogs
> vpon the vntender woundings of a fatherscurfſe, perufe euery
> fence about the old fond eyes, beweepe this caufe againe, ile
> pluck you out, & you caft with the waters that you make to tem-
> per clay, yea, i'ft come to this? yet haue I left a daughter, whom
> I am fure is kind and comfortable, when fhee fhall heare this of
> thee, with her nailes fhee'l flea thy woluifh vifage, thou fhalt
> find that ile refume the fhape, which thou doft thinke I haue caft
> off for euer, thou fhalt I warrant thee.
>
> Q1(a), D2v

---

[130] Vgl. CBq, S. 13: „The frequent absence of punctuation, coupled with insertions and other kinds of manuscript revision, doubtless confused Oke's compositors, inexperienced as they were with this kind of copy."

[131] Greg, The Shakespeare First Folio, S. 387, Anm. B.

Auch die Quartolesung *should make the worst blasts and fogs / vpon the vntender woundings* (Q, 712f.; *Should make thee worth them. / Blastes and Fogges vpon thee: / Th' vntented woundings* [F, 817f.]) wird nur nach Änderung der Interpunktion in einer fassungsspezifischen Syntax sinnvoll. Wiederum ist für die Quartolesung ein Abbruch der Gedankenfolge Lears anzusetzen, der abhängig von der Interpretation des *the* als Artikel oder als Pronomen unterschiedliche Positionen einnehmen kann. Wird *the* als Artikel zu *worst* angesehen, findet eine *interruptio* nach *make* statt: *should make – the worst*. Die Auslegung von *the* als Pronomen *thee* bedingt hingegen, daß Lear mit *worst* zu einem neuen Satz ansetzt: *should make the[e] – worst*. Sowohl bei der Textstelle *is it your will that wee prepare any horses, ingratitude* als auch bei *should make the worst blasts and fogs vpon the vntender woundings* kann die syntaktische Unterbrechung als Stilmittel der Aposiopese (*interruptio*) erklärt werden, mit der einerseits eine plötzliche Überleitung von einem Thema zum anderen ermöglicht, andererseits Lears „übermäßige affektische Anteilnahme [...] am Redegegenstand"[132] bekundet werden soll.

Unter dem Aspekt, durch mehrfaches Abbrechen der Gedankenfolge die Spannung und Schnelligkeit in der Aufeinanderfolge der Dialoge zu steigern, kann auch die Auslassung des Präpositionalobjekts *thee* bei der Quartolesung *tary and take the foole / with a fox* (Q, TLN 725f.; *Tarry, take the Foole with* thee: / *A Fox* [F, TLN 836f.]) nicht als Fehler, wie in der Editionstradition angesetzt, sondern als *interruptio* (*a fox-*) erklärt werden:

Foole. Nunckle*Lear*, Nunckle *Lear*, tary and take the foole with a fox when one has caught her, and such a daughter should sure to the slaughter, if my cap would buy a halter, so the foole followes after.

Q1, D2v

Auch *gon, and after your / returne* (Q1[a], TLN 734f.; *gone, / And hasten your returne* [F, TLN 863f.]) ist in unkorrigiertem Textzustand dieser Kategorie zuzuordnen:

Gon. What *Ofwald*, ho.   *Ofwald.* Here Madam,
Gon. What haue you writ this letter to my fister ?
Ofw. Yes Madam.
Gon. Take you some company, and away to horse, informe her full of my particular feares, and thereto add such reasons of your owne, as may compact it more, get you gon, and after your returne now my Lord, this mildie gentlenes and course of yours though I diflike not, yet vnder pardon y'are much more alapt want of wifedome, then praife for harmfull mildnes.

Q1(a), D2v

---

132 Heinrich F. Plett: Einführung in die rhetorische Textanalyse. Hamburg [8]1991, S. 60.

Während der Korrektor entweder nach eigenem Gutdünken oder in Abgleich mit dem Manuskript die Lesung der ersten Quartoausgabe zu *gon, & hasten your / returne (Qb)* korrigierte,

> *Gon.* What *Oſwald,* ho. *Oſwald.* Here Madam,
> *Gon.* What haue you writ this letter to my ſiſter?
> *Oſw.* Yes Madam.
> *Gon.* Take you ſome company, and away to horſe, informe
> her full of my particular feares, and thereto add ſuch reaſons of
> your owne, as may compact it more, get you gon, & haſten your
> returne now my Lord, this milkie gentlenes and courſe of yours
> though I diſlike not, yet vnder pardon y'are much more attaskt
> for want of wiſedome, then praiſe for harmfull mildnes.

Q1(b), D2v

scheint bereits der Setzer von Q2, der mit dem unkorrigierten Textzustand dieses Bogens konfrontiert war, die Textstelle als syntaktische Unterbrechung interpretiert zu haben. Dies indiziert ein von ihm eingefügter horizontaler Strich, der als Gedankenstrich gedeutet werden kann: *gone, and after your re- / turne----* (Q2, C4r, 739f.):[133]

> *Gon.* Take you ſome company, and away to horſe, informe her
> full of my particular feares, and thereto adde ſuch reaſons of your
> owne, as may compact it more, get you gone, and after your re-
> turne———now my Lord, this mildie gentleneſſe and courſe of

Q2, C4r

Wenngleich die Interpunktion vor allem im Quartodruck häufig fehlerhaft gesetzt ist und den Sinn des Textes entstellt, kann sie an manchen Stellen zumindest Aufschluß darüber geben, wie der Setzer seine Vorlage verstand.[134] Dies läßt sich vor allem an der Kommasetzung bei *either his no- / tion, weaknes, or his discernings are lethergie, sleeping or wake- / ing;* (Q, TLN 657–659; *Either his Notion weakens, his Discernings / Are Lethargied. Ha! Waking?* [F, TLN 741f.]) beobachten:

> *Lear.* Doth any here know mee? why this is not *Lear,* doth
> *Lear* walke thus? ſpeake thus? where are his eyes, either his no-
> tion, weaknes, or his diſcernings are lethergie, ſleeping, or wake-
> ing; ha! ſure tis not ſo, who is it that can tell me who I am? *Lears*
> ſhadow? I would learne that, for by the markes of ſoueraintie,
> knowledge, and reaſon, I ſhould bee falſe perſwaded I had
> daughters.

Q1, D1v

---

[133] Die horizontale Linie könnte jedoch auch als Markierung einer Unsicherheit gelesen werden.

[134] Vgl. dazu Anthony Graham-White: Punctuation and Its Dramatic Value in Shakespearean Drama. Newark 1995, S. 16.

Die Verszeile zählt zu den Problemstellen des Quartodrucks, da mit Hilfe buchkundlicher Kriterien die Manuskriptlesung bisher nicht eindeutig erschlossen werden konnte. In den Fassungseditionen von Oxford, Cambridge und Weis wurde Q *weaknes* als Druckfehler klassifiziert und durch F *weakens* emendiert. Auch *lethergie* wurde als Druckfehler betrachtet und zu *lethergied* emendiert.[135] Stone interpretiert *lethergie* jedoch als Nomen („a disorder characterised by morbid drowsiness or prolonged and unnatural sleep") und stuft die Variante somit als sinnvolle Quartolesung ein.[136] Da syntaktisch ein Prädikat benötigt wird, bedingt Stones Interpretation der Textstelle, daß Q *weaknes* in Anlehnung an F *weakens* emendiert wird. Auch der Konjekturvorschlag, *lethergie* als Fehler für das Adjektiv *lethergic* anzusetzen, erfordert eine Emendation durch die Foliolesung *weakens*.[137] Gerade die Interpunktion des Quelltextes weist jedoch darauf hin, daß der Quarto-Setzer den Vorlagentext als eine durch *either ...or* verknüpfte Aufzählung von Substantiva verstand und deshalb jeweils nach *notion* und *weaknes* Kommata setzte. Folgt man der Interpunktion des Setzers und interpretiert *weaknes* als Substantiv, kann durch die Emendation von Q *lethergie* zu *are lethergied* eine syntaktisch korrekte Lesung konstituiert werden: *Either his notion, weaknes, or his discernings are lethergied.*

3.2.3.4 Metrum

Auch bei Irregularitäten des Metrums in der Quartofassung, deren Glättung eine Emendation der Syntax erfordert, kann die Textkonstitution nach Maßgabe des hier zugrunde gelegten, historisch orientierten Variantenbegriffs dem Quelltext folgen. Ein Beispiel hierfür ist die Textstelle *goe to the creating of a whole / tribe of fops* (Q, TLN 312f.): *Goe to th' creating a whole tribe of Fops* (F, TLN 348), die zur Regularisierung des Metrums in den Editionen der Quartofassung von Oxford, Wells und Cambridge (*go / To the creating a whole tribe of fops* [CBq, 1.2.14]) nach F emendiert wurde. Die Durchbrechung der Blankversstruktur stellt jedoch ein spezifisches Merkmal des Quartodrucks dar, der sich durch einen fließenden Übergang von Vers zu Prosa auszeichnet und auch an anderen Stellen Unregelmäßigkeiten im Versmaß aufweist.[138] Dies erkennt auch der Editor der Cambridge-Ausgabe, Halio, an, der bei der Textstelle *Come, sit thou here, most learnèd justice* (Oxfq, 13.17) die Regularisierung des Versmaßes bei Oxford durch die Konjektur Theobalds *iusticer* noch in Frage stellt und seinem Quelltext folgt (CBq, 3.6.16) mit der Begründung: „irregular verse is common enough in Q, and the

---

[135] Vgl. Oxfq, 4. 717.
[136] Stone, The Textual History, S. 225.
[137] TC, S. 512.
[138] Vgl. hierzu Stone, The Textual History, S. 247.

emendation is not required for the sense."[139] Insgesamt scheint die Regularisierung des Metrums in F aus dem Bemühen des Setzers oder Revisors um Standardisierung hervorzugehen: „Several additions of less than a line in length were evidently prompted by the reviser's design of repairing wherever possible the defective metre in Q."[140] Die Unregelmäßigkeiten des Versmaßes in Q stellen bei einer historischen Ausrichtung der Edition somit keine Textfehler, sondern Fassungsvarianten dar.[141]

3.2.3.5 Kontextuelle Kriterien

Nach der Bewertung der lexikalischen und syntaktischen Relationen sind die Lesungen im Rahmen des Fassungskontextes und somit innerhalb von Textabsatz, Szene und Akt auf ihren Sinngehalt zu prüfen. Die Anwendung kontextueller Kriterien beinhaltet die Berücksichtigung des textimmanenten und des referentiellen Bezugssystems, die gleichermaßen bei der Evaluation der Varianz zu berücksichtigen sind. Bei der Bewertung der Quelltextlesungen auf Grundlage textimmanenter Kriterien ist zunächst zwischen Relationen auf *mikrostruktureller* und *makrostruktureller* Ebene zu differenzieren. Wie bereits bei der Diskussion der *theory of revision* aufgezeigt, werden als Beleg für eine Revision vornehmlich die strukturellen Relationen von Varianten in ihrem Fassungskontext herangezogen. So enthält beispielsweise die Eingangsrede Lears (Q, TLN 37–68; F, TLN 41–66) Variantencluster, die für die Entwicklung der Plot- und Motivstruktur von Bedeutung sind und in einem Revisionsverbund mit den Varianten in der Heide- und Schlußszene stehen. Dazu sind die Einführung der Motive Alter und Schwäche, der Staatsverantwortung als Bürde, der ausführlicheren Begründung der Reichsteilung und des Entkleidungstopos zu zählen.[142] Aufgrund ihrer makroskopischen Relationen werden diese als Fassungsvarianten zu klassifizierenden Lesungen auch in den hier betrachteten Editionen der Fassungen überwiegend beibehalten.

Neben den Revisionen auf makrostruktureller Ebene fanden in der Überlieferung von Q zu F jedoch auch Überarbeitungen von Einzellesungen statt, deren Änderung keinen unmittelbaren Bedeutungsunterschied erkennen läßt. So wurde die Quartolesung *will* (Q, TLN 37) durch die bedeutungsgleich gebrauchte Foliolesung *shall* (F, TLN 41) ersetzt,[143] ebenso wie *my* (Q, TLN 35) durch *the* (F,

---

[139] CBq, S. 133.

[140] Stone, The Textual History, S. 247.

[141] Zu Irregularitäten im Metrum Shakespeares vgl. George T. Wright: Shakespeare's Metrical Art. Berkeley 1988, bes. S. 104–107.

[142] Siehe die Interpretation bei Jackson, Fluctuating Variation, S. 332–339.

[143] Zur Verwendung von *will* und *shall* vgl. Abbott, A Shakespearian Grammar, § 315–321.

TLN 39). Während Vertreter der *single-text-theory* die Varianten als Druckfehler erklärten („Perhaps Q anticipates this word in the next line")[144], wurde die Varianz unter Anwendung der Revisionsthese auf eine stilistisch motivierte Überarbeitung der Quartofassung zurückgeführt. Ob die Änderungen aus der Feder eines Revisors oder Setzers stammen, ist, wie auch Foakes anführt, nicht mehr nachzuvollziehen: „There is no way of knowing who was responsible for the large number of minor substantive changes between Q1 and F, many of which are indifferent and do not alter the sense to any significant effect."[145] Daß bei der Revision insgesamt Wert auf stilistische Aspekte gelegt wurde, zeigt sich anhand weiterer Beispiele, wie der in Lears Eingangsrede auftretenden Streichung des periphrastischen *do* im positiven Behauptungssatz,[146] der zunehmenden orthographischen Vereinheitlichung und den Substitutionen von Quartolesungen wie *Liege* (Q, TLN 36) durch *Lord* (F, TLN 40) und *shady* (Q, TLN 59) durch *shadowie* (F, TLN 68).

Varianten wie *shady : shadowie*, die sich auf der Bedeutungsebene der Fassungen nicht signifikant auswirken, können in Anlehnung an Greg mit dem Begriff *indifferent variants* belegt werden.[147] Für die Behandlung dieser Variantenkategorie werden im Rahmen der Revisionsthese allerdings keine Richtlinien von gleicher Konsequenz und Trennschärfe definiert, wie sie beispielsweise für die Copy-Text-Edition vorliegen. Dies führt dazu, daß die Editoren besonders bei den zahlreichen Abweichungen im Numerus von Substantiva emendatorisch eingreifen, da das Fehlen des Pluralflexivs [-*s*] als Druckfehler gewertet wird. Gerade bei der Bewertung der Numerusdivergenz ist jedoch zu berücksichtigen, daß die Verwendung des s-Plurals im Frühneuenglischen keineswegs normiert war. So konnte zum formalen Ausdruck des Plurals, wie bei *redresse* (Q, TLN 643) : *redresses* (F, TLN 721), das Pluralflexiv weggelassen werden.[148] Zahlreiche Abstrakta, die heute ausschließlich im Singular verwendet werden, wurden zudem in den s-Plural gesetzt und als Kollektivbegriff gebraucht: „Yet in many passages the -s is probably correct, though we should now omit it, especially at

---

[144] Duthie, S. 359.

[145] Foakes, S. 127.

[146] Zum Gebrauch von *do* vgl. Wilhelm Franz: Die Sprache Shakespeares in Vers und Prosa unter Berücksichtigung des Amerikanischen entwicklungsgeschichtlich dargestellt [vormals: Shakespeare-Grammatik]. Tübingen ⁴1939, § 594–598.

[147] Da Greg von einem autororientierten Editionsverfahren ausgeht, gibt er für die Behandlung der Kategorie der *indifferent variants* klare Regeln vor: So ist nach seiner Auffassung stets die Lesung des Copy-Texts beizubehalten, wenn nicht nachgewiesen werden kann, daß die Lesung eines späteren Zeugen eine vom Autor intendierte Ersetzung der früheren Lesung darstellt (vgl. Greg, The Rationale of Copy-Text, S. 377).

[148] Vgl. Abbott, A Shakespearian Grammar, § 471.

the end of nouns"[149]. Werden auf der mikrostrukturellen Kontextebene sowohl semantische als auch linguistische Parameter durchweg berücksichtigt, können einige der in der Editionstradition als Druckfehler klassifizierten Lesungen als Fassungsvarianten eingestuft werden.

Vorwiegend semantisch begründet werden kann beispielsweise die Revision von Q (TLN 37) *purposes* zu F (TLN 41) *purpose*. Wie Jackson unter Berufung auf den Kontext der Quartofassung anführt, mag sich der Plural auf die Aufzählung von Lears Gründen für die Reichsteilung beziehen, die durch Q's *first intent* eingeleitet wird: „Q's *first* would be an easy misreading of *fast*, but may be defended as acknowledging, in conjunction with Q's plural ‚purposes‘, that there are several linked reasons for the calling of this assembly".[150] Infolge der Änderung von Q *first* zu F *fast* sei dann auch die Plural- zur Singularform revidiert worden. Auch bei der Quartolesung *not to giue it away to his daughter* (Q, TLN 766f.) läßt sich die Numerusdivergenz semantisch erklären. Da sich die Äußerung des Narren entweder ausschließlich auf Goneril oder auf Goneril und Regan beziehen kann, sind die Lesungen als Fassungsvarianten einzustufen.

Eine Emendation des Numerus aus kontextuellen Gründen, wie sie von Weis und Oxford in Anlehnung an Q vorgenommen wird, ist auch bei der Foliolesung *word* (F, TLN 60; *words* [Q, TLN 50]) nicht notwendig.[151] Linguistisch kann, wie bereits von Duthie vorgeschlagen, der Singular der Foliolesung als Kollektivbegriff klassifiziert und somit als sinnvolle Lesung eingestuft werden: „The F reading is perfectly possible, taken as a singular used collectively."[152] Ebenfalls als Kollektivum kann die Quartolesung *two daughters dower* (Q, TLN 118) : *two Daughters Dowres* (F, TLN 136) erklärt werden, die in der Editionstradition grundsätzlich als Textfehler betrachtet wurde. Da *dower* im Sinne von ‚Mitgift‘ im Fassungskontext durchaus Sinn ergibt, ist die Variante unter Zugrundelegung eines historisch orientierten Variantenbegriffs als Fassungsvariante zu klassifizieren und bei der Textkonstitution beizubehalten. Auch bei der Quartolesung *Our post shall* (Q, TLN 1817; *Our / Postes shall* [F, TLN 2069f.]) besteht aus kontextuellen Gründen keine Notwendigkeit zur Emendation in Anlehnung an F, wie sie von Wells und Oxford vorgenommen wird:[153] „it seems odd for Cornwall to imply that they have only one messenger, who will be kept busy going back and forth […]. Omission of the ‚s‘ would be particularly easy for the compositor carrying ‚posts

---

149 Vgl. Ebd., § 338.
150 Jackson, Fluctuating Variation, S. 334.
151 Vgl. Weis, S. 42
152 Vgl. Duthie, S. 122
153 CBq und Weis behalten den Singular bei, siehe Wells, Sc. 14.9.

shall' in his head.“[154] Wie auch Q's *dower* kann *post* als Kollektivum im Sinne von ‚Botenschaft' ausgelegt und somit als Fassungsvariante klassifiziert werden.

Da die syntaktische Kongruenz in elisabethanischer Zeit noch nicht standardisiert war, konnte ein pluralisches Substantiv mit einem singularischen Verb ebenso wie ein singularisches Substantiv mit Pluralverb konstruiert werden.[155] Bei der Bewertung der Quartolesung *Skies gallow, the very wanderer of the / Darke, and makes them keepe their caues* (Q, TLN 1470f.) : *Skies / Gallow the very wanderers of the darke / And make them keepe their Caues* (F, TLN 1695–1697) ist aber die Frage zu stellen, ob und ab wann ein Leser die formale Inkongruenz zwischen Subjekt und Verb (*Skies / makes*) und Nomen und Pronomen (*wanderer / their*) in der Quartofassung als nicht mehr akzeptabel betrachtete. Der Vergleich der Textstelle in Q2 zeigt, daß der Setzer keine Notwendigkeit sah, den Aspekt der Kongruenz zu korrigieren: *Skies gallow, the very wanderer of the / Darke, and makes them keepe their caues* (Q2, TLN 1497f.). Bis zum Druck der Folioausgabe hingegen wurde die grammatikalische Irregularität bereits als störend empfunden und geändert. Inwieweit dieser Eingriff jedoch den Kategorien *Korrektur* oder *Modernisierung* zuzuordnen ist, kann nicht eindeutig beantwortet werden. Tendenziell ist bei Abweichungen der Kongruenz in der Quartoausgabe aufgrund der zahlreichen Fälle, die weder in Qb noch in Q2 korrigiert wurden, davon auszugehen, daß zur Zeit der Drucklegung Irregularitäten toleriert wurden.

Da die Foliofassung bereits erste Ergebnisse einer zunehmenden sprachlichen Standardisierung aufweist, gleichzeitig aber noch keine Normierung des Sprachgebrauchs vorliegt, erweist sich die Bewertung grammatikalischer Irregularitäten als problematisch. Editorisch stellt sich daher die Frage, wie mit der Foliolesung *Daughters is* (F, TLN 580) zu verfahren ist, die, wie aus dem Kontext ersichtlich, sich analog zur Quartofassung (*daughter is* [Q, TLN 520]) auf eine singularische Entität (Goneril) bezieht. Ein Vergleich von erster Quarto- und erster Folioausgabe zeigt insgesamt, daß die Ersetzung der Singularformen im Quartotext durch die entsprechenden s-Pluralia in der Folioausgabe häufig zu einer Textverschlechterung führt, die nicht auf die Foliofassung von *King Lear* beschränkt ist, sondern ein typisches Merkmal der Folioausgabe insgesamt darstellt: „Among the many typographical inaccuracies of the 1623 Folio, is that of adding a final ‚s' to a word which should obviously not have it appended, and of omitting a final

---

[154] TC, S. 519. Bei der Diskussion der Lesung ist zudem zu beachten, daß die Numerusdivergenz zwar im geschriebenen Text einen Fehler oder eine unterschiedliche Interpretation suggeriert. Wird der Text aber mündlich vorgetragen, läßt sich vom Hörer nur schwerlich zwischen den Formen unterscheiden.

[155] Vgl. Franz, Die Sprache Shakespeares, S. 568.

‚s' or ‚'s' in a word which obviously requires either of these conclusions."[156] Ein Grund für die überflüssige Hinzufügung der Pluralmorpheme in der Folioausgabe könnte eine Fehlinterpretation der handschriftlichen Vorlage durch den Setzer sein. Die für eine handschriftliche Druckvorlage anzunehmende und von Shakespeare benutzte *Secretary Hand* kennt zwei graphische Repräsentationsformen für den Konsonanten /s/: Das lange s, dessen Schreibung der des f ähnelt („The long ſ is as f but without the tick across the downstroke")[157] und das, wie auch später im Druck, nur in Mittelstellung vorkommt; und das kurze /s/, das nur in Initial- und Endstellung verwendet wurde („Final *ſ* is a clockwise loop ending generally in a blob or thickened tail above the letter").[158] Bereits Abbott betont, daß die Verwendung des finalen -s in der Folioausgabe auf einer Verlesung des Manuskripts beruhen könnte: „Being indicated by a mere line at the end of a word on MS., it was often confused with the comma, full stop, dash or hyphen."[159] Auf eine derartige Verlesung kann letztlich auch die Foliolesung *daughters* zurückgehen. Ebenso möglich wäre allerdings, daß die Druckvorlage eine Kontraktion [*daughter's* aus *daughter is*] enthielt, die vom Setzer fälschlich als Plural verlesen wurde. Gegen diese Hypothese spricht jedoch sowohl die metrische Struktur der Verszeile als auch die Ausführung des Verbums [*is*] im Foliotext, das bei einer Kontraktion von Substantiv und Verbum nicht noch einmal in der Vorlage gestanden haben dürfte. Da insgesamt die Pluralform in F weder kontextuell noch sprachhistorisch sinnvoll begründet werden kann, wird sie, unabhängig von ihrer Herkunft, als Textfehler gewertet.

Neben textimmanenten Kriterien wirkt sich auch das außersprachliche, referentielle Bezugssystem des Textes auf die Klassifikation von Lesungen aus. Wie zuvor anhand der Varianz *heeles / heads* gezeigt werden konnte, ist der Einfluß textexterner Kriterien bei der Evaluation der Fassungen problematisch, wenn ein editorischer Eingriff in den Quelltext eklektisch durch die Interpretation des Editors und nicht durch die Ermittlung eines Textfehlers motiviert ist. Ingesamt ist daher bei der Beurteilung von ungebräuchlich erscheinenden Lesungen und textuellen *Cruxes* bei den Fassungen von *King Lear* Vorsicht geboten. Wie bei der Lesung *My foote vsurps my body* (Q, TLN 2025) konnten zahlreiche Varianten, die zuvor als verderbt galten, unter Anwendung der Revisionsthese interpretatorisch

---

[156] Vgl. Charles Clarke/Mary Cowden Clarke: The Shakespeare Key. A Comprehensive Guide to all Features of Shakespeare's Style, Dramatic Construction, and Expression. New York 1879. Nachdruck New York 1964, S. 676, und Abbott, A Shakespearian Grammar, § 338.

[157] Ronald B. McKerrow: An Introduction to Bibliography for Literary Students. Oxford ²1928, S. 348.

[158] Ebd.

[159] Abbott, A Shakespearian Grammar, § 338. Weitere Möglichkeiten von Verlesungen der *Secretary Hand* sind bei Skinner Dace, Prolegomena, S. 93f., aufgeführt.

erschlossen werden. Sowohl Folio- als auch Quarto-*Lear* weisen allerdings Stellen auf, die, wenngleich sie an sich sinnvolle Lesungen enthalten, aufgrund text-externer Kriterien als Fehler zu werten sind. So können die Phrasen *The mistresse of Heccat, and the might* (Q, TLN 100): *The miseries of Heccat and the night* (F, TLN 117) in beiden Fassungen nur sinnvoll interpretiert werden, wenn sowohl *mistresse* als auch *miseries* emendiert werden. Da sich beide Phrasen auf Hekate, die Göttin der Welt der Toten und der Magie, beziehen, ergeben die Quelltextlesungen in ihren Kontexten keinen Sinn. Zu den Varianten liegen in der Editionstradition unterschiedliche Interpretationsansätze vor, die zumeist auf buchkundlichen Argumenten basieren. So wurde unter der *single-text-theory* die Quartolesung *mistresse* auf eine Verlesung oder einen Hörfehler der in Q2 überlieferten Lesung *miseries* zurückgeführt.[160] Da man dabei von einer linearen Deszendenz der Drucke ausging, wurde die Foliolesung als Fehlinterpretation eines Korrektur-zeichens in Q erklärt: „I suppose the scribe preparing the Qo. for the Fo. edition struck out the end of this word [‚mistresse'] and inserted ‚eries' in the margin; perhaps the stroke of his pen included the t, or the printer thought it did, and so, instead of *misteries, miseries* got into the Fo."[161] Auch die Vertreter der Revisions-these betrachteten die Lesungen als Setzerfehler, ebenso wie Q's *might*, das als Druckfehler von F's *night* eingestuft wurde.[162]

Während sowohl *mistresse* als auch *miseries,* da sie in semantischer Opposition zu ihrem referentiellen Kontext stehen, auch unter dem hier vorgestellten Varian-tenbegriff als Textfehler gewertet werden, wird das innerhalb der Quarto-Phrase auftretende *might* der Kategorie *Fassungsvariante* zugeordnet. Obwohl die Lesung weder aufgrund textimmanenter noch textexterner Kriterien als Fehler zu werten ist, rechtfertigt für Oxford und Wells die ungewöhnliche syntaktische Konstruk-tion, die sich durch die Beibehaltung von *might* bei der Textkonstitution der Quartofassung ergibt, eine Emendation: „Q's might could be defended – ‚the mysteries and the might of Hecate' – but the construction would be awkward; the proposed easy misreading produces more natural syntax and a more explicit contrast with ‚the sun'."[163] Nicht berücksichtigt wird hierbei, daß F's *night* durch-aus auch eine nicht-authentische Sinnplausibilisierung darstellen könnte, die beispielsweise bei der Erstellung der Druckvorlage für die Folioausgabe ein-geführt worden sein könnte. Da die Interpretation der Syntax im Sinne von ‚the mysteries and the might of Hecate' akzeptabel ist und Q's *might* eine im Kontext sinnvolle Lesung darstellt, ist in einer historisch orientierten Fassungsedition

---

[160] Vgl. Duthie, S. 15.
[161] Ebd.
[162] Vgl. CBq, S. 20, sowie TC, S. 511.
[163] Wells, S. 105.

dem Quelltext zu folgen. Wird, wie bei Oxford und Wells, an dieser Stelle ein emendierter Lesetext geboten, sind die sprachwissenschaftlichen und die überlieferungsgeschichtlichen Aspekte der Quartophrase im edierten Text nicht mehr sichtbar.

3.2.3.6 Fassungsinterne Varianz

3.2.3.6.1 Preßkorrekturen Q1

Sowohl die Quarto- als auch die Foliofassung von *King Lear* liegen in unkorrigiertem und korrigiertem Textzustand vor. Im Gegensatz zur fassungsdifferenzierenden Varianz zwischen Q und F sind die Preßkorrekturen der Kategorie der fassungsinternen Varianz zuzuordnen. Auch wenn es sich bei der fassungsinternen Varianz um Lesungen gleicher Textstufe handelt, sind auf Grundlage der überlieferungsgeschichtlichen Voraussetzungen systematisch begründete Parameter für die editorische Behandlung der Preßkorrekturen zu schaffen, die der historischen Perspektivierung des Fassungs- und Variantenbegriffs Rechnung tragen.

Die bisherige Bewertung der Preßkorrekturen und deren editorische Behandlung erfolgte ausschließlich nach buchkundlichen Kriterien. Grundlage des editorischen Verfahrens stellte zumeist die Klassifikation der Preßkorrekturen in Anlehnung an Gregs und Blayneys Kategorienbildung dar:

> Some of the substantive alterations suggest, with varying degrees of probability, that the copy was consulted and that its readings were correctly restored. Others appear to reflect nothing more reliable than the corrector's wrong guesswork […]. Many other variants are mere alterations of spelling. A few are consequential changes […] but the majority are likely to show the corrector's ‚modernization' of spellings which offended his eye, no matter how close they may have been to the spellings of copy.[164]

Konnte nach buchkundlichen Kriterien eine Qb-Variante als Repräsentation der Manuskriptlesung klassifiziert werden, wurde sie im edierten Text der Qa-Lesung vorgezogen, unabhängig davon, ob die unkorrigierte Lesung als sinnvoll oder als semantisch fehlerhaft zu bewerten war. Für eine historisch orientierte Fassungsedition stellt sich allerdings – wie auch bei der fassungsdifferenzierenden Varianz – die Frage, ob die buchkundliche Perspektive ein hinreichendes Entscheidungskriterium für die editorische Behandlung der Preßkorrekturen liefert. Im folgenden wird daher geprüft, ob sich auf den einzelnen Bögen mit Hilfe buchkundlicher Kriterien erkennen läßt, inwieweit bei der Preßkorrektur nach Manuskript vorgegangen und die Qb-Lesungen tatsächlich als authentisch klassifiziert wer-

---

[164] Blayney, The Texts of King Lear, S. 219; vgl. auch Greg, The Variants in the First Quarto, sowie CBq, S. 15.

den können. Grundlage für die Diskussion bildet die Analyse der Varianz auf den einzelnen Druckbögen unter Einbeziehung bisheriger buchkundlicher Ergebnisse. Die aus der Untersuchung hervorgehende Darstellung des Befunds ist vor allem als Ergänzung zu den buchkundlich-isolierten Betrachtungen von Einzelvarianten bei Greg und Blayney, Oxford und Cambridge gedacht und bietet eine systematische Kategorisierung der auf den einzelnen Bögen befindlichen Korrekturen nach semantischen Kriterien.[165] Gegliedert wird nach Korrekturen in der Akzidenz (Typographie, Orthographie und Interpunktion) und Korrekturen in den substantiellen Bestandteilen des Textes.[166] Hinsichtlich der substantiellen Textbestandteile wird zwischen Korrekturen sinnloser Lesungen, sogenannter „offensichtlicher Druckfehler", und Korrekturen bei semantisch validierbaren Lesungen differenziert, die im folgenden als Substitutionen bezeichnet werden.[167]

3.2.3.6.1.1 C (inner)

Die erste Druckform, die eine fassungsinterne Varianz aufweist, ist die innere Form des Bogens C, die nach Blayneys Analysen möglicherweise bereits vor dem Druckvorgang schon einmal korrigiert wurde.[168] Die Form weist vor allem Korrekturen in der Akzidenz auf und scheint insgesamt zwei Presskorrekturläufen unterzogen worden zu sein. In einem ersten Korrekturgang wurden die Auslassung der Sprecheranweisung *Ba.* (C1v5) sowie Zeilenumbrüche (*brother, that* / *I*

---

[165] Eine chronologische Verzeichnung der Preßkorrekturen auf den einzelnen Bögen enthält die Beispieledition des elektronischen Teils. Die tabellarische Auflistung der Preßkorrekturen zeigt, daß auf den einzelnen Druckformen nur punktuell korrigiert worden zu sein scheint. So wurde bei der inneren Form des Bogens C nur 1v und 4r, nicht aber 2r–3v bearbeitet. Bei der äußeren Form des Bogens D wurde 3r, bei der äußeren Form des Bogens K 2v nicht angerührt.

[166] Die Differenzierung ist angelehnt an Gregs Unterscheidung von *accidentals* und *substantives*.

[167] Der Begriff *Druckfehler* beinhaltet alle beim Druck auftretenden Kategorien wie Verlesung, Transposition, mechanischer Fehler und versehentliche Auslassung, durch die der Sinn des Textes außer Kraft gesetzt wird. Während bei Blayney und Greg Eingriffe bei sinnvollen Qa-Lesungen ebenfalls auf Druckfehler zurückgeführt werden, soll der hier verwendete Begriff *Substitution* eine neutrale Beschreibung des Vorhandenen bezeichnen. Gregs und Blayneys Verwendung des Begriffs *Druckfehler*, die von den Editoren der Fassungseditionen übernommen wurde, rekurriert auf ein autorzentriertes Textverständnis, nach dem zumeist durch die Ersetzung einer Qa-Lesung durch die Preßkorrektur ein Druckfehler „korrigiert" und so die authentische Manuskriptlesung hergestellt wird. Die Wahl der Begrifflichkeiten *Druckfehler* und *Substitution* hingegen korrespondiert mit der Neudefinition des Variantenbegriffs in der vorliegenden Arbeit, nach der ein „Fehler" nur bei Verletzung des Sinns nach den angeführten Kriterien angesetzt werden kann.

[168] Vgl. Blayney, The Texts of King Lear, S. 210f.

zu *brother,* / *that I* [C1v5f.] und *it not* / *fit* zu *it* / *not fit* [C1v6f.]) korrigiert. Die Existenz der von Blayney aufgeführten Korrektur von *rhen* zu *then* (1v1) erscheint zweifelhaft.[169] Zwar ist in dem Exemplar L2 der British Library deutlich zu erkennen, wie der erste Buchstabe ausradiert und dann handschriftlich mit einem *t* überschrieben wurde. Inwieweit diese Ersetzung aber auf einen vermeintlichen Druckfehler *rhen* oder eine defekte oder nicht angegangene Drucktype zurückgeht, ist nicht nachzuweisen.[170] In einem zweiten Korrekturgang wurden zwei weitere Druckfehler (*lubbers, length* zu *lubbers length* und *againe tarry* zu *againe, tarry* [C4r35]) korrigiert.

3.2.3.6.1.2 D (outer)

Wie bei Bogen C scheint auch bei Bogen D die innere Form zuerst gesetzt, die äußere jedoch zuerst gedruckt worden zu sein. Blayney führt dies darauf zurück, daß ab Bogen D zwei unterschiedliche Korrekturverfahren angewandt wurden: während die innere Form des Bogens zuerst gesetzt und einer genauen Korrektur nach Vorlage unterzogen wurde, wurde die äußere Form nur oberflächlich geprüft und war schneller zum Druck bereit.[171]

Die äußere Form des Bogens weist Korrekturen in substantiellen und akzidentellen Textbestandteilen auf. Druckfehler auf lexikalischer Ebene werden in den nachfolgend aufgeführten Beispielen korrigiert: D1r5 *an't, and lodes* (Qa) : *an't, and Ladies* (Qb); D1r25 *learne lye* (Qa) : *learneto lye* (Qb); D2v5 *peruse* (Qa) : *pierce* (Qb); D4v34 *defences* (Qa) : *diferences* (Qb); D4v35 *hand, the seuerall* (Qa) : *home, the seueral* (Qb). Während der Qa-Fehler *lodes* auf die Verlesung der Manuskriptschreibung *ladis* zurückgehen mag, könnten nach Greg *peruse* und *defences* Druckfehler von e-Schreibungen (*perse* / *perrse* und *deferences*) darstellen.[172] Auch Qa *hand* kann paläographisch als eine Verlesung der Qb-Variante *home* erklärt werden. Die Korrektur von 1r25 *learne lye* (Qa) zu *learneto lye* (Qb) berichtigt die Syntax, wurde aber offensichtlich vom Drucker nicht richtig ausgeführt, da er zwischen Verb und Präposition die Einfügung eines Spatiums vergaß. Bei der Korrektur von D2v29f. *more alapt* / *want* (Qa) zu *more attaskt* / *for want* (Qb) wurde ebenfalls eine Präposition vom Korrektor (*for*) eingefügt, die vom Quartosetzer scheinbar übersehen worden war. Qa's *alapt* kann aufgrund paläographischer Kriterien als Verlesung von *attaskt* oder, wie Greg vorschlägt, von *ataxt* eingestuft werden.[173] Die Foliolesung *at task* scheint hingegen eine auf Basis von Qb vorgenommene Revision darzustellen.

---

169 Vgl. ebd., S. 220.
170 Vgl. hierzu auch die Textstelle *loosen him nd mee* (Qa) und *loosen him and mee* (Qb), K3r22).
171 Blayney, The Texts of King Lear, S. 212f. und 218.
172 Vgl. Greg, The Variants in the First Quarto, S. 152f.
173 Zu *attaskt* vgl. auch ebd., S. 141.

Auf eine unleserliche Vorlage für Q1 weist vor allem der Gedankenstrich bei D4v12 *these--and wast of this his* (Qa) hin, der als Platzhalter für ein nicht lesbares Wort gewertet werden kann. Die Korrektur *the wast and spoyle of his* (Qb) stellt eine Inversion der unsinnigen Qa-Lesung dar und berichtigt somit nicht nur auf lexikalischer, sondern auch auf syntaktischer Ebene. Folgt man der syntaktischen Konstruktion in Qa, könnte die dem Fehler zugrunde liegende Manuskriptlesung, wie Oxford vorschlägt, *the spoyle and wast of his* gewesen sein („Any explanation of this variant must assume that Qb inadvertently transposed the two nouns, in correcting the first").[174] Die Foliofassung weist an dieser Stelle zwar eine ähnliche syntaktische Konstruktion auf, ersetzt aber das in Qa auftretende *these--* durch *th'expence* (*th'expence and wast* [F]). Nach Oxford stellt *th'expence* (F) eine Revision und Qb somit eine falsch ausgeführte Korrektur der Manuskriptlesung *the spoyle and wast of his* dar.[175]

In einigen Fällen zog die Korrektur von Wortfehlern eine Anpassung der Interpunktion nach sich. Hierzu ist die Lesung D1r37 *frowne, thou,thou art* (Qa) zu *frowne, now th ou art* (Qb) zu zählen, bei der das Pronomen *thou* durch die Adverbiale *now* ersetzt wird. Obgleich aufgrund kontextueller Kriterien die adverbiale Bestimmung vorzuziehen ist, da sie eine Opposition von Vergangenheit und Gegenwart (*Thou wast* […] *now thou art*) bewirkt, scheint der Quartosetzer, wie die Interpunktion in Qa indiziert, seine Vorlage als Wiederholung des Pronomens gelesen zu haben.[176] Stand im Manuskript tatsächlich *now th ou*, so liegt in Qa eine durch die Verlesung des Setzers bedingte Anpassung der Interpunktion vor. Die Wiederholung des Pronomens in Qa, die im Kontext nur bedingt Sinn ergibt, nötigte den Setzer von Q2 jedoch nicht zu einer Korrektur des ihm vorliegenden, unkorrigierten Textzustands der ersten Quartofassung: *frowne,thou, thou art* (Q2, C2v18).

Eine Gruppe von Korrekturen in der äußeren Form des Bogens D lassen sich auf rein typographische Phänomene (Zeichen- und Wortabstand, Verdrehung von Drucktypen) zurückführen, die aus mechanischen Fehlern beim Druckvorgang resultieren. Während bei D1r31 (*theeN uncle* zu *thee Nuncle*) und 36 (*tho u had 'st* zu *thou had'st*) ein fehlerhafter Zeichenabstand in Qa korrigiert wird, ist der fehlende Wortzwischenraum in Zeile 38 als Folgeerscheinung der in Zeile 37

---

[174] TC, S. 514.

[175] Vgl. Ebd. Greg, der eine direkte, lineare Abhängigkeit von Q und F voraussetzt, bewertet F hingegen als die Manuskriptlesung und Qb als Konjektur des Preßkorrektors (Greg, The Variants in the First Quarto, S. 155). Fraglich ist allerdings, warum Oxford *this* nicht auch als Element der Manuskriptlesung für Q ansieht. Die Manuskriptlesung könnte auch *the spoyle and wast of this his reuenues* gelautet haben.

[176] Greg (The Variants in the First Quarto, S. 153) schlägt vor, daß das Komma bereits in einem ersten Korrekturgang eingefügt worden sein könnte: „The error is not graphic but due to mental assimilation: the comma may have been inserted in a first proof."

ausgeführten Korrektur von *frowne, thou,thou* zu *frowne, now th ou* zu werten.[177] Drei weitere Varianten können auf lose Typen beim Druck der korrigierten Form zurückgeführt werden: D1r7 *crown e s*,[178] 1r37 *frowne, thou,thou* zu *frowne, now th ou*, und die Drehung des *th* bei D4v33 *Father*.

Neben der Korrektur offensichtlicher Druckfehler werden auf Bogen D auch sinntragende Lesungen substituiert, wie etwa Qa *prise*, *best*, *vntender*, *mildie* und *after your returne*. Auslöser für die Korrekturen könnte sein, daß die Setzerfehler unter Heranziehung des Manuskripts bei der Preßkorrektur erkannt wurden. Die Korrekturen können aber auch auf stilistische Eingriffe des Korrektors zurückgehen, der die Lesungen als ungebräuchlich empfand.[179]

3.2.3.6.1.3 E (outer)

Ähnlich wie bei Bogen D geht Blayney auch bei Bogen E davon aus, daß die innere Form zuerst gesetzt, die äußere jedoch aufgrund der zeitsparenden, oberflächlichen Korrektur zuerst gedruckt wurde.

Auf mechanische Probleme beim Druckprozeß gehen die nachfolgend aufgeführten, defekten Drucktypen zurück, die bei der Korrektur ersetzt wurden:

---

[177] Vgl. Blayney, The Texts of King Lear, S. 221.

[178] Nach Greg kann die Lesung auch *crowne s* heißen (Greg, The Variants in the First Quarto, S. 37).

[179] Nicht zu klären ist, welchen Einfluß Q2 auf die Übertragung von Lesungen nach F ausübte. Bei einem Vergleich von Qb und F bei Bogen D fällt auf, daß, abgesehen von den Korrekturen in Orthographie und Wortabstand, die Foliolesungen *learne to lie, now thou, vntented, Pierce, hasten, milky, differences* und *home* aus dem korrigierten Textzustand der Quartofassung in die Druckvorlage für F übernommen wurden. Q2 wurde offensichtlich von einem unkorrigierten Exemplar der äußeren Form des Bogens D gedruckt, wie die Q2-Lesungen *lodes*, (C2r22), *thou, thou art*, (C2v18); *untender, peruse* (C3v26); *mildie* (C4r12); *alapt want* (C4r13f.); *these-- and waste of this his*, (D2r9) zeigen. Einzig die Textstelle *learne to lye* (Q2, C2v6) wurde beim Druck von Q2 korrigiert. Aufgrund der Distribution der Varianten in der Folioausgabe wäre in Betracht zu ziehen, daß das bei der Revision und der Erstellung der Druckvorlage für F verwendete Exemplar der ersten Quartoausgabe den korrigierten Textzustand der äußeren Form des Bogens D enthielt und dadurch die Quarto-Preßkorrekturen nach F übertragen wurden. Dies läßt sich auch durch die Beobachtung stützen, daß die Foliolesung *at task* aller Wahrscheinlichkeit nach nur auf Grundlage von Qb *attaskt* entstanden sein kann. Daß die Preßkorrekturen *poyse* und *lest* (*best*, Q2, D2r32; *prize*, Q2, D2r29), die sich in Q1a beide auf Bogen D4v befinden, nicht in F erscheinen, mag darauf zurückzuführen sein, daß, möglicherweise bei der Erstellung der Druckvorlage, der unkorrigierte Textzustand der ersten Quartoausgabe via Q2 nach F übertragen wurde. Darauf weist auch die Schreibung *prize* (Q1 *prise*) in der Foliofassung hin, die ebenfalls aus Q2 zu stammen scheint.

	Qa	**Qb**
4v1	id'e (d defekt)	id'e
4v8	office (Ligatur fi defekt)	office
4v23	past (a defekt)	pâst
4v25	to (o defekt)	to

Ungewöhnlich ist die Ersetzung der Type *a* im unkorrigierten Textzustand durch *â* im korrigierten Textzustand, da ein Zirkumflex nur in lateinischen und griechischen Schriften, nicht jedoch im Englischen (außer bei *ô*) verwendet wurde. Greg geht davon aus, daß die Verwendung des Zirkumflex an dieser Stelle in Anlehnung an die lateinische Konvention vorgenommen wurde und ein langer Vokal indiziert werden sollte. Belegt wird dies für ihn vor allem durch die Foliovariante *Paste*, die den Langvokal *a* durch Anhängen eines *-e* indiziert. Nach Blayney könnte die Type *â* aber auch aus der Korrektur einer defekten Type resultieren. Der Setzer griff dann versehentlich die falsche Drucktype oder interpretierte ein Zeichen des Korrektors über dem *a* als Zirkumflex. Berücksichtigt man die Anordnung der Typen im Setzkasten, so befindet sich *â* im Regelfall im oberen Teil des Setzkastens neben den Versalien, das einfache *a* jedoch im unteren Teil. Ein zufälliges Vergreifen ist somit eher unwahrscheinlich, zumal kein Parallelfall in *King Lear* überliefert ist, wo ein Kleinbuchstabe durch einen akzentuierten Buchstaben ersetzt wurde. Wahrscheinlicher wäre dagegen, daß bei einer vorhergehenden Drucktypen-Distribution ein Fehler gemacht und das akzentuierte *â* versehentlich zu den nicht-akzentuierten Typen gelegt wurde. Bei der Korrektur der defekten Type im unkorrigierten Textzustand griff dann der Setzer im Vertrauen auf den Zustand seines Setzkastens zufällig den akzentuierten Vokal.[180]

Hinsichtlich der orthographischen Eingriffe auf Bogen E ist festzustellen, daß neben den Korrekturen *beene* (Qa) : *bin* (Qb, 3r6), *speake* (Qa) : *speak* (Qb, 4v4), *seruise* (Qa) : *seruice* (Qb, 4v5) zahlreiche ungebräuchliche oder phonetische Schreibungen durch konventionalisierte Formen ersetzt werden. Wie Stone anführt, könnte 1r3 *deuen* eine alternative Schreibung von *euen* gewesen sein

---

[180] Vgl. Blayney, The Texts of King Lear, S. 111ff. und 247. Eine mögliche Erklärung für die Ersetzung der Drucktype wäre prinzipiell auch, daß bei der Preßkorrektur der äußeren Form des Bogens E nicht mehr ausreichend *a*-Typen zur Verfügung standen. Statt eine defekte Drucktype stehen zu lassen, substituierte der Setzer diese durch die Type â, die in ausreichender Zahl vorhanden gewesen sein muß. Die Verwendung der akzentuierten Drucktype in Qb würde somit nicht auf eine intentionale Ersetzung zurückgehen, durch die eine vokalische Länge angezeigt werden sollte, sondern beruhte lediglich auf einer mechanischen Notwendigkeit. Die Annahme ist jedoch rein hypothetisch und deckt sich nicht mit Blayneys Analyse der Drucktypendistribution auf Bogen E (ebd., S. 114f.).

(„perhaps *good deven* on the analogy of *good-den*."),[181] die dann in Qb durch das ge-
bräuchlichere *euen* ersetzt wurde. Auch die Korrekturen

	Qa	**Qb**
1r13	snyted hundred	shewted hundred
1r14	wosted stocken knaue , a	worsted-stocken knaue ,a
1r19	clamarous	clamorous
2v10	set	sit
2v37	say	saw
4v22	Coknay	Cokney

mögen dadurch motiviert gewesen sein, trotz identischer Aussprache eine unge-
bräuchliche oder phonetische Schreibung zu „normalisieren". Wie Greg argumentiert, war in der Aussprache von *wosted* und *worsted* zur damaligen Zeit kein
Unterschied erkennbar.[182] Bei Qa *snyted* mag die Qb-Variante eine phonetische
Schreibung von *suyted* darstellen, die im OED nicht verzeichnet ist. Da die Qb-
Variante jedoch genauso ausgesprochen wird wie *shute*, eine Variante von *suit*,
könnte in Q semantisch das gleiche Wort wie in F (*suyt*) bezeichnet sein.[183]
Ebenso möglich wäre aber auch, daß der Konsonant *n* (Qa) eine gedrehtes *u* darstellt und somit ein mechanischer Fehler vorliegt. Die Korrektur von *pound, filthy*
zu *pound,filthy* ist schließlich als Folgekorrektur von *snyted* zu *shewted* zu sehen.
Auch die Varianten *set* (Qa) : *sit* (Qb, 2v10) und *say* (Qa) : *saw* (Qb, 2v37) scheinen stilistisch motivierte Substitutionen von Schreibungen dazustellen. Da zur
Zeit der Drucklegung zwischen *set* und *sit* oder *say* und *saw*[184] nicht differenziert
wurde, konnten die Lexeme bedeutungsgleich verwendet werden. Insgesamt
könnte es sich bei den orthographischen Varianten in Qa auch um die Wiedergabe von Autorschreibungen handeln, die der Preßkorrektor, der sich für die
Korrektheit der Orthographie verantwortlich fühlte, aus eigenem Gutdünken
korrigierte. Nicht auszuschließen ist jedoch auch, daß die Qa-Lesungen einfache
Druckfehler, wie Verlesungen von *o/e* zu *a* oder von *i* zu *e* darstellen, die in Abgleich mit dem Manuskript korrigiert wurden.

---

[181] Stone, The Textual History, S. 194. Da jedoch keinerlei Beweise für die Existenz einer
Variante *deven* vorliegen, kann Qb ebenso als Korrektur eines Druckfehlers der Manu-
skriptlesung *even* angesehen werden. Die Annahme Gregs, Qa stelle einen Druckfehler der
Foliovariante *dawning* (*dauen*) dar, erweist sich als nicht haltbar (Greg, The Variants in the
First Quarto, S. 158), da die Foliolesung auf eine Revision zurückgeführt werden kann.

[182] Vgl. Greg, The Variants in the First Quarto, S. 158.

[183] Vgl. ebd.

[184] Vgl. ebd., S. 159.

Die Mehrzahl der Korrekturen in der äußeren Form des Bogens E ist allerdings nicht zur Gruppe der Substitutionen zu zählen, sondern hebt eindeutige Druckfehler auf. Dabei wird zum einen die Interpunktion korrigiert, indem bei 1r35 *strike.* durch *strike?* ersetzt und bei 2v10 *correction* und 4v32 *fruit* das Komma gestrichen wird. Zum anderen wird auf lexikalischer und kontextueller Ebene Sinn hergestellt, wie bei den Varianten *respcct* (Qa) : *respect* (Qb, 2v6), *not fortunately beene* (Qa) : *most fortunately bin* (Qb, 3r6), *Late* (Qa) : *Take* (Qb, 3r10), *Losses and* (Qa) : *Losses their* (Qb, 3r9), *numb'd mortified* (Qa) : *numb'd and mortified* (Qb, 3r28), *Pies* (Qa) : *Pins* (Qb, 3r29), *obiect frame* (Qa) : *obiect from* (Qb, 3r30), *fate* (Qa) : *father* (Qb, 4v4), *Mo* (Qa) : *No* (Qb, 4v7) und *fruit* (Qa) : *tombe* (Qb, 4v32).[185] Da bei Varianten wie

	Qa	**Qb**
2v2	ausrent	miscreant
2v8	Stobing	Stopping
2v20	belest and contaned	basest and temnest
3r4	my rackles	my wracke
4v5	speake, come and tends	sp eake,commands her
4v32	deuose	diuorse
4v38	deptoued	depriued

die Qb-Lesungen nach paläographischen Gesichtspunkten kaum die Manuskriptlesungen darstellen können, wurden sie auf Konjekturen des Preßkorrektors zurückgeführt. Qa *ausrent* wurde dabei als Verlesung einer orthographischen Variante der Foliolesung *ansient* eingestuft. Die Foliovariante wurde an dieser Stelle als Manuskriptlesung für Q betrachtet, da das von Qb nach Q2 übernommene *miscreant* (Q2, D4r13), obgleich es eine sinnvolle Lesung darstellt, in den Foliodruck nicht übertragen, sondern zu *ansient* korrigiert wurde. Auch bei *Stobing* liegt in Qa ein Textfehler vor, der allerdings in Qb durch eine im Fassungskontext gleichermaßen sinnlose Lesung (*Stopping*) ersetzt wurde. Weil Qb's *Stopping* auch in Q2 (D4r19), nicht aber in F auftritt, wurde F's *Stocking* als Manuskriptlesung für Q angesetzt. Unter diesem Aspekt wäre Qa *Stobing* dann als eine für die Drucke der Zeit typische *b*- und *k*-Verwechslung durch den Setzer und Qb (*Stopping*) als Konjektur des Korrektors zu bewerten.[186]

Als *Crux* wurde bereits bei Greg die Varianz *speake, come and tends seruise* (Qa) : *speake, commands her seruise* (Qb, D4v5) : *speake, commands, tends ser- / (uice* (F, TLN 1378f.) eingestuft. Zumeist wurde in der Editionsgeschichte des konfla-

---

185 Taylor weist Qb *tombe* zurück und konjiziert stattdessen *scrine*. Vgl. Taylor, King Lear, S. 455.
186 Vgl. Greg, The Variants in the First Quarto, S. 159, sowie Oxfq, Sc. 7.121 u. 127.

tionierten *Lear*-Textes die Qb-Lesung der Qa-Variante vorgezogen und zu *commands their service* emendiert.[187] Greg weist sowohl Qa als auch Qb zurück mit der Begründung, daß Qb nicht die Manuskriptlesung gewesen sein könne, da ein im Manuskript stehendes *her* nicht als *tends* verlesen werden kann. Da Greg jedoch auch aus der Foliovariante keine zufriedenstellende Interpretation für die Textstelle ableiten konnte, stellte er fest: „the passage remains a crux."[188] Bei genauerer Betrachtung der Qa-Lesung unter Berücksichtigung des OED zeigt sich jedoch, daß das Verbum *tend* auch in der Bedeutung ‚wait in expectation, attend' belegt ist.[189] Da auf Grundlage dieser Interpretation *tends* im Fassungskontext Sinn ergibt, mag der Druckfehler in Qa an anderer Stelle wie beispielsweise bei *come* anzusetzen sein: *speake, comes and tends seruice*. Statt den Druckfehler im Numerus von Qa's *come* zu korrigieren, scheint der Preßkorrektor ohne Manuskript die ganze Phrase durch eine Lesung ersetzt zu haben, die ihm verständlicher erschien. Da die Qa-Lesung nach einer geringfügigen Emendation im Numerus des Verbums *come* als sinnvoll betrachtet werden kann, wird Qb der Gruppe der Substitutionen zugerechnet.

Während in den zuvor diskutierten Fällen die Qa-Lesungen als Textfehler einzustufen sind, ergeben die Lesungen *The fierie* (Qa) : *Fierie* (Qb, 4v6), *the daughter* (Qa) : *his daughter* (Qb, 4v5) im unkorrigierten Zustand der Quartofassung durchaus Sinn. Die Bedeutung der Lesungen *Tuelygod* (Qa) : *Turlygod* (Qb, 3r33) ist allerdings weder im unkorrigiertem noch im korrigierten Textzustand der Quartofassung eindeutig klärbar,[190] so daß sich bei den drei Lesungen insgesamt, wie auch schon bei den Substitutionen auf Bogen D, die Frage nach der Motivation des Eingriffs stellt. Ob hier tatsächlich auf das Manuskript zurückgegriffen wurde oder die Lesungen auf das Gutdünken des Korrektors zurückgehen, bleibt im Bereich der Spekulation.

3.2.3.6.1.4 F(inner)

Im Gegensatz zu den Bögen C, D und E befinden sich auf Bogen F die Preßkorrekturen nicht auf der zuerst gedruckten äußeren, sondern auf der inneren Form.[191] Alle acht der in der inneren Form des Bogens F auftretenden Preßkorrekturen stellen dabei Korrekturen einfacher Druckfehler dar. Dabei werden typographische Fehler und die Interpunktion korrigiert bei den Lesungen:

---

[187] Yoti Bhattacharya: Kenneth Muir's Edition of ‚King Lear': A Few Questions. In: Journal of the Department of English 16, 1980/1981, S. 97–105, hier S. 102.

[188] Greg, The Variants in the First Quarto, S. 16f.

[189] Vgl. OED, *v1*, (6.b.). Vgl. auch Bhattacharya, Kenneth Muir's Edition of ‚King Lear', S. 102.

[190] Vgl. auch TC, S. 515, und CBq, S.132.

[191] Vgl. Blayney, The Texts of King Lear, S. 115.

	Qa	**Qb**
1v10	her a	her , a
2r17	will, I doe not callit	will,I doe not call it
3v4	surre [langes s]	furre
4r31	hut	but

Eine Korrektur der Orthographie findet sich bei den Varianten:

	Qa	**Qb**
1v11	varlot (o defekt)	varlet
1v16	alow	allow
3v29	outwall	out-wall
4r12	holly water	holy water

Nach Blayney verdient einzig die Korrektur von *varlot* zu *varlet* Aufmerksamkeit, alle anderen Korrekturen seien entweder als offensichtlich oder als nicht notwendig einzustufen.[192] Die Einschätzung Blayneys, daß die Korrekturen auf Bogen F ausschließlich auf die Willkür des Korrektors zurückgehen, deckt sich mit den Erkenntnissen über die Korrekturpraxis in elisabethanischen Druckereien. Aus Zeitzeugnissen ist bekannt, daß die Setzer einer Druckerei es als ihre Aufgabe betrachteten, den Vorlagentext orthographisch korrekt wiederzugeben. Wie auch aus der Beschreibung Moxons hervorgeht, stand es ihnen hinsichtlich der Akzidenz somit zu, von ihrer Druckvorlage abzuweichen: „*a task and duty incumbent on the* Compositor, *viz. to discern and amend the bad* Spelling *and* Pointing *of his Copy, if it be English*".[193] Bei der Beurteilung der Akzidenz von Renaissance-Texten ist deshalb in Betracht zu ziehen, daß vor allem bei gängigen Lexemen Setzer ihren eigenen Präferenzen folgten:

> We may thus regard it as a general rule – for what it is worth – that in common words and in words misread as common words, the compositor would follow his own spelling; in rare ones, or words which are not words at all, the spelling of the MS. or what he believed to be its spelling.[194]

---

[192] „There are only a few trivial variants, none of which suggests that copy was consulted, and all of which are either very obvious or unnecessary." (ebd.).

[193] Moxon, Moxon's Mechanick Exercises, Bd. 2, S. 192 [Zitat], 260 u. 264; vgl. auch TC, S. 66: „the study of reprints, and of editions printed from extant manuscripts, confirms that this practice prevailed in Shakespeare's time." Zum Satzprozeß vgl. TC, S. 41 ff.

[194] McKerrow, An Introduction to Bibliography, S. 249.

3.2.3.6.1.5 G (outer)

Die äußere Form des Bogens G wurde, wie schon bei Bogen D und E, vor der
inneren gedruckt. Daß die zuerst gesetzte, innere Form nicht gleich zur Presse
gebracht wurde, kann nach Blayney auf das zeitintensivere Korrekturverfahren
nach Vorlage zurückgeführt werden.

Bei der Preßkorrektur werden zahlreiche Errata des unkorrigierten Textzustands
behoben:

	Qa	**Qb**
1r25f.	the / the tyrannie	the / tyrannie
1r30	crulentious	tempestious
1r38	beares	beates
2v2	leadings	lendings
2v8	gins	giues
2v8f.	web, the pin-	web, & the pin,
2v9	harte	hare
2v11	old a nellthu night more	old, he met the night mare
2v12	with	witch
2v18	tode pold	tod pole
2v18	wall-wort, and	wall-newt , and

Da die Qb-Varianten jeweils sinnvolle Korrekturen der fehlerhaften Qa-Lesungen darstellen, wurde von Vetretern der Buchkunde angenommen, daß auf dem
Bogen nach Manuskript korrigiert wurde. Die Qb-Variante *tempestious*, die nach
paläographischen Kriterien nicht die Manuskriptlesung für *crulentious* darstellen
kann, wurde jedoch auf eine Konjektur des Preßkorrektors zurückgeführt. Daß
der Preßkorrektor bei der Bearbeitung der Form konjiziert haben muß, legen aus
buchkundlicher Sicht auch die Korrekturen bei den Textstellen *to keepe* (Qa) : *the
King* (Qb, 4v13), *queues* (Qa) : *squemes* (Qb, 2v9) und *Sriberdegibit* (Qa) : *fliberdegibek*
(Qb, 2v7)[195] nahe. Zudem scheinen Korrekturen wie *leadings,come on bee true*
(Qa) : *lendings,come on* (Qb, 2v2) nicht immer korrekt ausgeführt worden zu sein.
Das Fehlen von *bee true* bei Qb könnte auf die fälschliche Auszeichnung oder
Interpretation eines Zeichens bei der Korrektur von *leadings* zurückzuführen sein.
Möglicherweise interpretierte der Setzer die Korrekturzeichen des Preßkorrek-
tors als Streichung für *bee true*. Auch bei der Korrektur typographischer Fehler
wurden neue Druckfehler eingeführt, wie die nachfolgend aufgeführten Lesun-
gen zeigen:

---

[195] Vgl. auch Greg, The Variants in the First Quarto, S. 165.

	Qa	**Qb**
2v11	her, O	her,O
2v18	wall-wort, and	wall-newt , and
cw	Lear.	Lear·
4v11	(master,	(master, [Komma verrutscht]
4v38	(company	[ausgelassen]

Substitutionen sinnvoller Lesungen finden sich bei *raging* (Qa) : *roring* (Qb, 1r34) und bei *the tempest* (Qa) : *this tempest* (Qb, 1r36).

3.2.3.6.1.6 H (inner)

Blayney teilt die Bearbeitung der Bögen A–G und H–K zwei unterschiedlichen Arbeitsphasen zu, die durch eine einwöchige Weihnachtspause getrennt sind. Bei dem Arbeitsabschnitt nach Weihnachten scheinen ein zweiter Setzer und eine zweite Presse hinzugezogen worden zu sein.

Orthographische Korrekturen stellen die Lesungen *deere* (Qa) : *deer* (Qb, 3v23), *selfe* (Qa) : *self* (Qb, 4r7) und *horid* (Qa) : *horrid* (Qb, 4r18) dar. Bei *Whil's* (Qa) : *Whil'st* (Qb, 4r15) mag der Setzer vergessen haben, das *-t* in den Winkel-haken einzufügen. Qb könnte jedoch auch eine Modernisierung der Manu-skriptlesung *Whil's* gewesen sein, wie Greg vorschlägt: „Possibly a mere sophisti-cation of the copy-spelling preserved in A."[196] Die Korrektur von *it* (Qa) zu *ith* (Qb, 3v29) ist auf Grundlage sprachgeschichtlicher Kriterien nicht plausibel er-klärbar, da die semantisch korrekte Form in Qa durch die eigentlich fehlerhafte Form *ith* korrigiert wird. Wie Greg anführt, sollte möglicherweise die ältere Form des Possesivums *it* durch die modernere Form *its* ersetzt werden.[197] Die Form *ith* ginge dann auf eine falsch ausgeführte Korrektur einer vom Preßkorrektor in-tendierten Modernisierung zurück. Fehler beim Korrekturvorgang stellen der fehlende Wortzwischenraum bei *know'st fools,do* (Qa) zu *know'st, foolsdo* (Qb, 4r11) und die Auslassung bei *rogish madnes* (Qa) : *madnes* (Qb, 2r24) dar.

Ähnlich wie die äußere Form des Bogens G weist auch die innere Form des Bogens H zahlreiche Druckfehler auf, die bei der Preßkorrektur korrigiert wur-den. Dazu zählen die Varianten

---

[196] Ebd. S. 174
[197] Vgl. ebd., S. 172f.

	Qa	Qb
1v15	aurynted	annoynted
1v16	of his lou'd	on his lowd
1v18	steeled	stelled
2r35	poorlie,leed	parti,eyd
3v18	coward, weare this spare	command, waere this,spare
3v23	thee womans	thee a womans
4r4	beniflicted	benifited
4r7	Humanly	Humanity
4r13	noystles	noyseles
4r37	your	you

Wie bei *layd* (Qa) : *bod* (1v17, Qb) und *slayer begins threats* (Qa) : *state begins threat* (4r14, Qb) stellt der korrigierte Textzustand jedoch nicht immer eine sinnvolle Lesung dar. Die sinnlosen Varianten in Qb könnten entweder auf fälschlich aus- geführte Korrekturen von Lesungen wie *boyd* und *slyer biggin threats* (*conj.* Stone) / *flaxen begin threats* (*conj.* Taylor),[198] oder auf Konjekturen des Korrektors zurückgehen.[199] Wurde bei der inneren Form des Bogens H, wie Blayney annimmt, tatsächlich nach Vorlage korrigiert, so lassen sich die fehler- haften Korrekturen nur durch ein unleserliches Manuskript erklären.[200]

Daß die Vorlage bei der Korrektur hinzugezogen wurde, kann auch aufgrund der Substitutionen sinntragender Qa-Lesungen vermutet werden: So wurde im Zuge der Preßkorrektur *seemes* (Qa, 4r17) durch Qb *shewes* substituiert, obwohl gemäß OED *seemes* auch im Sinne von ‚appear‘ interpretiert und somit im Kontext als sinnvoll bewertet werden kann.[201] Weitere Substitutionen sinnvoller Qa-Varianten stellen *now--* (Qa) : *mew--* (Qb, 4r26), *whistle* (Qa): *whistling* (Qb, 3v26), *the* (Qa) : *this* (Qb, 4r6) und *My foote vsurps my body* : *A foole vsurps my bed* (Qb, 3v24) dar. Ebenso wie bei den zuvor diskutierten Substitutionen kann allerdings auch hier nicht nachgewiesen werden, ob die Korrekturen tatsächlich die ursprünglichen Manu- skriptlesungen repräsentieren oder ob es sich zum Teil um Konjekturen des Korrektors handelt.

---

[198] Eine ausführliche Diskussion der Textstelle liegt vor bei Stone, The Textual History, S. 184; Taylor/Warren, The Division of The Kingdoms, S. 488; Greg, The Variants in the First Quarto, S. 174.

[199] Nach Greg können *state* und *begins* als Korrekturen gewertet werden, *thereat* sei jedoch nicht auf eine Korrektur einer Manuskriptlesung *threat* zurückführbar (vgl. Greg, The Variants in the First Quarto, S. 174).

[200] Vgl. Blayney, The Texts of King Lear, S. 597.

[201] Vgl. OED, *v2* (II.), und Greg, The Variants in the First Quarto, S. 174f.

3.2.3.6.1.7 K (inner / outer)

Bei Bogen K sind sowohl die innere als auch die äußere Form variant. Ähnlich wie bei der inneren Form des Bogens H könnte bei der Preßkorrektur das Manuskript zumindest stellenweise herangezogen worden sein. Die innere Form des Bogens K zählt Blayney zu den Druckformen, die einem zweiten Korrekturgang unterzogen wurden.

Druckfehler in den substantiellen Textbestandteilen werden korrigiert bei den Lesungen

	Qa	**Qb**
K(inner)4rcw	And	One
K(outer)1r1	bornet and beniz	bounty and the benizon
K(outer)1r16f.	coster or my bat- / tero be	costerd or my bat / be
K(outer)4v1	And	One
K(outer)4v22	saue	send
K(outer)4v24	coren bossom	common bossome
K(outer)4v29	mee	wee

Nach buchkundlichen Kriterien wurden die Qb-Lesungen durchweg als Manuskriptlesungen der Qa-Fehler eingestuft.[202] Die Qb-Lesung *bat* wurde dabei auf eine falsch ausgeführte Korrektur der Manuskriptlesung *battone* zurückgeführt.[203]

Als Indiz für die Hinzuziehung des Manuskripts bei der Korrektur des Bogens wurden die Hinzufügungen *was framed* (Qa) : *was first framed* (Qb, 1r4), *some retention* (Qa) : *some retention, and ap- /pointed guard* (Qb, 4v22f.) und die Substitution *saue thee* (Qa) : *to boot, to boot* (Qb, 1r2) gewertet, die weder syntaktisch noch semantisch erforderlich wären. Problematisch für die Beurteilung der Preßkorrektur *and appointed guard* ist, daß diese nur in Qb und Q2 vorliegt, nicht jedoch in Qa und F. Um die Autorität der Phrase für die Fassungseditionen von Q und F bestimmen zu können, wurde anhand von Vermutungen über den Druckprozeß ihr Fehlen in den dokumentarischen Textträgern von Qa und F zu erklären versucht. Übereinstimmung bestand sowohl bei Vertretern der *single text theory* als auch der Revisionsthese darin, daß die Phrase die Manuskriptlesart repräsentieren müsse und nicht auf eine Erfindung des Korrekturlesers zurückgehen könne („he does not do that sort of thing").[204] Greg als Verfechter des konflationierten Editionstextes, der Q2 beim Druckprozeß von F keinerlei Bedeutung zugesteht, zieht die Übereinstimmung von Qa und F zur Verifikation

---

[202] Vgl. Blayney, The Texts of King Lear, S. 597.
[203] Vgl. Greg, The Variants in the First Quarto, S. 176; TC, S. 524.
[204] Greg, The Variants in the First Quarto, S. 141.

der direkten Derivation von Q1(a) und F heran: „that in this sheet the folio editor had before him the uncorrected state of the quarto".[205] Eine andere Interpretation ergibt sich aus den Textzeugenstemmata von Oxford und Cambridge. Die Editoren der Oxford-Ausgabe führen die Auslassung der Phrase in Qa auf einen Setzerfehler zurück. Da dann hinsichtlich F durch Setzeridentifikation bewiesen sei, daß zu diesem Zeitpunkt Q2 als Referenzvorlage für den Foliodruck diente, könne das Fehlen der Phrase in F nur dadurch erklärt werden, daß sie vom Foliokollator in Q2 gestrichen wurde. Als Grund wurde angegeben, daß der Folio-Kollator die korrigierte Lesung nicht in seinem Manuskript gefunden habe, das auf dem revidierten, unkorrigierten Textzustand von Q1 basierte. Das Fehlen der Phrase in dem bei der Kollation vorliegenden Manuskript sei wiederum darauf zurückzuführen, daß Shakespeare in einem Exemplar von Qa revidiert und dort das Fehlen der Phrase nicht bemerkt haben muß.[206] Gemäß ihrer These edieren die Herausgeber der Oxford-Ausgabe die Qb-Variante sowohl in der Quarto- als auch der Foliofassung.[207]

Im Gegensatz dazu steht die Interpretation der Variantenchronologie durch die Cambridge-Ausgabe, die für das Fehlen in Q und F jeweils eine versehentliche Auslassung als Fehlerquelle ansetzt. Halio nimmt an, daß die Phrase in ein Bühnenmanuskript eingefügt worden sei, das seiner Meinung nach als Druckvorlage für den Foliotext diente. Er geht weiter davon aus, daß die als Einfügung gekennzeichnete Phrase unterstrichen war. Da für Streichungen und Unterstreichungen jedoch das gleiche Zeichen verwendet wurde, sei die Unterstreichung vom Foliosetzer als Streichung gedeutet worden.[208] Auch Halio ediert die Qb-Variante sowohl in der Quarto- als auch in der Foliofassung.[209] Wenngleich die Bewertung der Textstelle durch die Editoren der Oxford- und den Editor der Cambridge-Ausgabe bei der Textkonstitution zu demselben Ergebnis führt, beruht sie doch auf einer spekulativen Einschätzung des Überlieferungszusammenhangs. Dabei stellt sich die Frage, ob die subjektiven Mutmaßungen über die stemmatischen Relationen eine hinreichende Entscheidungsgrundlage für das editorische Vorgehen in der Quarto- und der Foliofassung darstellen können. Nicht zu belegen ist letztlich, daß die Qb-Variante nicht doch der Phantasie des Korrektors entsprang, wie bei zahlreichen anderen Textstellen anzunehmen ist. Da die Phrase nicht notwendigerweise im Manuskript gestanden haben muß, mag der unkorrigierte Textzustand die für Q intendierte Fassungslesung enthalten.

---

[205] Ebd., S. 178.

[206] Vgl. Taylor, King Lear, S. 359.

[207] Vgl. Oxfq, 24.45f.; Oxff, 5.3.45; TC, S. 529.

[208] Vgl. CBf, S. 67, Anm. 3.; CBq, S. 136. Vgl. auch Howard-Hill, Q1 and the Copy for Folio *Lear*, und ders.: The Challenge of *King Lear*. In: The Library 6th Ser. 7, 1985, S. 161–179, bes. S. 172.

[209] Vgl. CBq, 5.3.47f.; CBf, 5.3.46.

Neben der Korrektur unsinniger Lesungen und scheinbarer Auslassungen treten auf Bogen K wiederum Substitutionen von semantisch validierbaren Qa-Lesungen wie *sharpes* : *sharpnes* (Qb, 4v31) und Qa *abdication* : *alteration* (Qb, 3r5) auf.[210] Des weiteren wurden Interpunktion und Orthographie korrigiert. Wie bereits Greg darlegt, sind bezüglich der Interpunktion nur die Einfügungen der Kommata nach *more* (4v23) und nach *well* (4v16) syntaktisch notwendig. Angesichts der insgesamt spärlichen Interpunktion des Quartodruckes stellen die in Qb eingefügten Kommata nach *out* (1r16, 1r23), *you* (1r28), *of* (1r29) und *minds* (1r32) zwar eine Textverbesserung, aber keine grammatikalische Notwendigkeit dar.[211] Bei der Einfügung der Kommata in 1r28–32 und 4v16 wurde zudem jeweils das Leerzeichen entfernt, so daß der Wortabstand aufgehoben ist.

In Korrespondenz mit den Korrekturen der Orthographie auf den vorhergehenden Bögen werden auch auf Bogen K ungebräuchliche durch gängigere oder modernere Formen substituiert. Wieder können die Eingriffe bei *British* (Qa) : *Brittish* (Qb, 1r24), *fortnight* (Qa) : *vortnight* (Qb, 1r15), *gayle* (Qa) : *iayle* (Qb, 1r37), *vew* (Qa) : *view* (Qb, K[i]3v16), *bossom* (Qa) : *bossome* (Qb, 4v24) auf das Gutdünken des Korrektors zurückgeführt werden, ebenso wie die Einfügung der Bühnenanweisung *A letter* (Qb, 1r33).[212] Neben den bereits genannten treten zudem Korrekturen typographischer Fehler wie *Ou* (Qa) : *Our* (Qb, 3r23), *him nd* (Qa) : *him and* (Qb, 3r22) und die aus den Einfügungen hervorgehenden Folgekorrekturen *vnhappy tray-* / *tor* (Qa) : *vnhappy* / *traytor* (Qb, 1r4f.); *must de-* / *stroy* (Qa) : *must* / *destroy* (Qb, 1r5f.) auf der äußeren Druckform auf.

3.2.3.6.1.8 Klassifikation

Wie aus der Analyse der Preßkorrekturen in der Quartoausgabe hervorgeht, werden auf fast allen Bögen sowohl Druckfehler korrigiert als auch semantisch validierbare Lesungen substituiert. Die Beurteilung der Manuskriptnähe der Korrekturen wird dadurch erschwert, daß innerhalb der Bögen keine eindeutigen Tendenzen hinsichtlich des Korrekturverfahrens erkennbar sind. Während beispielsweise bei Bogen E die orthographischen Korrekturen und die Eingriffe bei substantiellen Druckfehlern vermuten lassen, daß das Manuskript nicht herangezogen wurde, weisen die auf dem gleichen Bogen befindlichen Substitutionen wie *The fierie* : *Fierie* und *the daughter* : *his daughter* auf einen Vergleich mit dem Manuskript hin. Daß die buchkundliche Erklärung der Varianten von den jeweiligen editorischen Vorentscheidungen über die stemmatischen Relationen der

---

[210] Vgl. auch Greg, The Variants in the First Quarto, S. 178f., und Stone, The Textual History, S. 226.

[211] Vgl. Greg, The Variants in the First Quarto, S. 176–178.

[212] Vgl. ebd., S. 175–178.

Drucke abhängig und aus der Überlieferung faktisch nicht zu belegen ist, zeigt sich nicht zuletzt bei Textstellen wie *speake, come and tends seruise,* (Qa) und *and appointed guard* (Qb), deren Herkunft mit divergierenden, von Zufallsphänomenen abhängigen Erklärungsmustern begründet wurde. Auch bei einer Gesamtbetrachtung der Korrekturen auf den einzelnen Bögen kann also mit Hilfe buchkundlicher Kriterien nicht festgelegt werden, inwieweit die Varianten eines Bogens grundsätzlich authentische Vorlagenlesungen reflektieren. Daß die Substitution sinnvoller Lesungen in Qa durch einen Vergleich mit der Vorlage motiviert war, erscheint, wie Blayney im Hinblick auf die Ersetzung von *raging* durch *roring sea* argumentiert, plausibel: „The uncorrected reading is so perfectly apt in context that nobody emending by guesswork would have had any reason for suspecting an error – and much the same is true of the correction of ‚the‘ to ‚this‘ two lines later.“[213] Da der buchkundliche Befund aber faktisch nicht verifiziert werden kann, könnten die Preßkorrekturen auch auf stilistische Vorlieben des Korrektors zurückgehen. Selbst wenn die Korrektur semantisch sinnvoller Lesungen wie *raging* auf eine Korrektur nach Vorlage schließen läßt, kann aufgrund der defizitären Überlieferung nicht mehr nachgewiesen werden, ob Qb immer die ursprünglichen Manuskriptlesungen wiederherstellt. Daß der Preßkorrektor konjizierte, wird, wie bei den Korrekturen *Turlygod* (Qb, 3r33) und *fliberdegibek* (Qb, 2v7), an mehreren Textstellen deutlich. In welchem Umfang jedoch mit Konjekturen gerechnet werden muß, läßt sich anhand des Überlieferungsbefunds nicht mehr eindeutig erschließen.

Wie bei der fassungsdifferenzierenden Varianz ist also bei der fassungsinternen Varianz eine Textkonstitution nach buchkundlichen Kriterien unter einem autorzentrierten Ansatz zwar möglich, aufgrund der Relativität des überlieferungsgeschichtlichen Befunds für eine historisch orientierte Fassungsedition aber zurückzuweisen. Eine am Überlieferungsmaterial ausgerichtete Textkonstitution kann nur dann konsequent durchgeführt werden, wenn editorische Entscheidungen nicht auf die Ermittlung vermeintlich authentischer Vorlagenlesungen, sondern auf die textimmanente Struktur des historisch überlieferten Materials gestützt werden. In der im Rahmen dieser Arbeit anvisierten Edition werden daher auch bei der Behandlung der Preßkorrekturen die historisch orientierten Parameter des Fassungsvarianten- und Textfehlerbegriffs angewandt. Unabhängig von der buchkundlichen Vermutung über Authentizität und Manuskriptnähe einer Preßkorrektur werden somit sinnvolle Lesungen des unkorrigierten Textzustands als Fassungsvarianten klassifiziert und im edierten Text beibehalten. Druckfehler in den substantiellen Textbestandteilen, Typographie und der Akzidenz der Fassungen werden hingegen der Kategorie *Textfehler* zugeordnet und emendiert. Eine Notwendigkeit zur editorischen Intervention besteht

---

[213] Blayney, The Texts of King Lear, S. 248.

also nur dann, wenn sich der unkorrigierte Textzustand aus hermeneutischer Perspektive als fehlerhaft erweist.

Die Anwendung dieses Grundsatzes gestaltet sich jedoch problematisch, wenn Wörter oder Phrasen wie *and appointed guard* nur im korrigierten Textzustand auftreten und der unkorrigierte Textzustand aus semantischer Perspektive keinen Textfehler indiziert. Kann letztlich, wie bei dem angeführten Beispiel, aufgrund der defizitären Überlieferung hermeneutisch nicht bestimmt werden, ob eine Fassungsvariante oder ein Textfehler in Qa vorliegt, stellen buchkundliche Kriterien ein wertvolles Instrument zur Evaluation des Befunds dar. Da allerdings auch mit Hilfe analytischer Parameter nicht belegt werden kann, ob die Preßkorrekturen als Fassungslesungen zu werten sind, können sie auch hier nicht als hinreichende Entscheidungsgrundlage für die Textkonstitution gelten. Die Konstituierung des Fassungstextes orientiert sich daher auch bei möglichen Auslassungen wiederum am unkorrigierten Textzustand. Unter dem in dieser Edition anvisierten *diskursiven* Textbegriff, der später erläutert wird, wird jedoch die Validität der gewählten Fassungslesung im edierten Text zur Diskussion gestellt.

3.2.3.6.2 Preßkorrekturen F1

Im Gegensatz zur Quartofassung werden wie etwa bei den nachfolgend aufgeführten Lesungen in der Foliofassung vorwiegend offensichtliche Druckfehler in Substanz und Akzidenz korrigiert:

	Fa	Fb
qq2v, a6	speec ah	speech a
qq6r, a47	csme	came
rr1r, b52	giue	giues
rr2r, a14	hot-blooded	hot-bloodied
rr2r, a32	wheu	when
rr2r, b9	Nattue	Nature
rr3r, b4	lie, slet	lies, let
rr3r, b24	Fathomand	Fathom and
ss1r, b16	yours	your

Der korrigierte Textzustand enthält somit hauptsächlich Korrekturen von Textfehlern und kann in der überwiegenden Zahl der Fälle als korrekte Lesung des Foliotextes akzeptiert werden. Doch auch bei der Foliofassung ist die Validität des korrigierten Textzustands wie bei der Substitution *sentence* (Fa) : *sentences* (Fb, qq2v, b24) gelegentlich in Frage zu stellen. Nach der Einschätzung Hinmans geht Fb auf eine falsch ausgeführte Korrektur einer an sich korrekten Lesung zurück.[214] Grund für die Korrektur könnte gewesen sein, daß der für diese Passage verantwortliche Setzer E die Streichung des Kommas (‚dele‘) als Einfügung eines ‚s‘ interpretierte. Statt also ein Komma zu entfernen, korrigierte er den Numerus. Da Jaggard mehr an der visuellen Präsentation der Folioausgabe als der Korrektheit des Textes interessiert war, stellen falsch ausgeführte Korrekturen im Rahmen des Foliodrucks keine Seltenheit dar.[215] Die Behandlung der Preßkorrekturen in der Foliofassung folgt daher wie in der Quartofassung den Prämissen des Textfehler- und Variantenbegriffs: Kann eine Lesung in Fa als sinnvoll klassifiziert werden, wird sie in den edierten Fassungstext übernommen. Ein Textfehler liegt hingegen vor, wenn die Fa-Lesung semantisch nicht validiert werden kann.

3.2.4 Emendationsverfahren

3.2.4.1 Konjektur

Die Klassifikation von Varianz unter Berücksichtigung der hier vorgestellten Begrifflichkeiten führt nun zu der Frage, wie mit der Kategorie *Textfehler* in einer historisch orientierten und zugleich kritischen Fassungsedition zu verfahren ist. Abhängig von dem jeweils angesetzten Autor- und Textmodell lassen sich für das Emendationsverfahren bei der Edition der *Lear*-Fassungen grundsätzlich zwei Positionen unterscheiden.

Anhänger einer sozio-historischen und auf die Materialität der Texte fokussierten Editionstheorie wenden sich gegen jegliche Art editorischer Eingriffe. Da der *Text* Shakespeares mit der in den Überlieferungsträgern befindlichen Niederschrift gleichgesetzt wird, sollen in der Edition die authentisch überlieferten Materialien („authentic material objects")[216] repräsentiert werden. Dieser Ansatz wird von den Editoren der Reihe *Shakespearean Originals* verfolgt, die aufgrund ihrer editionstheoretischen Ausrichtung eine Emendation grundsätzlich für nicht gerechtfertigt halten: „It seems to us that there is in fact no philosophical justification for emendation, which foregrounds the editor at the expense of the text."[217] In Holderness' *King Lear*-Edition etwa wird daher jegliche Art der „editorial speculation"[218] in die Anmerkungen zum Text relegiert.

Dem dokumentarischen steht ein kritisches Editionsverständnis gegenüber, das mit Hilfe emendatorischer Verfahren einen von Fehlern bereinigten Lesetext herzustellen sucht. So wird gerade bei defizitär überlieferten Renaissance-Texten

---

[214] Vgl. Hinman, Printing I, S. 304–306.
[215] Vgl. ebd., S. 235–239 und CBf, S. 63.
[216] Holderness (Hrsg.), King Lear, S. 8.
[217] Ebd., S. 9.
[218] Ebd., S. 8.

die Bereinigung von Textverderbnis als eine der wichtigsten Aufgaben des Editors erachtet, da nur durch die kritische Emendation die Qualität des überlieferten Textes vermittelt werden könne:

> What above all I am urging is the view that the current state of editing is one in which there is some risk of loss of editorial responsibility and alertness, such as is almost bound to arise in the frequent situation where the job does indeed involve mainly the reproduction, literatim and punctuatim, of the text of one early witness. Although this is in itself a more demanding assignment than might be supposed by those who have not attempted it, it can never be assumed that an unthinking conservatism is the right editorial position, nor even a particularly safe one. It may be preferable to uncontrolled eclecticism […], but it falls short of paying the authors of the plays the compliment of assuming that they knew their own language and their chosen profession and of taking their plays seriously enough to verify that these are cleansed of whatever reason can identify as most likely not to represent what they wrote.[219]

Während in buchkundlich ausgerichteten Editionen durch die Emendation von Textverderbnis der *ideale Autortext* rekonstruiert werden soll, wird in fassungsbezogenen Editionen wie der Oxford-Ausgabe die Emendation als notwendiges Mittel zur Bereinigung der überlieferungsbedingten Defizienz des materiellen Überlieferungsträgers betrachtet:

> Emendation does not seek to construct an ideal text, but rather to restore certain features of a lost material object (that manuscript) by correcting certain apparent deficiencies in a second material object (this printed text) which purports to be a copy of the first. Most readers will find this procedure reasonable enough.[220]

Die Anwendung emendatorischer Verfahren in einer kritischen Fassungsedition von *King Lear* setzt allerdings eine differenzierte Abgrenzung der Kategorien *Revision* und *Korrektur* voraus, deren Definition sich aus gänzlich unterschiedlichen Relationen von Text und Dokument ableitet. Wird gemäß der *theory of revision* die Folio als Revision der Quartofassung von *King Lear* eingestuft, ist für die Drucke ein deszendierendes Überlieferungsverhältnis anzusetzen, bei dem der Text einer Fassung durch jeweils *einen* Druckzeugen repräsentiert wird. Diese eins zu eins Relation von Text und Überlieferungszeuge ist bei Shakespeare durchaus kein Einzelfall und liegt als allgemeine Überlieferungssituation einer Reihe von Stücken zugrunde, die bereits Greg unter einer eigenen Kategorie (*Class 1*)

---

[219] Richard Proudfoot: Dramatic Manuscripts and the Editor. In: Anne Lancashire (Hrsg.): Editing Renaissance Dramatic Texts English, Italian, and Spanish. Papers Given at the Eleventh Annual Conference on Editorial Problems, University of Toronto, 31. Okt. bis 1. Nov. 1975. New York 1976, S. 9–38, hier S. 35. Vgl. auch Stanley Wells: Re-editing Shakespeare for the Modern Reader. Based on Lectures Given at the Folger Library, Washington, DC. Oxford 1984 (= Oxford Shakespeare Studies), S. 33–56.

[220] TC, S. 60; vgl. auch Holderness (Hrsg.), King Lear, S. 8.

faßte.[221] Da bei einer Tradierung „in which we have but a single text of each play"[222] im Gegensatz zu einem kollateralen Überlieferungsverhältnis kein Zeugenvergleich möglich ist, können Textfehler allein durch Konjekturen behoben werden: „Class 1 [...] is the least interesting from our present point of view, for the textual data impose the minimum of restriction on conjecture."[223] Wie aber die Analyse des emendatorischen Verfahrens in den hier betrachteten *Lear*-Fassungseditionen zeigt, wurde von den Vertretern der Revisionsthese die Relation von Text und Dokument für die Emendation nicht hinreichend reflektiert und der Konjektur gegenüber dem Rückgriff auf die Überlieferung ein untergeordneter Stellenwert zugewiesen: „one must still decide, whether to accept F's reading, or to adopt an editorial conjecture. Acceptance of F is always easier and in one respect safer".[224] Da bei kritisch erkannter Fassungsvarianz der Rückgriff auf die Überlieferung aber weder der Relation von Text und Dokument noch der Prämisse der Fassungstrennung Rechnung trägt, ist ausgehend von einem historisch orientierten Fassungsbegriff bei *King Lear* die Emendation durch Konjektur gegenüber dem Rückgriff auf die Überlieferung aufzuwerten. Für die Behebung von Textfehlern bei Revision gilt somit als oberstes Prinzip, daß wie bei der Quartolesung *accent* (Q, 699; *cadent* F, 799), die Fassungslesung auf Grundlage des Kontextes zu konjizieren ist. Bisher wurde die als Fehler erkannte Quartolesung *accent* in Fassungseditionen nach F emendiert, wenngleich zur Erschließung der Fassungslesart bereits mehrere Konjekturen diskutiert wurden. So nimmt Stone bei *accent* einen Setzerfehler der von ihm konjizierten Manuskriptlesart *accens'd* in der Bedeutung ‚enraged, exasperated' an. Auch Blayney versucht anhand des Q-Kontextes die Manuskriptlesart zu erschließen und konjiziert *aident, ident* in der Bedeutung ‚persistent, continual'.[225] Oxford gibt an, daß bereits die Kategorisierung des Textfehlers ein Problem darstelle: „It is difficult to explain Q's error, except as a misreading of the manuscript [...]."[226] Als Manuskriptlesart wird dann die anonyme Konjektur *ardent* vorgeschlagen, die eine Verlesung von zwei anstatt der von Duthie vorgeschlagenen drei Buchstaben ansetzt.[227] Obwohl Taylor bereits durch seinen Konjekturvorschlag eine von F unabhängige Text-

---

[221] W.W. Greg: Principles of Emendation in Shakespeare. London 1928 (= The Annual Shakespeare Lecture of the British Academy), S. 8ff. Gregs Zuordnung der Shakespeare-Stücke in die Kategorien eins bis vier ist heute überholt. Für eine dem Stand der Forschung entsprechende Kategorisierung der Überlieferungssituation vgl. u.a. Gabler, Der Text, S. 204–208, und TC, S. 109–134.

[222] Greg, Principles of Emendation in Shakespeare, S. 8.

[223] Ebd.

[224] TC, S. 510.

[225] Vgl. CBq, S. 131.

[226] Ebd.

[227] TC, S. 512.

konstitution in Betracht zieht, emendiert er nach F *cadent*. Analog zu Oxford ediert auch Cambridge in Rückgriff auf die Foliolesung: „Taylor [...] finds none of the proposed readings preferable to F's cadent [...]; nor do I."[228] Abgesehen davon, daß eine Emendation die Prämisse der Fassungstrennung bricht, stellt gerade die Foliolesung *cadent* unter buchkundlichen wie stilistischen Aspekten keine plausibel begründbare Fassungslesung für Q dar.[229] Aus Sicht des Kontextes ist *cadent* in der Bedeutung ‚falling‘[230] als neutrale Vorgangsbeschreibung zu werten und kontrastiert auf stilistischer Ebene mit der emotionalen Bildersprache in Lears Rede. Da *fret* im OED als eine Art langsame Zerstörung, „slow and gradual destruction, as frost, rust, disease, chemical corrosives, friction, waves",[231] angegeben ist, welche durch unterschiedliche Substanzen, unter anderem auch durch chemische Zersetzung, hervorgerufen werden kann, wird für *teares* ein Modifikator benötigt, durch den das Bild von ‚Tränen, die sich in die Wangen eingraben‘ verstärkt und erhalten werden kann. Als Konjektur denkbar wäre auch *acid*, dessen chemische Eigenschaft ‚belonging to a class of which the commonest and most typical members are sour, and have the property of neutralizing alkalis, and of changing vegetable blues to red‘ auch in übertragenem Sinne gebraucht werden kann: ‚in his acid manner‘, ‚an acid expression of countenance‘.[232] *Acid*, das bei der Diskussion der Textstelle bisher noch nicht berücksichtigt wurde, kollokiert nicht nur mit *teares*, sondern auch mit *fret* und evoziert somit das ausdrucksstarke Bild von ‚säureätzenden Tränen, die sich in die Wangen eingraben‘, welches dem Kontext von Lears Rede besser gerecht wird als das rein deskriptive *cadent*.[233] Ein weiterer Vorschlag für eine Konjektur der Fassungslesung wäre das Adjektiv *current*.[234] *Current* ist im OED bereits seit dem 13. Jahrhundert in der Bedeutung ‚running, flowing‘ belegt und auch in

---

[228] CBq, S. 131.

[229] Eine zufällige Verlesung von drei Buchstaben bei *cadent* wurde von Stone, Blayney und implizit auch durch den Konjekturvorschlag Oxfords („Ardent [...] would seem a more plausible emendation [...] it does suppose only two misread letters rather than three"; TC, S. 512) zurückgewiesen.

[230] OED, *a.* (II.).

[231] OED, *v*¹. (IV.).

[232] OED, *a.* (I.).

[233] Daß *acid* im überlieferten Werk Shakespeares nicht belegt ist, spricht nicht notwendigerweise gegen die Konjektur, da Shakespeares Werk zahlreiche *hapax legomena* aufweist. Auch die späte Verzeichnung der chemischen Konnotation im OED – im frühen 17. Jahrhundert scheint *acid* vor allem in der Bedeutung ‚sour‘ gebraucht worden zu sein – ist kein hinreichendes Ausschlußkriterium für die Akzeptanz des Adjektivs als Konjektur, da wie Schäfers Analyse der Datierungsverfahren zeigt, der schriftliche Beleg einer Bedeutung im OED keine definitive Auskunft über den Zeitraum der mündlichen Verwendung gibt. Siehe Schäfer, Documentation in the O.E.D.

[234] Diesen Hinweis verdanke ich Prof. em. Richard Proudfoot, *King's College London*.

anderen Stücken des Shakespeare-Kanons verzeichnet.[235] Das Adjektiv bietet nicht nur eine passende Modifikation von *teares*, sondern könnte auch als *accent* verlesen worden sein. Zur Besetzung der Textstelle gibt es also mehrere Möglichkeiten, die gleichermaßen als Fassungslesungen für Q in Frage kommen.

Wird im Rahmen dieses Editionsmodells eine Emendation der Fassungslesung durch Konjektur priorisiert, ist dies keineswegs als Rückkehr zur „Intuitionsphilologie"[236] des 18. und 19. Jahrhunderts mißzuverstehen, bei der eklektisch eine definitive Fassungslesart bestimmt wird. Vielmehr wird die Konjektur als ein geeignetes Instrument betrachtet, um unabhängig von der anderen Fassung eine Annäherung an eine mögliche Fassungslesung zu erreichen, wenn die dem Textfehler zugrunde liegende Manuskriptlesart nicht mehr eindeutig erschlossen werden kann. Aufgabe des Editors ist es daher, dem Leser die unterschiedlichen Konjekturen zu erläutern und als Variablen für die Besetzung der Textstelle zu hierarchisieren.

3.2.4.2 Rückgriff auf die Überlieferung

Auch wenn die Divergenzen der Drucke unter Anwendung der *theory of revision* grundsätzlich als Resultat von Revision zu werten sind, kann aufgrund der stemmatischen Relationen der Zeugen nicht ausgeschlossen werden, daß sich die Fassungen stellenweise „korrigieren". Der *Korrektur* liegt jedoch ein anderes Verhältnis von Dokument und Fassungstext zugrunde als der *Revision*. Während bei der Revision die Fassungen als eigenständige, divergente Texte betrachtet werden, wird bei einer gegenseitigen *Korrektur* vorausgesetzt, daß in beiden Fassungen ein *gemeinsamer* Text vorliegt. Bedingt durch Fehler im Druckprozeß und der Überlieferung wird der ursprünglich identische Text durch unterschiedliche Lesarten in Quarto- und Foliodruck bezeugt. Die Relation von Dokument und Fassungstext gestaltet sich somit ähnlich wie bei der *single-text-theory*, nach der die Varianz der Drucke auf Textverderbnis zurückgeführt und die Zeugen als *collateral substantive texts* betrachtet wurden.[237] Die aus dieser Annahme resultierende eklektische Konflation ist als „[t]he worst kind of emendation"[238] einzustufen, da sie aus den unterschiedlichen Textstufen ein editorisches Konstrukt erstellt, das keinerlei Autorität besitzt. Um eine eklektische und durch Zeugenvergleich motivierte Annahme einer gegenseitigen Korrektur der Fassungen zu vermeiden, geht einer Emendation in der hier anvisierten Fassungsedition die

---

[235] Vgl. OED, *a.* (1.a), und Charles T. Onions: A Shakespeare Glossary. Enlarged and Revised throughout by Robert D. Eagleson. Oxford ³1986, S. 65.
[236] Zeller, Befund und Deutung, S. 55.
[237] Vgl. Muir (Hrsg.), King Lear, S. xvii.
[238] Holderness (Hrsg.), King Lear, S. 9.

kritische Ermittlung von Textverderbnis nach den Prinzipien des Textfehlerbegriffs voraus. Ist nach Ermittlung eines Textfehlers anzunehmen, daß der andere Zeuge eine als korrekt erkannte Fassungslesung enthält, kann wie bei den Varianten *man* (Q, 137) : *mad* (F, 155) und *well* (Q, 479) : *will* (F, 531) auf die Vergleichslesart der anderen Fassung zurückgegriffen werden. Während bei *well* : *will* (*If but as will I other accents borrow,* F : *If but as well I other accents borrow,* Q) von einem Druckfehler beim Satz von F auszugehen ist, scheint Q's *man* eine Verlesung von *mad* darzustellen. Für beide Textstellen ist ein Zeugenvergleich bei der Emendation also durchaus angezeigt. Da aufgrund der defizitären Überlieferungssituation die Manuskriptlesungen aber nicht mehr eindeutig erschließbar sind, kann die gegenseitige Korrektur der Zeugen nur angenommen, nicht aber faktisch verifiziert werden.

Die Anwendung des Terminus *Korrektur* greift jedoch nicht, wenn die Foliolesung eine aus der Textintention abgeleitete Überarbeitung eines Quartofehlers darstellt. Wie die lexikalischen und syntaktischen Unterschiede der Fassungen bei der Varianz *a stale dull lyed bed,* (Q, 312) : *a dull stale tyred bed* (F, 347) indizieren, scheint bei der Textstelle zunächst *lyed* zu *tyred* revidiert worden zu sein. Der Eingriff auf lexikalischer Ebene zog dann eine Folgekorrektur nach sich, bei der aus Gründen der Emphase die Adjektivfolge geändert wurde.[239] Auch bei *throwne to thy chance,* (Q, 252) : *throwne to my chance,* (F, 281) und *may know* (Q, 222): *make knowne* (F, 248) scheint die Foliolesung eine Reaktion auf den Quartotext darzustellen, die nicht in Erinnerung an das Manuskript von Q vorgenommen wurde.[240] Wird aus buchkundlicher Sicht ein Druckfehler vermutet, muß dieser nicht – wie bisher angenommen – notwendigerweise bei dem jeweils varianten Wort anzusetzen sein. Obwohl bei *throwne to thy chance,* wie ein Vergleich mit F naheliegt, der Überlieferungsfehler in dem Pronomen *thy* zu liegen scheint, wäre auch eine Verlesung der Präposition denkbar. So könnte die Manuskriptlesung für Q beispielsweise *throwne by thy chance* gelautet haben. Die Überarbeitung der Quartolesung von Q *thy* zu F *my* stellt dann nicht die für Q intendierte Manuskriptlesart her, sondern revidiert auf Grundlage des Quartotextes.

Eine unauthentische Sinnplausibilisierung käme bei der Überarbeitung der Quartolesung *may know* in Betracht. Wird ein Druckfehler entgegen der Editionstradition nicht beim Verbum *may*, sondern bei dem vorangehenden Pronomen *you* angesetzt, könnte die Manuskriptlesung für Q *he [France] may know*

---

239 Vgl. Stone, The Textual History, S. 51f.

240 Für die hier anvisierte Edition werden in beiden Fällen die Quartolesungen bei der Textkonstitution als Fassungsvarianten eingestuft, da nach den vorgestellten Prinzipien keine hinreichenden Kriterien für die Annahme von Textfehlern vorliegen.

geheißen haben.[241] Konfrontiert mit Q's *you may know* mag ein Redaktor eine Sinnverbesserung für die Foliofassung mit Hilfe der Konjektur *make known* angestrebt haben.

Auch wenn also bei den zuletzt genannten Beispielen auf den ersten Blick ein identischer Text vorzuliegen scheint, erweist sich bei genauerer Betrachtung die Foliovariante als *Revision* der Quartolesung. Gemäß den für die allgemeine Überlieferungssituation der Revision festgelegten Prinzipien ist bei diesen Textstellen somit nicht durch Rückgriff auf F, sondern durch Konjektur zu emendieren.

3.2.4.3 Fassungsrestitution

Im Gegensatz zur Emendation bei fassungsdifferenzierender Varianz, deren Validität nur spekulativ durch Zeugenvergleich erschließbar ist, werden durch die Preßkorrekturen Fehler innerhalb einer Textstufe berichtigt. Wie bereits bei der Analyse der Varianz auf den einzelnen Bögen dargelegt, ist vor allem beim Quartodruck die Authentizität der Preßkorrekturen teils fragwürdig, so daß bisher bei der Behebung von Textverderbnis im unkorrigierten Textzustand nur dann auf Preßkorrekturen zurückgegriffen wurde, wenn diese nach buchkundlichen Kriterien als autoritativ gelten konnten. Bei der fassungsinternen Varianz steht der zu konstituierende Fassungstext in einem ähnlichen Verhältnis zu den überlieferten Dokumenten wie bei der gegenseitigen Korrektur der Fassungen. So wird durch das Nebeneinander von unkorrigiertem und korrigiertem Textzustand jede Fassung punktuell über zwei Bezeugungen begründet, deren Divergenz als Resultat von Textverderbnis zu erklären ist. Für beide Textzustände liegt also ein eins zu zwei Verhältnis von Fassungstext zu den überlieferten Lesarten vor. Analog zu dem Verfahren bei fassungsdifferenzierender Varianz können die Preßkorrekturen folglich zunächst zur direkten Emendation eines Textfehlers im unkorrigierten Textzustand herangezogen werden. Indem bei der Fassungsrestitution Fehler durch faktisch überliefertes Material auf Fassungsebene behoben werden, ist sie einer Konjektur auf Grundlage des Fassungskontextes und einer Emendation durch Rückgriff auf die Vergleichslesart vorzuziehen. Wird sowohl der unkorrigierte als auch der korrigierte Textzustand einer Fassung als fehlerhaft bewertet, können die Preßkorrekturen ebenso zur Ermittlung einer Fassungslesart durch Konjektur verhelfen.

Da, wie die Klassifikation der Preßkorrekturen zeigt, bei dem hier vorgestellten Fassungsbegriff eine buchkundliche Bewertung der Preßkorrekturen nach ihrer Authentizität als Leitprinzip für die Textkonstitution nicht anerkannt wird, werden im Rahmen dieser Edition Textfehler auch dann durch Fassungsrestitution behoben, wenn Preßkorrekturen wie Qb's *tempestious* von buchkundlicher

---

[241] Vgl. Wells, S. 111.

Seite als Konjekturen des Lesers eingestuft und bei der Textkonstitution zurückgewiesen wurden. Die Restitution einer Fassungslesung durch eine buchkundlich
fragwürdige Preßkorrektur wie *tempestious* impliziert allerdings nicht, daß die
angebotene Variante den Anspruch erhebt, die einzig mögliche oder gar die im
Sinne des Manuskripts „korrekte" Lesung zu sein. Die Qb-Variante dokumentiert vielmehr die faktisch auf Fassungsebene überlieferte Lesart und ist als *eine*
Option zur sinnvollen Erschließung des Fassungstextes zu begreifen. Der Terminus *Fassungsrestitution* bezeichnet also nicht die definitive Wiederherstellung
einer ursprünglichen, im verlorenen Manuskript befindlichen Lesung, sondern
die Konstitution einer sinnvollen Fassungslesung mit Hilfe des innerhalb einer
Textstufe überlieferten Materials. Die buchkundliche Bewertung einer Preßkorrektur zeigt sich dabei nicht im edierten Text, sondern im textkritischen Kommentar.

3.2.5 Der diskursive Lesetext

Die Anwendung der bei der Variantenklassifikation und bei der Diskussion des
Emendationsverfahrens erstellten Grundsätze, die nicht auf die Festlegung einer
definitiven Fassungslesart, sondern auf die Darstellung editorischer Optionen
abzielen, setzt voraus, daß der Begriff des *edierten Lesetextes* einem Paradigmenwechsel unterzogen wird. Auch wenn sich der editionswissenschaftliche Diskurs
um die Revisionsthese einem pluralen Textverständnis verpflichtet sieht, wurden
bei *King Lear* weiterhin „feste" und, aufgrund ihrer formalen Präsentation „definitiv"
wirkende Fassungstexte erstellt. Gerade die Produktion eines editorisch ge-
glätteten und seiner Ambiguität beraubten linearen Lesetextes wird jedoch der
Überlieferungsproblematik der *Lear*-Fassungen nicht gerecht. Am Beispiel der
Textstelle *accent* lassen sich noch einmal summarisch die wesentlichen Probleme
verdeutlichen, die bei der Konstitution eines historisch orientierten Fassungstextes von *King Lear* auftreten: Zunächst kann bei der Quartolesung *accent*
mangels der bereits genannten linguistischen Normierung nicht eindeutig entschieden werden, ob die Lesung als Textfehler oder als Fassungsvariante einzustufen ist. Wird die Lesung als Textfehler bewertet, stehen, wie bei der Diskussion der Konjekturen bereits gezeigt, mehrere Emendationsvarianten zur
Wahl. Da die ursprüngliche Fassungslesung nicht mehr rekonstruierbar ist, kann
aber eine Hierarchisierung und Selektion der Konjekturen nur anhand subjektiver Kriterien erfolgen. Allein die Foliovariante ist unter dem Aspekt der
Fassungstrennung als Lesung für Q zurückzuweisen.[242]

---

[242] Wenngleich nach dem in dieser Arbeit eingeführten Variantenbegriff eine Textkonstitution gemäß autorzentriertem Ansatz in Frage zu stellen ist, ist unter Berücksichtigung
der Überlieferungszusammenhänge nicht definitiv auszuschließen, daß an dieser Stelle,

Angesichts der Gleichwertigkeit der zur Besetzung der Textstelle vorliegenden Möglichkeiten scheint es nicht im Interesse des Benutzers, wenn im edierten Text eine definitive Lösung präsentiert wird, obgleich anhand objektiv begründbarer Parameter keine eindeutige Entscheidung getroffen werden kann. Wenn auf Grundlage des überlieferten Materials die Fassungslesung nicht mehr bestimmt werden kann, ist es Aufgabe des historisch orientierten Editors, mit Hilfe des editorischen Verfahrens die Überlieferungslage und die Problematik der Textkonstitution transparent zu machen. Der Benutzer sollte in die Lage versetzt werden, anhand des Befunds die editorischen Vorschläge im Fassungskontext zu evaluieren und gegebenenfalls zu einer anderen Beurteilung des Überlieferungsmaterials kommen zu können. Dies setzt jedoch voraus, daß der Editor von der Konstitution eines *definitiven* Textes abrückt und „Zone[n] der Unsicherheit"[243] einräumt. Auch wenn der Absolutheitsanspruch an die Textkonstitution aufgegeben wird, verzichtet der Editor nicht auf sein kritisches Urteil bei der Textkonstitution. So sind die editorischen Prinzipien hinsichtlich des emendatorischen Verfahrens – wie die Priorisierung der Fassungsrestitution vor der Konjektur und die Aufwertung der Konjektur gegenüber einer Emendation durch die Vergleichslesart – auch bei einem unfesten Fassungstext sowohl bei der Hierarchisierung der editorischen Optionen als auch bei der Diskussion der einzelnen Vorschläge zu vermitteln. Indem aber im edierten Text Lösungsalternativen angeboten und diskursiv vermittelt werden, wird dem Leser eine erhöhte Transparenz und die Möglichkeit einer aktiven Beteiligung an der Konstitution des Fassungstextes angeboten. Der konstituierte Lesetext wird somit zu einem „Benutzertext", einem mehrdimensionalen Geflecht, dessen Linien und Verflechtungen beim Leser zusammenlaufen. Da der edierte Text nicht mehr als editorisches Produkt, sondern als Grundlage der über den Text gesteuerten Interaktion zwischen Editor und Rezipient zu sehen ist, kann er im weitesten Sinne als „diskursiver" Text bezeichnet werden.

Die praktische Realisierung eines stellenweise offenen, diskursiven Lesetextes ist im Printmedium aber kaum durchführbar. Die Eindimensionalität und Linearität des gedruckten Buches zwingt den Editor dazu, sich für eine Variante im edierten Text zu entscheiden. Bei der vornehmlich in anglo-amerikanischen Editionen verwendeten Form des lemmatisierten Apparats werden dann zurückgewiesene Varianten nach der Lemmaklammer aufgeführt.[244] Auch beim integralen oder

---

wie von den Editoren der Fassungen bisher angenommen, die Foliofassung die Quartofassung „korrigiert".

[243] Zeller, Befund und Deutung, S. 87.

[244] Zur Variantendarstellung in unterschiedlichen Editionstypen vgl. Bodo Plachta: German Literature. In: Greetham (Hrsg.), Scholarly Editing, S. 504–530; Elisabeth Höpker-

synoptischen Apparat wird sowohl eine Visualisierung gleichwertiger Varianten im edierten Text als auch eine Interaktion von Rezipient und Text durch die Beschränkungen des Printmediums verhindert. Um eine historisch orientierte Fassungsedition bei *King Lear* schlüssig umzusetzen, wird also ein Medium benötigt, das sowohl die Darstellung editorischer Alternativen als auch einen Eingriff des Lesers in den edierten Text erlaubt. Diesen Anforderungen entsprechen virtuelle Präsentationssysteme, wie sie in einer Computer-Edition verwendet werden. Während eine computergestützte Edition nur die Möglichkeit bietet, Texte, Varianten, Kommentare und Dokumente digital zu erfassen und selbständig zu verwalten, wird in einer Computer-Edition das Material auch auf dem elektronischen Medium präsentiert.[245] Hinsichtlich der editorischen Vorgehensweise bei der Konstitution der Fassungstexte von *King Lear* bedeutet dies, daß der Editor nicht durch eine begrenzte Visualisierungskonvention auf eine Emendationskategorie festgelegt ist, sondern durch die Schaltung von Textfenstern die Möglichkeit zur Darstellung von Alternativlösungen und diskursiven Erläuterungen hat. Während bei einer gedruckten Ausgabe der Leser beim lemmatisierten und integralen Apparat zeilenweise auf die neben oder unterhalb des Lesetextes verzeichnete Information zurückgreifen muß, kann bei einer elektronischen Edition das Apparatmaterial direkt in den Rezeptionsakt integriert und selektiv abgerufen werden. Da die Integration interaktiver Benutzerschnittstellen zudem die Möglichkeit bietet, dialogisch in die Textgestaltung einzugreifen und Varianten im Kontext zu vergleichen, ist in einer elektronischen Edition die in Druckeditionen übliche, formale Trennung zwischen Lesetext und Apparat aufgehoben.

Neben der Konzeption eines dialogisch-diskursiven Lesetextes und der benutzerspezifischen Aufbereitung der Kommentare kann durch die erweiterten Visualisierungsmöglichkeiten der elektronischen Edition auch eine erhöhte *Transparenz* hinsichtlich des editorischen Verfahrens erreicht werden. Der Verzicht auf die Konstitution eines definitiven Lesetextes erfordert, daß dem Leser neben einem textkritischen Kommentar auch die Option zum visuellen Nach-

---

Herberg: Überlegungen zum synoptischen Verfahren der Variantenverzeichnung. Mit einem Beispiel aus Klopstocks ‚Messias'. In: Martens/Zeller (Hrsg.), Texte und Varianten, S. 219–232; Henning Boetius: Textqualität und Apparatgestaltung. In: Martens/Zeller (Hrsg.), Texte und Varianten, S. 233–250; Martens: „Was ist – aus editorischer Sicht– ein Text"; Center for Editions of American Authors, Statement of Editorial Principles and Procedures.

[245] Vgl. auch Walter Morgenthaler: Der produktionsorientierte Stellenkommentar in der Computer-Edition. In: Gunter Martens (Hrsg.): Kommentierungsverfahren und Kommentarformen. Hamburger Kolloquium der Arbeitsgemeinschaft für Germanistische Edition, 4. bis 7. März 1992. Autor- und problembezogene Referate. Tübingen 1993 (= Beihefte zu editio; 5), S. 251–255, bes. S. 251.

weis editorischer Entscheidungen gegeben wird. Um dem Rezipienten eine eigene Evaluation des Überlieferungsbefunds zu ermöglichen, sind parallel zum edierten Fassungstext die entsprechenden Textstellen in den Faksimiles der Quarto- und Foliodrucke von *King Lear* und deren Transkriptionen zur Verfügung zu stellen. Des weiteren sollten der edierte Text der anderen Fassung ebenso wie weiterführende Materialien und Erschließungshilfen bei der Lektüre abgerufen werden können. Während in einer Druckedition der Lesetext, das Variantenverzeichnis, die textkritischen Erläuterungen, die Faksimiles und die weiterführenden Hilfen zur Texterschließung aus Platzgründen nicht simultan dargestellt werden können, bietet die elektronische Edition die Möglichkeit zur *parallelen Visualisierung* der genannten Elemente.

Insgesamt ist bei der Erstellung einer Computer-Edition zu berücksichtigen, daß, da textuelle Alternativen nicht nur zu dokumentieren, sondern auch kritisch zu evaluieren sind, die Aufbereitung des Textmaterials weiterhin Aufgabe des Editors ist. Eine elektronische Edition ist somit nicht nur als Verbesserung der Visualisierung mit Hilfe der Technik zu verstehen, sondern als Voraussetzung für eine schlüssige Umsetzung eines historisch orientierten Fassungs- und Variantenbegriffs bei *King Lear*. Daß die Fassungen nach der Revisionsthese bisher nicht schlüssig ediert werden konnten, resultiert einerseits aus dem editorischen Zugang zur Fassungsedition in der anglo-amerikanischen Editionswissenschaft, andererseits aus der Wahl der Präsentationsform. Im folgenden wird ein Modell für eine elektronische Edition von *King Lear* vorgestellt, das die textkritischen Anforderungen an die Fassungseditionen der Drucke umzusetzen und darüber hinaus auch weiterführende Perspektiven in einer Hypermedia-Edition modular einzubinden vermag.

4 Die elektronische Edition

Da der für die edierten Texte angesetzte Begriff eines *diskursiven Fassungstextes* und die damit verbundene Forderung nach einer parallelen Visualisierung nur im elektronischen Medium umzusetzen ist, kann sich die Konzeption der elektronischen Struktur von Fassungseditionen der *Lear*-Drucke nicht auf die Digitalisierung eines Editionskonzepts beschränken, das auch im Printmedium zu realisieren wäre. Bei der Entwicklung des Interface und der Navigationsstruktur soll vielmehr unter Ausschöpfung der spezifischen Möglichkeiten von Hypertext- und Hypermediastrukturen eine auf die Anforderungen von Material und Zielgruppe angepaßte Realisation entworfen werden, die für den Benutzer auf inhaltlicher und funktionaler Ebene einen Mehrwert gegenüber einer Buchausgabe beinhaltet. Dieser Mehrwert kann vor allem dann erreicht werden, wenn die Interdependenz von Information und visueller Präsentation berücksichtigt wird. Wie auch Gabler und Robinson anführen, ist es Aufgabe des Interface, die vom Editor integrierten Inhalte unter dem Aspekt der Interaktivität benutzerfreundlich zu transportieren:

> The electronic edition should prove capable of providing a ‚user interface' for a scholarly edition that extends – if it does not replace outright – beyond the possibilities of print publication. This interface may unlock the edition's material content and substance, as well at [sic!] its intellectual potential: not only in terms of access to what the editor has provided, but also through the user's own explorations as allowed by the interactive modes of the electronic edition.[1]

4.1 Inhalte

Um die aus textkritischer Sicht erforderlichen Prämissen in einer elektronischen Edition abdecken zu können, werden die im vorhergehenden Kapitel angesprochenen Textebenen *Edierte Fassungen, Faksimiles* und *Transkriptionen* integriert. Zudem enthält die Edition *Erschließungshilfen,* etwa den *Textkritischen Kommentar* und *Verzeichnisse,* ebenso wie weiterführende *Materialien.*

---

[1] Hans Walter Gabler/Peter Robinson: Introduction. In: Literary and Linguistic Computing 15, 2000, S. 1–4, hier S. 3f.

4.1.1 Texte

4.1.1.1 Edierte Fassungen

Als Referenztexte für die Edition fungieren die diskursiven Lesetexte der ersten Quarto- und Folioausgabe von *King Lear* in historischer Schreibung (*Old Spelling*), die gemäß den hier vorgestellten Prinzipien zu Textfehlerbegriff und Emendationsverfahren ediert sind. Über den Nutzen von *Old Spelling*- und *Modern Spelling*-Ausgaben wird in der Shakespeare-Philologie seit Jahren eine Auseinandersetzung geführt, bei der bisher kein Konsens erreicht werden konnte. So plädieren Befürworter von *Old Spelling*-Ausgaben für die Beibehaltung der historischen Schreibung, da sie von sprachgeschichtlichem Interesse sei und die Bedeutungvielfalt der Shakespeareschen Sprache in all ihren Nuancen reflektiere.[2] Von Vertretern modernisierter Ausgaben hingegen wird die These vertreten, daß die altertümliche Schreibung eine Verständnisbarriere für die Texte darstelle. Zudem wären die Dramen keine Lese-, sondern Bühnentexte, die ohnehin bei einer Aufführung in der heutigen Aussprache wiedergegeben würden.[3] Daß die *Old Spelling*-Texte als Referenztexte in dieser Edition zugrunde gelegt werden, leitet sich aus dem hier verfolgten historischen Fassungsbegriff ab, der eine an den dokumentarisch überlieferten Materialien orientierte Edition vorsieht. In Rekurs auf die Bewertung der fassungsinternen Varianz dient der unkorrigierte Textzustand von Q1 als Textgrundlage für die Quartofassung. Da bei der Foliofassung die Preßkorrekturen überwiegend als Restitutionen der Fassungslesungen zu bewerten sind, wird bei der Textkonstitution der korrigierte Textzustand von F1 als Editionsgrundlage herangezogen.[4] In Orthographie und Interpunktion wird bei Textfehlern und bei Irregularitäten eingegriffen, die das Verständnis der Texte entscheidend behindern. Dazu ist die abweichende Schreibung der Sprecher- und Bühnenanweisungen sowie der unregelmäßige

---

[2] Vgl. John Russel Brown: The Rationale of Old-Spelling Editions of the Plays of Shakespeare and His Contemporaries. In: Studies in Bibliography 13, 1960, S. 49–67; sowie Fredson Bowers: Readability and Regularization in Old-Spelling Texts of Shakespeare. In: Huntington Library Quarterly 50 H. 3, 1987, S. 199–227; Michael J. Warren: Repunctuation as Interpretation in Editions of Shakespeare. In: English Literary Renaissance 7, 1977, S. 155–169.

[3] Vgl. Arthur Brown: A Rejoinder. In: Studies in Bibliography 13, 1960, S. 69–76; sowie Stanley Wells: Modernizing Shakespeare's Spelling. Oxford 1979 (= Oxford Shakespeare Studies), und ders., Re-Editing Shakespeare, S. 4–31.

[4] Kann jedoch, wie am Beispiel von Fa *sentence* dargestellt, die Lesung des unkorrigierten Textzustands von F1 semantisch validiert werden, wird diese in den edierten Text übernommen.

Zeilenfall zu zählen, die in den edierten Fassungen regularisiert werden.[5] Die Interpunktion orientiert sich weitgehend an den überlieferten Drucken und wird nur emendiert, wenn sie als fehlerhaft zu bewerten ist. Auch die editorische Ergänzung von Bühnenanweisungen, die durch eckige Klammern gekennzeichnet ist, beschränkt sich auf das für das Verständnis des Plots notwendige Maß.

Um aber auch dem textkritisch interessierten Nutzer, der mit dem Sprachgebrauch Shakespeares nur wenig vertraut ist, den Zugang zu einer Auseinandersetzung mit der Überlieferungsproblematik der Fassungen zu erleichtern, werden in die Edition auch die *Modern Spelling*-Fassungen von Q1 und F1 integriert.[6] Während die *Old Spelling*-Texte sprachgeschichtlich interessierten Nutzern dienlich sind, kann die Edition durch die Einbindung der *Modern Spelling*-Texte unter anderem die Funktion einer Studienausgabe erfüllen oder Schauspielern als Grundlage für eine fassungsbezogene Interpretation und Aufführung dienen. Trotz der Modernisierung wird auch in den *Modern Spelling*-Texten auf eine diskursive Darstellung problematischer Textstellen nicht verzichtet, da die Verdeutlichung der Überlieferungsproblematik als integraler Bestandteil einer Edition der *Lear*-Fassungen betrachtet wird.

4.1.1.2 Faksimiles

Ein erhöhtes Maß an Transparenz wird durch die Beigabe von Faksimiles erreicht. Da der Nutzer mit Hilfe der Faksimiles in die Lage versetzt wird, die editorische Beurteilung einer Textstelle in den Überlieferungsträgern nachprüfen zu können, fungieren die Faksimiles vornehmlich als Instrument zur Texterschließung und zur Verdeutlichung des editorischen Vorgehens. Diese Funktionalisierung in bezug auf die edierten Texte bedingt, daß die Faksimiles den als Grundlage gewählten Textzustand in den Fassungen reflektieren sollen. Um eine Durchmischung von unkorrigierten und korrigierten Seiten, wie sie üblicherweise in den überlieferten Druckausgaben auftritt, zu vermeiden, werden entgegen dem in Faksimile-Editionen oder elektronischen Archiv-Editionen üblichen Vorgehen[7] einzelne Seiten unterschiedlicher Überlieferungsexemplare in einem

---

5 Bei *Alb. Cor.* (F, TLN 176) und bei *Cor.* (F, TLN 204) können die in der Foliofassung für die Sprecheranweisungen verwendeten Kürzel *Cor.* nicht eindeutig zu *Cornwall* oder *Cordelia* aufgelöst werden.

6 Die Modernisierung erfolgt nach den von Stanley Wells formulierten Prinzipien (vgl. Wells, Modernizing Shakespeare's Spelling).

7 Da gedruckte Faksimile-Ausgaben und Faksimiles in elektronischen Editionen vorwiegend buchbezogen sind, werden zumeist alle Seiten eines überlieferten Druckexemplars durchgängig veröffentlicht. Vgl. unter anderem Jacky Bratton/Christie Carson (Hrsg.): The Cambridge King Lear CD-ROM: Text and Performance Archive. Cambridge 2000, sowie

bestimmten Textzustand eingebunden. Gemäß der im Rahmen dieser Arbeit vertretenen Position hinsichtlich der Preßkorrekturen ist das Faksimile der ersten Quartoausgabe durchgehend in seinem unkorrigierten, das Foliofaksimile hingegen im korrigierten Textzustand integriert. Um aber dem Nutzer eine kritische Beurteilung der Preßkorrekturen anhand der überlieferten Dokumente zu ermöglichen, können bei beiden Faksimiles die varianten Textzustände zeilenweise als Bilddatei abgerufen werden.

Neben den Faksimiles der ersten Quartoausgabe beinhaltet die Edition auch das Faksimile der zweiten Quartoausgabe in seinem korrigierten Textzustand. Da Q2 zwar für die Bestimmung der Druckvorlage von F relevant ist, nicht aber zu den substantiellen Textzeugen zählt, wird auf eine Einbindung des varianten Textzustandes (Q2a) verzichtet.

4.1.1.3 Transkriptionen

Ergänzend zu den edierten Fassungen und den Faksimiles der Drucke werden Transkriptionen der ersten Quarto- und der ersten Folioausgabe zur Verfügung gestellt. Die Integration der Transkriptionen ist ein zusätzliches Angebot an den Nutzer, bei schlecht lesbaren Stellen in den elektronischen Faksimiles auf die editorischen Transkriptionen zurückzugreifen und so die Textgrundlage für die edierten Fassungen im Vergleich mit den Originaldokumenten prüfen zu können.[8]

4.1.2 Erschließungshilfen

4.1.2.1 Textkritischer Kommentar

Aufgabe des textkritischen Kommentars ist es, das editorische Verfahren bei der Textkonstitution zu erläutern und Überlieferungsprobleme transparent zu machen. Kommentiert werden Eingriffe bei Textfehlern und diskursiv gestalteten Textstellen mit gleichwertigen Varianten. Fassungsvarianten werden nur kommentiert, wenn das editorische Verfahren von der Textkonstitution früherer Editoren der Fassungen abweicht. Die Diskussion der editorischen Behandlung einer Textstelle in unterschiedlichen Ausgaben soll dem Nutzer die Divergenz zwischen den in dieser Ausgabe integrierten und in bisher erschienenen Fassungseditionen vertretenen Editionsprinzipien verdeutlichen.

Mr. William Shakespeares Comedies, Histories & Tragedies. Ed. by Helge Kökeritz. With an Introduction by Charles Tyler Prouty. Facs. Ed. der Ausg. London 1623; 1. Publ., 4. Print. New Haven 1963, und William Shakespeare: King Lear. 1608 (Pied Bull Quarto). Nachdruck der Ausg. London 1608. Oxford 1964 (= Shakespeare Quarto Faksimiles; 1).

[8] In den Transkriptionen werden Ligaturen, das lange /s/ und typographisch bedingte Worttrennungen nicht übernommen.

4.1.2.2 Verzeichnisse

Um dem Nutzer den textkritischen Befund getrennt von seiner Deutung bezüglich einer Fassungslesart zu verdeutlichen, sind die Ergebnisse der Varianten- und Fehlerklassifikation in die Edition integriert. Während die Gründe für die Annahme und Emendation eines Textfehlers im Kommentar diskutiert werden, dokumentieren die Verzeichnisse *Textfehler Q1* und *Textfehler F1* die in den jeweiligen Textgrundlagen als fehlerhaft eingestuften Lesungen. Daneben können im Verzeichnis *Substantielle Varianten* die sinntragenden, als Fassungsvarianten eingestuften Lesungen, im Verzeichnis *Akzidentelle Varianten* alle Divergenzen in Orthographie und Interpunktion eingesehen werden. Die Menüeinträge *Preßkorrekturen Q* und *Preßkorrekturen F* enthalten zudem Aufstellungen der fassungsinternen Varianz auf den einzelnen Bögen. Neben dem editorischen Befund kann der Nutzer auch die editorischen Eingriffe in den Text über die Verzeichnisse *Akzidenz, Zeilenanordnung, Regieanweisungen* und *Modernisierung* abrufen.

4.1.3 Materialien

Hilfestellung zu textkritischen Untersuchungen geben weiterführende Materialien wie *Nachschlagewerke* sowie Auszüge aus dem *OED* und aus den *Quellen und Vorlagen* des Dramas. Auch Spezialindices, Literaturverzeichnisse und ein Glossar sind in der Edition enthalten. Im Ordner *Internet* können zudem Links zu textkritisch relevanten Shakespeare-Seiten im World Wide Web (WWW) abgespeichert werden. Ist der Nutzer mit dem Internet verbunden, kann er von der Edition aus Webseiten mit weiterführenden Materialien direkt anwählen.

4.1.4 Essays

Um dem Nutzer einen Überblick über die Materialität der Drucke und deren Druckprozeß zu geben, enthält die Edition einen einführenden Essay zu den *Textzeugen*. Ebenfalls integriert ist ein Überblick über die *Editionsgeschichte* der Drucke und eine Erläuterung der im Rahmen der Edition verfolgten *Editionsprinzipien*. Auch ein Vorwort (*Zu dieser Ausgabe*) ist beigefügt.

4.2 Interface

4.2.1 Eingangsbildschirm

Das im Rahmen dieser Studie anvisierte Editionsmodell soll sowohl einem eng-
lisch- als auch einem deutschsprachigen Benutzerkreis zugänglich gemacht werden.
Der Nutzer hat daher bereits bei Erscheinen des Eingangsbildschirms die Wahl
zwischen einer englischen und einer deutschen Fassung der Ausgabe. Nach Aktivierung der Sprachbuttons *Deutsch* oder *English* gelangt der Nutzer zum Inhaltsverzeichnis.

4.2.2 Inhaltsverzeichnis

Das Inhaltsverzeichnis der Edition enthält die Gliederungspunkte *Zu dieser Ausgabe,
Textzeugen, Editionsgeschichte, Editionsprinzipen, Textsystem* und *Materialien*. Die im
Inhaltsverzeichnis verankerten Essays sind in Informationseinheiten unter-
gliedert: Während unter *Textzeugen* auf die Abschnitte *Erste Quartofassung, Zweite
Quartofassung* und *Erste Foliofassung* zugegriffen werden kann, ist der editions-
geschichtliche Überblick nach Jahrhunderten strukturiert. Unter dem Eintrag
Editionsprinzipien können Informationen zum Fassungs- und Variantenbegriff
sowie zum Emendationsmodell abgerufen werden. Auch Nachschlagewerke,
Kontextinformationen zum Werk und abgespeicherte Internet-Links sind vom
Inhaltsverzeichnis (*Materialien*) aus aktivierbar. Während die einzelnen Essays
und Materialien jeweils im Full Screen Modus geöffnet werden, wird bei Aktivierung des Hyperlinks *Textsystem der Edition* die Fensterstruktur der elektronischen Fassungseditionen geladen.

4.2.3 Textsystem

4.2.3.1 Parallele Visualisierung

Dem editorischen Ansatz entsprechend soll der Nutzer die Möglichkeit erhalten,
unterschiedliche Textebenen, Kommentare und Materialien bei einer textkritischen Arbeit mit der Edition parallel visualisieren zu können. Grundvoraus-
setzung hierfür sind mehrere nebeneinander angeordnete, aktive Fenster, die
separat angesteuert werden können. Der Begriff der parallelen Visualisierung beschränkt sich aber nicht nur auf die simultane Darstellungsform, sondern beinhaltet auch die mehrdimensionale, dynamische Verknüpfung von Informationen,
über die korrespondierende Textstellen automatisch angezeigt werden.
    Eine im Rahmen dieser Studie durchgeführte Untersuchung elektronischer
Editionen zeigt, daß eine parallele Visualisierung nach den oben genannten

Kriterien bisher in der Praxis nur eingeschränkt Verwendung findet. Die simultane Präsentation mehrerer Informationsebenen wird bei Internet-Editionen häufig über eine starre Fensterstruktur realisiert, bei der – unabhängig von der Konzeption der Menüführung – die Anzahl der darzustellenden Fenster streng vorgegeben ist.[9] Ausgehend von der begrenzten Fensterzahl werden dabei jedem Fenster bestimmte Informationseinheiten zugeordnet. Da eine Funktionsänderung oder Zuschaltung neuer Fenster nicht möglich ist, kann auch die Informationsstruktur innerhalb der Edition nicht erweitert werden. Eine simultane Darstellung von Material ist daher nur soweit möglich, als es die in Abhängigkeit von einer bestimmten Präsentationsart vom Editor festgelegte Verknüpfungsrichtung zuläßt.[10]

Eine vordefinierte Fensteranordnung und Verknüpfungsfolge ist jedoch nicht nur bei Internet-Editionen, sondern auch bei CD-ROM-Ausgaben zu beobachten.[11] Auch wenn, wie beispielsweise bei *The Cambridge King Lear CD-ROM*, mehrere Fenster nebeneinander angeordnet werden können, sind die Inhalte selten dynamisch verknüpft. Bei einer parallelen Anordnung unterschiedlicher Fenster mit ediertem Fassungstext und Faksimile muß der Nutzer somit beim Textvergleich die einzelnen Fenster scrollen. Eine wort- oder passagenweise Vernetzung von Textebenen, die eine automatische und einzelstellenbezogene

[9] Vgl. unter anderem die Internet-Ausgabe der *Shakespearean Prompt-Books of the Seventheenth Century* http://etext.virginia.edu/bsuva/promptbook/ShaLeaP.html, die *Edition synoptique intégrale* von Chrétiens de Troyes's *Le chevalier de la Charrette* (*Lancelot*) http://palissy. humana.univ-nantes.fr/CETE/TXT/JAC/TXT/CHARRETTE/ANX/frame.CH.html, die Editionsprojekte unter www.perseus.tufts.edu (insbesondere die elektronische Edition von Marlowes *Doctor Faustus* www.perseus.tufts.edu/Texts/ faustus.html).

[10] Die Möglichkeiten einer simultanen Darstellung mehrerer Text- und Apparatebenen im WWW reichen von einfachen *Frame*-Modellen wie *An Eleventh-Century Anglo-Saxon Glossary from MS. Brussels, Royal Library 1650: An Edition and Source Study* unter http://www. wmich.edu/medieval/research/rawl/glossary/index.html, und die Apparatstudie zur Weimarer Goethe-Ausgabe unter http://schiller.germanistik.uni-sb.de/tino/frames3.htm bis hin zu differenzierten Kombinationen von *Frames* und *Pop up Windows*, wie beim Project *Galileo Galileis Notes on Motion,* das zudem erweiterte Möglichkeiten einer simultanen Darstellung von Text und Grafik bietet (http://www.mpiwg-berlin.mpg.de/ Galileo_Prototype/MAIN.HTM). Vgl. auch die Projekte unter http://www.iath.virginia.edu /researchProjects.html.

[11] Vgl. Bratton/Carson (Hrsg.), The Cambridge King Lear CD-ROM, und Robinson (Hrsg.), The Wife of Bath's Prologue on CD-ROM, die beide einen *DynaText*-Browser zur Visualisierung der Daten benutzen. Vgl. auch die auf proprietären Softwaresystemen erstellten Editionen wie etwa Karl Eibl et al. (Hrsg.): Der junge Goethe in seiner Zeit. Texte und Kontexte. In zwei Bänden und einer CD-ROM. Frankfurt a.M. 1998, sowie die Literatur CD-ROMS des Reclam-Verlags, Stuttgart und die *Digitale Bibliothek* von DIRECTMEDIA Publishing, Berlin.

Kontextualisierung aller Informationsebenen zulassen würde, ist bei derartigen Strukturen nicht gegeben.

Da starre Informationsstrukturen den genannten Anforderungen an eine parallele Visualisierung bei *King Lear* nicht gerecht werden, ist für die hier anvisierte elektronische Edition ein Interface zu entwickeln, das auf Basis permanenter und temporärer Fenster eine adaptive, parallele Visualisierung mehrerer Text-, Bild-, Kommentar- und Materialebenen zu erreichen vermag. Die Navigationsstruktur soll dem Nutzer größtmögliche Freiheit bei der Interaktion mit dem Material ermöglichen, gleichzeitig aber auch Hilfestellungen zur Programmführung bieten. Im Sinne einer *intuitiven Benutzerführung* soll der Anwender in die Lage versetzt werden, ohne komplexe Erläuterungen durch das Programm zu navigieren. Zur Orientierung im elektronischen Text sind daher Navigationselemente zu schaffen, die verhindern, daß sich der Benutzer im virtuellen Leseraum verirrt. Besonderes Augenmerk liegt dabei auf der Konzeption einer didaktisch ausdifferenzierten Benutzerführung, die auf einer Unterscheidung von Primär- und Sekundärinformationen beruht.

4.2.3.2 Primär- vs. Sekundärinformationen

Zu den *Primärinformationen* zählen alle Einträge der Menüleisten, die unter den Kategorien *Texte*, *Erschließungshilfen* und *Materialien* subsumiert sind. Als *Sekundärinformationen* sind Materialien und Kommentare definiert, die weiterführende Erläuterungen zu den Primärmaterialien beinhalten und Nachschlagefunktion besitzen. Während Primärinformation in permanenten Fenstern dargestellt ist, wird der untergeordnete Status von Sekundärinformation mit Hilfe temporärer Fenster (*Pop up Windows*) verdeutlicht. Im Sinne der geforderten intuitiven Benutzerführung können somit Verständnisschwierigkeiten des Rezipienten vom Editor antizipiert und durch die in *Pop up Windows* enthaltene Information behoben werden. Im Unterschied zu den temporären Fenstern in den edierten Texten, die Erläuterungen zur Textkonstitution enthalten, stellen die in den Materialien und Erschließungshilfen verankerten *Pop up Windows* Wort- und Sachkommentare sowie knappe, kontextbezogene Erklärungen zur Verfügung.

4.2.3.3 Navigationsstruktur

Die Konzeption einer an die Anforderungen einer komplexen parallelen Visualisierung angepaßten Navigationsstruktur leitet sich aus der vorgestellten Differenzierung der unterschiedlichen Informationsebenen ab. Grundlage für die parallele Visualisierung der Primärinhalte bilden in ihrer Größe variable, permanente Inhaltsfenster (vgl. die rote Markierung in Abbildung 1). Um den Zugriff auf die Inhalte der Edition von jedem Fenster aus zu gewährleisten, werden den Inhaltsfenstern eigene Menüleisten zugeordnet. Die Menüleisten sind für alle permanenten Fenster identisch und enthalten die in mehrere Informationsebenen untergliederten Primärinhalte *Texte, Erschließungshilfen* und *Materialien*. Klickt der Nutzer auf *Texte*, öffnet sich eine zweite Differenzierungsebene mit den Elementen *Edierte Texte, Faksimiles* und *Transkriptionen*.

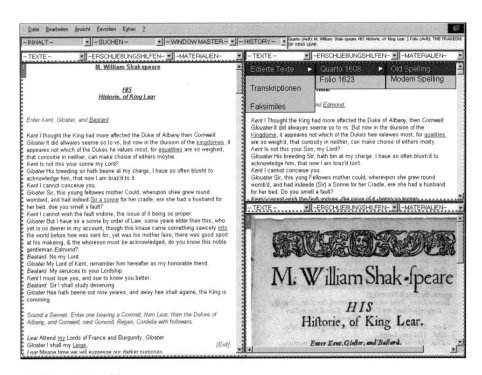

Abbildung 1: Menüführung

Über *Edierte Texte* kann der Nutzer auf eine dritte Differenzierungsebene zugreifen und die edierten Fassungen der ersten Quarto- und der ersten Folioausgabe in *Old* und *Modern Spelling* öffnen. Wird also beispielsweise durch Mausklick der unter *Quarto 1608* eingereihte Menüeintrag *Old Spelling* aktiviert, öffnet sich ausschließlich in dem der Menüleiste zugeordneten Fenster der edierte Fassungstext in historischer Schreibung. Parallel zum geöffneten Quartotext können nun in einem anderen Fenster weitere Primärinhalte aufgerufen werden. Soll der Fensterinhalt geändert werden, öffnet der Nutzer wiederum das dem jeweiligen Fenster zugeordnete Menü und lädt per Mausklick die gewünschte Komponente. Durch diese fensterspezifische Menüführung ist der Anwender in der Lage, die Fensterinhalte je nach Interessensschwerpunkt selbst zu definieren. Um die Ansicht in den Fenstern nicht durch Steuerungselemente permanent zu reduzieren, gibt es zudem die Option, die Menüleisten zu verkleinern oder auszublenden.

Wenngleich als Grundlage für die textkritische Bearbeitung eine dreiteilige Fensterstruktur mit den Referenztexten der Edition und dem Quartofaksimile vorgeschlagen wird, ist der Nutzer nicht auf die Verwendung der vom Editor vorgegebenen Grundeinstellung beschränkt. Über das dem Textsystem übergeordnete Hauptmenü kann ein Assistent (*Window Master*) aufgerufen werden, mit dessen Hilfe Voreinstellungen geändert sowie neue Fenster geöffnet und in die bestehende Anordnung integriert werden können.

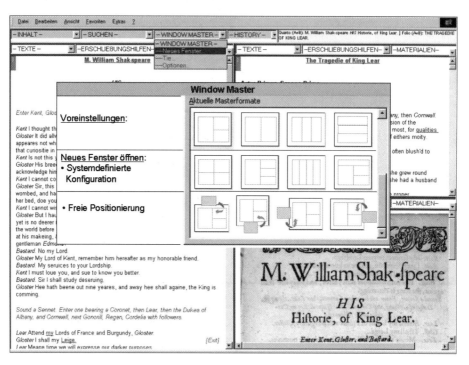

Abbildung 2: Window Master

Unter der Option *Neues Fenster öffnen* bildet der *Window Master* die bestehende Fensteranordnung ab und schlägt sowohl eine systemdefinierte als auch eine frei bestimmbare Größe und Positionierung eines neuen Fensters vor. Wählt der Nutzer die freie Positionierung, hat er die Möglichkeit, Größe und Lage des Fensters selbst zu bestimmen. Über die *Tie*-Funktion des Hauptmenüs wird das Fenster in die bestehende Konfiguration fest integriert, wobei sich bereits vorhandene Fenster der neuen Konfiguration automatisch anpassen.

4.2.3.4 Hauptmenü

Der in das Hauptmenü integrierte *Window Master* enthält neben den Funktionen *Neues Fenster* und *Tie* weitere Zusatzfunktionen (*Optionen*), die eine auf die Bedürfnisse des Benutzers angepaßte Funktionalität ermöglichen. Ebenfalls in das Hauptmenü integriert sind die Menüfelder *Inhalt, Suchen* und *Optionen*. Klickt der Nutzer auf *Inhalt*, kann er auf die in die Edition eingebundenen Essays zu den *Textzeugen*, der *Editionsgeschichte* und den *Editionsprinzipien* ebenso wie auf das Vorwort der Ausgabe (*Zu dieser Ausgabe*) zugreifen. Das Menüfeld *Suchen* enthält unterschiedliche Funktionen, die die Suche innerhalb eines der aufgerufenen *Fenster*, der Inhaltsebene *Texte*, den *Erschließungshilfen* und *Materialien* sowie eine *Volltextsuche* aller integrierten Inhalte ermöglicht. Auch die Suche mit Hilfe Bool'scher Operation in unterschiedlich kombinierbaren Inhaltsfeldern ist vorgesehen (*Kombinierte Suche*). Unter dem Menü *Optionen* kann der Anwender *Bookmarks* setzen und mit einer benutzerspezifischen Anmerkungsdatei (*Notizen*) verknüpfen, die abgespeichert und gedruckt werden kann. Zudem können vom Nutzer erstellte Textversionen und Bildschirmkonfigurationen in die Edition integriert (*Speichern*) und in einer Übersicht (*History*) eingesehen werden. Auch der Export und Druck von Datenmaterial ist möglich (*Exportieren*). Die Menüeinträge des Hauptmenüs werden in *Pop up Windows* geöffnet, die beliebig im System positionierbar sind und simultan in der bereits bestehenden Bildschirmanordnung bearbeitet werden können.

4.2.3.5 Verknüpfungsrelationen

In Korrespondenz mit der visuellen Differenzierung unterschiedlicher Informationsebenen wird bei der Konzeption des Interface zwischen vertikalen und horizontalen Verknüpfungsrelationen unterschieden. Bei vertikalen Relationen handelt es sich um Verknüpfungen, die auf in permanenten Fenstern dargestellte Inhalte verweisen. Horizontale Relationen bezeichnen hingegen Verknüpfungen zu und zwischen temporären Fenstern.[12]

---

[12] Die Begriffe *vertikale / horizontale Verknüpfung* ebenso wie die im folgenden verwendeten Bezeichnungen *dynamische Kontextualisierung* und *bidirektionale Text-Bild-Verknüpfung* werden zur Beschreibung der hier vorgeschlagenen Navigationsstruktur neu eingeführt. Sie dienen ausschließlich zur Veranschaulichung der unterschiedlichen Funktionsmöglichkeiten und beziehen sich nicht auf die bei der Programmierung verwendeten Strukturen.

4.2.3.5.1 Vertikale Verknüpfungsrelationen

4.2.3.5.1.1 Textstellen-Referenzfenster

In den edierten Texten und in den Faksimiles sind substantielle und akzidentelle Varianten als Hyperlinks ausgezeichnet. Die beiden Kategorien können über den Menüeintrag *Ansicht,* der sich im Hauptmenü unter *Window Master* befindet, optional mit unterschiedlichen Farben markiert und in den Text- und Faksimiledateien unabhängig voneinander angezeigt werden. Nur die Hyperlinks in diesen Texten gehen mit den übrigen Primärmaterialien eine vertikale Verknüpfung ein. Wird in einem der Texte ein Hyperlink aktiviert, erscheint die Textstelle einschließlich ihrer Zeilenangabe und Variante in dem im Hauptmenü integrierten Textstellen-Referenzfenster. Das Textstellen-Referenzfenster hat die Aufgabe, dem Nutzer die Übersicht bei der Arbeit mit den Texten und den damit verknüpften Materialien zu erleichtern.

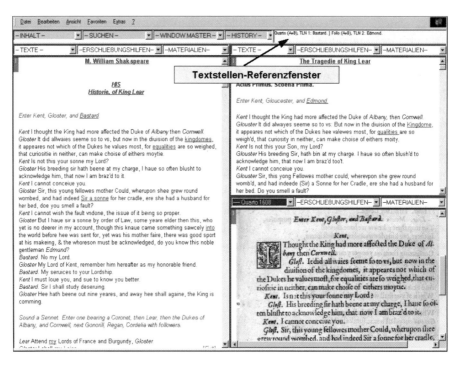

Abbildung 3: Textstellen-Referenzfenster

Unabhängig von der bearbeiteten Fassung erfolgt die Angabe immer nach dem gleichen Prinzip: Zeilennummer und Referenz des früheren Quartozeugen, Lemmaklammer, Zeilennummer und Variante des Foliozeugen.

4.2.3.5.1.2 Dynamische Kontextualisierung

Über die Menüleisten können zu einer aktivierten Textstelle Einträge aus den Menüs *Texte, Erschließungshilfen* und *Materialien* geöffnet werden. Da die Menüinhalte vertikal verknüpft sind, wird beim Laden eines neuen Menüpunkts in einem der Fenster automatisch die zu dem gerade aktivierten Hyperlink korrespondierende Textstelle angezeigt. Wird ein neues Hyperlink aktiviert, „wandern" auf Wunsch die in den anderen Fenstern geöffneten Menüinhalte automatisch mit, ohne daß die *Scroll*-Leiste betätigt werden muß. Die Funktion der automatischen Kontextualisierung ist für die einzelnen Fenster individuell steuerbar. Soll die geladene Information in einigen Fenster erhalten bleiben, kann die Funktion *Dynamische Kontextualisierung* über die am linken Rand eines jeden Fensters angeordnete Navigationshilfe (*Floater*) für die entsprechenden Fenster ausgeschaltet werden.

4.2.3.5.1.3 Bidirektionale Text-Bild-Verknüpfung

Die Möglichkeit, in elektronischen Editionen Faksimiles einbinden zu können, stellt einen entscheidenden Vorteil gegenüber Printausgaben dar. Wenngleich die meisten Hypermedia-Systeme mittlerweile Faksimiles enthalten, werden häufig nur die graphischen, nicht aber die textuellen Merkmale der elektronischen Dateien genutzt. Da der Nutzer nach dem Öffnen der Faksimile-Datei zumeist an den Anfang der Seite gelangt, ist er gezwungen, eine entsprechende Textstelle durch Scrollen der Bilddatei selbst zu suchen.[13] Eine direkte Verknüpfung von Lesungen in den edierten Texten mit den entsprechenden Textstellen in den Faksimiles existiert bei einem derartigen Verfahren nicht. Dem gleichen Prinzip bei der Einbindung von Faksimiles folgen viele der vor allem im anglo-amerikanischen Raum beliebten und im *Word Wide Web* zugänglichen elektronischen Textarchive. Will der Nutzer, wie etwa bei Jerome McGanns *Rossetti Hypermedia Archive,* eine Textstelle vom transkribierten Text aus im Faksimile vergleichen, öffnet sich die entsprechende Seite als statisches Bild in einem *Pop up Window.* Auch hier ist keine direkte Verknüpfung von Text zu Bild auf Wort- oder Phrasenebene angelegt.[14] Wie Nowviskie feststellt, wird daher bei vielen der als *image-based* ausgewiesenen Editionen den Faksimiles über die Art ihrer Verankerung im Interface immer noch ein untergeordneter Status zugesprochen:

---

[13] Vgl. unter anderem Bratton/Carson (Hrsg.), The Cambridge King Lear CD-ROM, und Robinson (Hrsg.), The Wife of Baths Prologue.

[14] Vgl. http://jefferson.village.virginia.edu:2020/intro.html. Vgl. auch *The William Blake Archive* unter http://www.blakearchive.org/main.html und *The Walt Whitmann Electronic Archive* unter http://www.iath.virginia.edu/whitman.

> So-called image based editions [...] send a self-defeating message to the user through interface: the visual elements of the page are supplemental – the document is secondary to the work [...]. Many scholars who think they're taking advantage of the new media to do ‚image-based‘ editing – the kind of work that should build on facsimile editions and some kind of interface theory – are really doing what's described as image-assisted editing.[15]

Eine erweiterte Option bei der Arbeit mit Faksimiles bieten dagegen Projekte mit interaktiv zugänglichen Manuskripten. Hier kann bereits die Transkription einer Textstelle durch Mausklick auf einen entsprechenden Textbereich oder durch Cursorbewegung auf dem Faksimile parallel zum Bild des Manuskripts aufgerufen werden.[16]

Soll der Nutzer gemäß den in dieser Arbeit formulierten Anforderungen an einen diskursiven Lesetext während der Lektüre gezielt auf die Primärmaterialien zugreifen können, darf sich auch eine elektronische Edition der Fassungen von *King Lear* nicht auf die rein graphische Nutzung der Faksimiles beschränken. Da die Faksimiles der Drucke als Arbeitsinstrument zur Texterschließung dienen sollen, müssen sie wie Texte bearbeitet werden können. Das bereits ansatzweise bei Handschriften verwirklichte Modell des interaktiven Bildes ist somit weiterzuführen und in bezug auf die edierten Texte, Erschließungshilfen und Materialien zu funktionalisieren. Für die im Rahmen dieser Edition angestrebte Nutzung der Faksimiles wird daher eine bidirektionale Verknüpfung von Faksimile und Text auf Wort- und Phrasenebene konzipiert, die sowohl von den Textebenen *Edierte Texte* und *Transkriptionen* (Text-Bild-Verknüpfung) als auch von den elektronischen Bildern (Bild-Text-Verknüpfung und Bild-Bild-Verknüpfung) aus aktiviert werden kann. Die dynamische Text-Bild-Verknüpfung bietet im Gegensatz zu den bisher angewandten Verfahren den Vorteil, daß der Nutzer beim Textvergleich nicht erst mühsam die entsprechende Stelle suchen muß, sondern von allen Textebenen aus die gewünschte Stelle im elektronischen Bild wortgenau anwählen kann. Da die Faksimiles der substantiellen Textzeugen und

---

[15] Bethany Nowviskie: Interfacing the Edition. (http://jefferson.village.virginia.edu/~bpn2f/ 1866/interface.html.

[16] Vgl. insbesondere die Augsburger Web-Studie zu den *Wahlschriften des Raimund Lull* (http://www.math.uni-augsburg.de/stochastik/lull) die CD-ROMs der Edition der *Sämtlichen Werke* Gottfried Kellers (Gottfried Keller: Sämtliche Werke. Historisch-Kritische Ausgabe. Hrsg. unter der Leitung von Walter Morgenthaler im Auftrag der Stiftung Historisch-Kritische Gottfried Keller-Ausgabe. Bd. 22: Züricher Novellen. Apparat zu Band 6. Basel 1999) sowie die Editionsprojekte zu *Galileo Galilei's Notes on Motion* unter http:// www.mpiwg-berlin.mpg.de/Galileo_Prototype/MAIN.HTM, *The Electronic Beowulf* unter http://www.uky.edu/~kiernan/eBeowulf/guide.htm, das Projekt *HyperNietzsche* unter http://www.hypernietzsche.org, sowie *The Shakespeare Electronic Archive* (http://caes.mit. edu/research/shakespeare/sea.html).

darüber hinaus auch die Faksimile-Seiten der zweiten Quartoausgabe als interaktive Bilder kodiert sind, kann der Nutzer zum einen von den Faksimile- und Textelementen auf Q2 zugreifen, zum anderen aber auch Q2 als interaktiven Referenztext nutzen. Klickt der Nutzer auf ein Hyperlink in den Faksimiles, erscheint die aktivierte Lesung im Textstellen-Referenzfenster. Um Hyperlinks auf den Faksimiles schnell ersichtlich zu machen, können die kodierten Text- stellen optional farbig hinterlegt werden. Wie auch in den edierten Texten und Transkriptionen wird bei der Farbauszeichnung zwischen den Kategorien substantielle und akzidentelle Varianten unterschieden.[17]

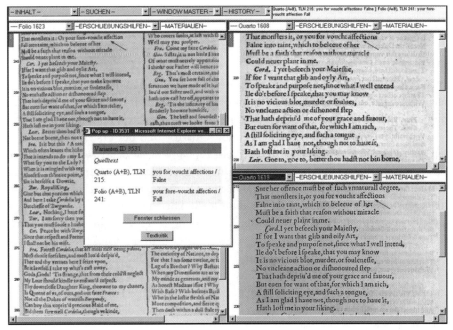

Abbildung 4: Aktiviertes Hyperlink in den Quartofaksimiles mit Variantenverzeichnis[18]

Über die vertikalen Verknüpfungsrelationen der Faksimiles zu den Menüleisten der anderen Fenster kann sich der Anwender korrespondierende Textstellen in allen Primärmaterialien automatisch anzeigen lassen. Mit Hilfe dieser Funktion besteht die Möglichkeit, einzelne Lesungen in den Faksimiles mit Hilfe einer dynamischen Verknüpfung zu vergleichen und so den Einfluß der beiden Quartoausgaben auf die Foliofassung anhand eines wortweisen Vergleichs der

---

[17] Um dem Nutzer zunächst einen Eindruck der historisch überlieferten Dokumente zu vermitteln, ist in der Grundeinstellung die farbige Textauszeichnung deaktiviert.
[18] Faksimiles in Grundeinstellung (Farbauszeichnung deaktiviert).

Primärzeugen nachzuprüfen, ohne zur eigenhändigen Anfertigung einer Kollation gezwungen zu sein. Da zudem bei Aktivierung eines Hyperlinks das mit substantiellen Varianten verknüpfte Variantenverzeichnis als *Pop up Window* erscheint, kann die Edition auch im Sinne einer „kritischen Faksimile-Ausgabe" gebraucht werden.[19]

Um den textuellen Charakter der Faksimiles zu betonen, sind die elektronischen Bilder mit einer Zeilenzählung ausgestattet. Mit den am linken und rechten unteren Bildrand angeordneten Schaltflächen << *Previous Page* und *Next Page* >> kann der Nutzer zudem die Faksimile-Seiten durchblättern.

4.2.3.5.2 Horizontale Verknüpfungsrelationen

4.2.3.5.2.1 Variantenverzeichnis

Im Gegensatz zu den vertikalen Variantenhyperlinks beziehen sich die horizontalen Verknüpfungsrelationen auf temporäre Fenster. Wird, wie bei der Behandlung der Bild-Verknüpfungen bereits angesprochen, ein Hyperlink in den edierten Fassungen oder den Faksimiles der ersten Quarto- und der ersten Folioausgabe per Mausklick aktiviert, erscheint in einem *Pop up Window* das *Variantenverzeichnis*. Das Verzeichnis ist für jede der Fassungen gesondert konzipiert, so daß bei Aktivierung eines Hyperlinks in den edierten Quartotexten, Transkriptionen oder den Quartofaksimiles immer zuerst die Quelltextlesung des Quartodrucks (Q1) verzeichnet ist (vgl. Abbildung 4). Bei Aktivierung einer Variante in den edierten Foliofassungen, der Transkription von F1 und dem Foliofaksimile ist unter *Quelltext* zuerst die Foliovariante aufgeführt (vgl. Abbildung 5). Über die im Variantenverzeichnis angegebene Varianten-ID kann ein Bezug zur Auflistung und Bewertung der Textstelle in den Verzeichnissen hergestellt werden.

Werden Lesungen in den edierten Texten gemäß dem hier vorgestellten Varianten- und Textfehlerbegriff als Fassungsvarianten klassifiziert, führt das Variantenverzeichnis nur die zu der entsprechenden Textstelle vorliegenden substantiellen Varianten in den Quelltexten auf. Auch bei einer abweichenden Bewertung der Textstelle in früheren Fassungseditionen wird bei Fassungsvarianz grundsätzlich auf die Angabe von Emendationsvorschlägen verzichtet. Die auf einer Kollation unterschiedlicher Fassungseditionen beruhende Behandlung der Textstelle wird somit nur im textkritischen Kommentar diskutiert.

---

[19] Das Erscheinen des Variantenverzeichnisses kann optional auch über das Hauptmenü deaktiviert werden.

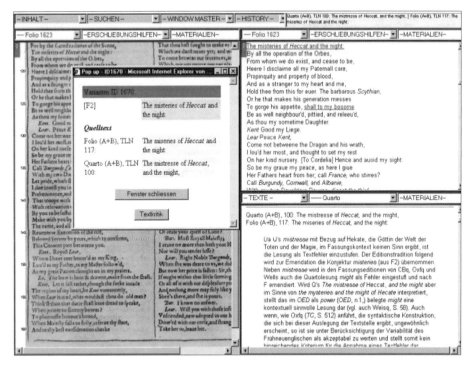

Abbildung 5: Variantenverzeichnis

Bei Emendation in den edierten Fassungstexten werden im Variantenverzeichnis neben den Quelltextlesungen sowohl die für den Text gewählte Lesart als auch alternative und im Rahmen dieser Edition zurückgewiesene Konjekturvorschläge anderer Editoren verzeichnet. Die einzelnen Elemente sind farblich voneinander abgegrenzt: Während die Quelltextlesungen gelb unterlegt sind, ist der für den edierten Text übernommene Emendationsvorschlag hellblau markiert; grau unterlegt werden nicht übernommene Konjekturen anderer Editoren (vgl. Abbildung 6). Die Quellen der Emendationsvorschläge werden jeweils in eckigen Klammern angegeben.

4.2.3.5.2.2 Erschließungshilfen

Auch Hyperlinks im Variantenverzeichnis sowie in den Erschließungshilfen und Materialien sind als horizontale Verknüpfungen definiert. Wird im Variantenverzeichnis die Schaltfläche *Textkritischer Kommentar* aktiviert, öffnet sich ein *Pop up Window*. Der textkritische Kommentar kann somit nicht nur über die Menüleisten in einem Textfenster (vgl. Abbildung 5), sondern direkt während der Lektüre zu der entsprechenden Textstelle abgerufen werden (vgl. Abbildung 6).

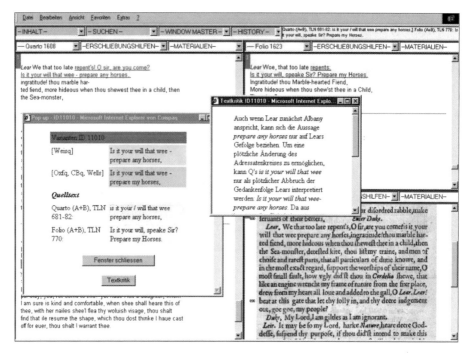

Abbildung 6: Variantenverzeichnis mit textkritischem Kommentar

Horizontal verknüpfte Fenster sind schachtelbar, so daß sich bei Aktivierung eines Hyperlinks in einem temporären Fenster ein neues *Pop up Window* öffnet.

4.2.3.5.2.3 Faksimiles

Eine horizontale Verknüpfung besteht auch von den Faksimiles der substantiellen Textzeugen zu ihren alternativen Textzuständen. Weist der korrigierte Textzustand von F1 eine Variante im unkorrigierten Textzustand auf, befindet sich auf der entsprechenden Textzeile ein Verweis zum unkorrigierten Textzustand der Foliofassung (*Fa*). Bei Aktivierung des Hyperlinks erscheint ein *Pop up Window*, das der Übersichtlichkeit halber nur die abweichende Zeile aus *Fa* als Bilddatei enthält. Bei der ersten Quartofassung, die in ihrem unkorrigierten Textzustand integriert ist, verweisen Hyperlinks dementsprechend auf den korrigierten Textzustand *Qb*.

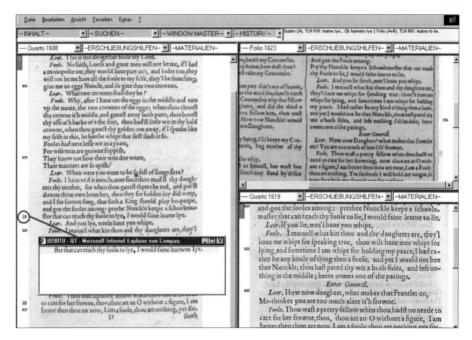

Abbildung 7: Hyperlink vom Faksimile *Q1(a)* zum korrigierten Textzustand *Q1(b)*

4.2.3.5.2.4 Differenzierung horizontaler Relationen

Da sich bei der horizontalen Verknüpfung Hyperlinks zumeist nicht nur auf eine Informationseinheit beziehen, sondern unterschiedliche Arten von Relationen eingehen können, wird differenziert zwischen der 1:1-Beziehung und der 1:n-Beziehung. Bei einer 1:1-Beziehung verweist ein Hyperlink auf genau *eine* Informationseinheit. Wird also im textkritischen Kommentar das Hyperlink Setzerfehler aktiviert, erscheint ein *Pop up Window* mit der zugehörigen Worterläuterung.

Bei einer 1:n-Beziehung verweist ein Hyperlink auf mehrere Inhalte in der Edition. Ein Hyperlink wie *Stone* beispielsweise kann auf die Erläuterung von Stones Editionsprinzipien in dem Essay zur *Editionsgeschichte* oder auf ein Zitat zu einer aktivierten Textstelle verweisen. Bei einer 1:n-Beziehung erscheint in dem neu geöffneten *Pop up Window* daher ein Auswahlmenü, das die mit dem Hyperlink verknüpften Einträge enthält. Der Nutzer kann dann den gewünschten Verweis in einem neuen *Pop up Window* öffnen.

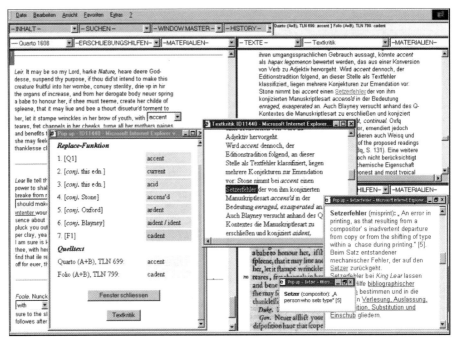

Abbildung 8: Horizontale 1:1-Beziehung

4.2.3.6 Die *Replace*-Funktion

Die unter dem Aspekt der parallelen Visualisierung entwickelten Systemmerkmale bilden die Folie für die praktische Realisierung des diskursiven Lesetextes. Wie bei der Diskussion des Textbegriffs bereits angeführt, erhält der
Nutzer im diskursiven Lesetext die Möglichkeit, in den edierten Text einzugreifen und editorische Entscheidungen zu revidieren. Ist aufgrund der defizitären Überlieferungslage die Fassungslesung nicht eindeutig bestimmbar, werden
die für die Textstelle aus editorischer Sicht möglichen Lösungsalternativen interaktiv zur Evaluation im Fassungskontext angeboten. Zur Umsetzung dieser
Prämisse in der elektronischen Edition wird eine neu entwickelte *Replace*-
Funktion angeboten, die den Austausch der Grundlesung durch Alternativen
ermöglicht. Im Gegensatz zu den durch einfache Hyperlinks gekennzeichneten
Fassungsvarianten sind diskursive Textstellen als *Drop down*-Feld graphisch abge-
setzt. Grundeinstellung ist die Lesart des Quelltextes, die den Ausgangspunkt für
die Emendation der Textstelle bildet. Klickt der Nutzer auf die in dem Feld
befindliche Grundlesung, erscheint zunächst, wie auch bei statischen Hyperlinks,
ein *Pop up*-Fenster mit dem Variantenverzeichnis. Während die Quelltextlesungen wiederum gelb unterlegt sind, werden die für die *Replace-Funktion* im

edierten Text zur Verfügung gestellten Alternativen blau markiert. Die zur Ersetzung angebotenen Emendationen sind gemäß dem kritischen Urteil des Editors numerisch hierarchisiert. Simultan zum Variantenverzeichnis wird im edierten Text ein Listenfeld geöffnet, das die für die Textstelle zur Verfügung stehenden Selektionsmöglichkeiten enthält. Neben den vom Editor vorgegebenen Varianten können auch Vorschläge des Nutzers über eine Leerspalte in das Listenfeld aufgenommen werden. Klickt der Nutzer auf eine in dem Feld ausgewiesene Variante, wird diese in den edierten Text übernommen und ersetzt die dort befindliche Lesung. Fährt der Nutzer in seiner Arbeit mit dem Text fort, bleibt die von ihm gewählte Variante erhalten. Die Grundeinstellung wird erst bei erneutem Laden des Inhalts wiederhergestellt.

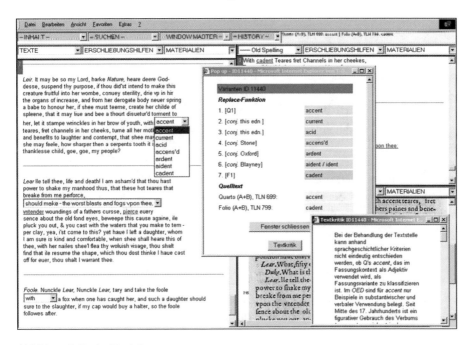

Abbildung 9: *Replace*-Funktion

Wie am Beispiel der Textstelle *accent* (Q, TLN 699) : *cadent* (F, TLN 799) gezeigt werden kann, sind für die Bedienung der Replace-Funktion die zur Umsetzung der parallelen Visualisierung entwickelten Systemmerkmale aus textkritischer Sicht unabdingbar. Da der Editor zur Besetzung der Textstelle mehrere Alternativen anbietet, kann sich der Anwender nur dann ein Urteil über die editorische Bewertung einer Textstelle bilden, wenn Primär- und Sekundärinformationen benutzerfreundlich gemäß dem zuvor beschriebenen Visualisierungs- und Verknüpfungskonzept zur Verfügung stehen. Um bei der Quartolesung *accent* eine Entscheidung über die Fassungslesart treffen zu können, kann sich der Nutzer zunächst über das Variantenverzeichnis die für die Textstelle zur Verfügung stehenden Optionen einschließlich deren Quellen sowie die Grundlesungen der Fassungen vor Augen führen. Vom Variantenverzeichnis aus besteht dann die Möglichkeit, direkt auf den textkritischen Kommentar zuzugreifen, der die editorische Bewertung und Behandlung der Textstelle in anderen Fassungseditionen verdeutlicht und die vom Editor für die vorliegende Edition favorisierte Lesart erläutert. Simultan dazu kann der Nutzer den Befund des Editors in dem wortweise zum edierten Text verknüpften Faksimile abrufen sowie die editorische Behandlung der Textstelle in der Parallelfassung nachprüfen. Mit Hilfe der Ersetzungsfunktion besteht sodann die Möglichkeit, die semantische Validität der vorgeschlagenen Optionen im Fassungskontext nachzuprüfen

Die unterschiedlichen Textversionen, die mit der Replace-Funktion von einem Fassungstext hergestellt werden können, können über das Hauptmenü abgespeichert und bei Neustart der Edition wieder aufgerufen werden. Somit kann bereits vor Laden der Edition gewählt werden, ob als Grundlesungen im diskursiven Lesetext die Quelltextvarianten, die vom Editor vorgeschlagenen Lösungen, die Emendationen anderer Editoren oder Benutzervarianten angezeigt werden sollen. Eine Änderung der Texteinstellung ist während der Arbeit möglich. Bilden Textstellen mit *Replace*-Funktion Teile eines Variantenverbunds, wird der Zusammenhang der Varianz und ihre Folgen für die *Replace*-Funktion im textkritischen Kommentar erläutert

4.2.3.7 Referenzsystem

Analog zu Printeditionen ist auch bei elektronischen Editionen die Zitierfähigkeit der Texte zu gewährleisten. In einer Buchedition wird dies durch Einführung einer Akt-, Szenen- und Zeilenzählung erreicht, wobei die Numerierung und die Zeilenumbrüche überwiegend am Satzspiegel orientiert sind. Da eine elektronische Edition keinen typographischen Beschränkungen unterliegt und die Größe der Textfenster variabel gestaltet werden kann, ändern sich in Abhängigkeit von der Fenstergröße auch die Zeilenumbrüche. Zur Regularisierung der Zeilenlänge werden in elektronischen Editionen daher häufig harte Zeilenumbrüche verwendet. Dazu werden von Best, dem Editor der *Shakespeare Internet Editions*, mehrere Vorschläge zur Diskussion gestellt:

1. Insert a „hard" line break (the „
" element) at the end of each prose line
2. Take the numbering from an external printed edition
3. Choose an ideal window width with text displayed in an ideal font and use that numbering
4. (The most radical solution) Assign a single „line" to each prose speech[20]

Bests Vorschläge orientieren sich vornehmlich an typographischen Aspekten und rekurrieren somit auf die bereits bei Printeditionen angewandten Verfahren. Die Vergabe eines an der Typographie orientierten Referenzsystems erweist sich jedoch bereits beim Buch als nur bedingt sinnvoll, da die in den einzelnen *Lear*-Ausgaben verwendeten Angaben deutlich voneinander abweichen. Während bei der Edition des Quartotextes von *King Lear* in den meisten Ausgaben nach Akt- und Szeneneinteilung numeriert wird,[21] finden sich in der Oxford-Ausgabe ausschließlich Szenenangaben.[22] Ein Vergleich des editorischen Vorgehens anhand der Zeilenreferenzen ist somit nicht möglich. Wie bei der Diskussion der Navigationsstruktur bereits angeführt, bietet das elektronische Medium im Vergleich zum Buch erweiterte Möglichkeiten für die Visualisierung, die bei der Konzeption einer Edition auch ausgeschöpft werden sollten. Statt sich bei der Vergabe eines Referenzsystems auf Printkonventionen zu stützen, sollte versucht werden, dem elektronischen Medium angepaßte Standards für Referenzsysteme zu entwickeln. So bietet es sich gerade im Hinblick auf eine historisch orientierte Fassungsedition an, auf ein an den überlieferten Materialien ausgerichtetes Referenzsystem zurückzugreifen. Ein standardisiertes Verfahren hierfür wurde bereits von Hinman mit dem *Through Line Numbering* (TLN) für das Faksimile der ersten Folioausgabe Shakespeares entwickelt:

> What thus seems needed [...] is a system of reference which (1) is based on the only edition of the collected works which can reasonably be accepted as a permanent standard, The First Folio; and which (2) numbers the successive typographical lines of this edition, verse and prose and all else alike, straight through each play. This is called „through line numbering" (TLN for short).[23]

Die Angabe des TLN gewährleistet in dem hier angestrebten Modell nicht nur die Verwendung eines editionsübergreifenden Standards, sondern gibt dem Nutzer auch die Möglichkeit, die historischen Drucke und die edierten Fassungen über ein einheitliches Referenzsystem in Bezug zu setzen. Zur Umsetzung

---

[20] Michael Best: *Romeo and Juliet: The Modern Text,* http://web.uvic.ca/shakespeare/Annex/RJ/Mod/RJ_Mod_Contents.html#toc3.1. Die von ihm diskutierten Alternativen beziehen sich auf Prosapassagen, die im Gegensatz zu Verszeilen keinen metrischen Regeln unterworfen sind.

[21] Vgl. unter anderem CBq, Weis und Orgel.

[22] Vgl. Oxfq.

[23] Hinman (Hrsg.), The First Folio of Shakespeare, S. xxiii.

dieses Verfahrens im elektronischen Medium muß allerdings entschieden werden, wo Umbrüche und Zählung zu plazieren sind. Die Abbildung der typographischen Besonderheiten der Drucke mit Hilfe harter Umbrüche erweist sich für die edierten Fassungen von *King Lear* als nicht geeignet, da die unregelmäßige Anordnung von Vers- und Prosazeilen regularisiert wird. Sie ist allenfalls für die in die Edition integrierten Transkriptionen sinnvoll, die im Gegensatz zu den edierten Texten keine bearbeiteten Versionen, sondern diplomatische Umschriften der Primärdokumente darstellen. Würden hingegen keine harten Umbrüche konzipiert und die Zeilennummern dem Druckbild entsprechend gesetzt, befänden sie sich bei einer metrisch regularisierten Zeilenanordnung inmitten des Textflusses. Unter dem Aspekt der Benutzerfreundlichkeit stören jedoch farbig oder typographisch abgegrenzte Zeilennummern die optische Darstellung des Textes, zumal nicht jeder Nutzer ein Referenzsystem benötigt. Eine Zeilenzählung ist vor allem dann von Relevanz, wenn die Edition nicht nur als Leseausgabe, sondern als zitierfähiges Arbeitsinstrument eingesetzt wird. Um die unterschiedlichen Benutzerbedürfnisse abzudecken, wird bei den hier edierten Texten eine gänzlich neue Präsentationsform der Zeilenzählung eingeführt, die auf einer Trennung von Textlayout und historischem Referenzsystem basiert. Während die Prosazeilen als fortlaufender Text ohne harte Umbrüche konzipiert sind, erhalten Verszeilen metrisch festgelegte, harte Umbrüche. Wird die Fenstergröße geändert, ändert sich auch die Zeilenlänge in den Prosapassagen. Die hart kodierten Umbrüche in den Verszeilen bleiben hingegen erhalten. Im Unterschied zu dem bisher üblichen Verfahren in elektronischen Editionen wird die Zeilenzählung jedoch nicht im edierten Text dargestellt. Stattdessen ist jedes einzelne Wort mit einer Zeilenangabe versehen, die nur im Textstellen-Referenzfenster sichtbar wird. Klickt der Nutzer auf ein Wort in den edierten Fassungen, erscheinen im Textstellen-Referenzfenster die aktivierte Lesung mit Zeilennummer, eine Lemmaklammer und die Variante der Textstelle mit Zeilenangabe (vgl. Abbildungen 10 und 11).

Indem nicht nur bei den als Hyperlinks ausgezeichneten Textstellen, sondern auch bei allen anderen Lesungen Informationen über die Varianz der Fassungen abgerufen werden können, wird dem Anwender eine wort- und phrasenweise Kollation der Zeugen angeboten. Da die im Textstellen-Referenzfenster aufgeführte Information für alle Lesungen identisch strukturiert ist und dem Fenster immer die gleiche Funktion zugeordnet wird, können auf der Ebene der Benutzerführung zudem Synergieeffekte genutzt werden.

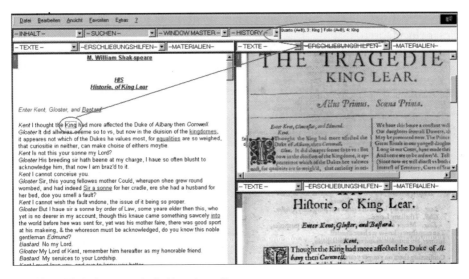

Abbildung 10: Referenzangabe bei invarianter Lesung

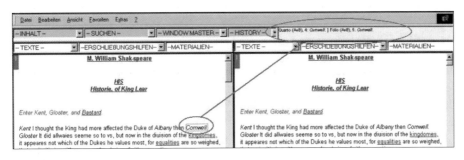

Abbildung 11: Referenzangabe bei orthographischer Variante

4.2.3.8 Floater

Zusätzlich zu den bereits genannten Navigationsinstrumenten wie Textstellen-Referenzfenster und Referenzsystem ist in die Edition ein *Floater* integriert, der durch ein rotes Rechteck am linken oberen Fensterrand angezeigt wird. Als Orientierungshilfe ist der *Floater* vor allem dann von Nutzen, wenn sich der Anwender bei einer Vielzahl geöffneter Dateien nochmals über die in die einzelnen Fenster geladenen Inhalte vergewissern will. Bei den Textebenen sind im *Floater* neben den Datei- auch Akt- und Szenenangaben (einschließlich deren TLN-Verzeichnung) vermerkt. Scrollt der Nutzer den Text, bleibt der *Floater* stets am oberen linken Fensterrand stehen. Fährt der Nutzer mit der Maus auf das Floatersysmbol, wird der Floater ausgefahren und gibt Auskunft über die in dem

Fenster geöffnete Datei. Sobald der Cursor nicht mehr auf den *Floater* zeigt, wird dieser eingefahren.

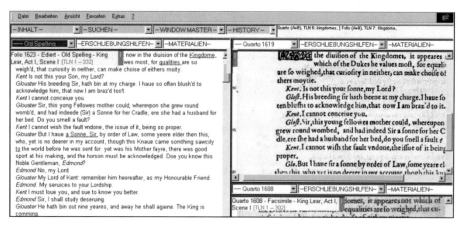

Abbildung 12: Floater

4.3 Der Prototyp[24]

Die zuvor beschriebenen, neu eingeführten Systemmerkmale wie der *Floater* stellen die Kernkomponenten eines Gesamtmodells dar, das auf konzeptioneller Ebene eine Umsetzung der editorischen Vorgaben beleuchtet. Die Prämisse des diskursiven Fassungstextes und die damit verbundenen Vorteile für den Nutzer sollen aber nicht nur theoretisch reflektiert, sondern auch anhand eines praktischen Beispiels veranschaulicht werden. Aus diesem Grund werden die Schlüsselfunktionen des Editionsmodells in einem Prototypen am Beispiel der ersten Szene des ersten Akts der *Lear*-Drucke implementiert.[25] Neben der Wirkung auf den Anwender ist überdies die technische Realisierbarkeit des Visualisierungskonzeptes zu prüfen. Da die hier anvisierte Edition nicht nur auf einem Datenträger zu veröffentlichen, sondern auch im WWW zugänglich sein soll, wird von vornherein eine internetfähige Lösung angestrebt. Auf diese Zielsetzung ist die Konzeption der technischen Umsetzung ebenso wie die Vorgehensweise bei der editorischen Aufbereitung und Verwaltung der Daten abzustimmen. Im folgenden soll die Arbeitsvorgehensweise bei der Erstellung des Prototypen kurz skizziert werden.

---

[24] Zugänglich über http://www.niemeyer.de/links/link_material.html.

[25] Zur Verdeutlichung des editorischen Vorgehens bei der Emendation und der *Replace*-Funktion werden zudem weitere Beispiele aus dem ersten Akt angefügt, die im Rahmen ihres nicht-edierten Kontextes erscheinen.

4.3.1 Digitalisierung der Druckfassungen

Um editorische Vorarbeiten wie die Kollation, die Variantenklassifikation und die Aufbereitung der Kommentare für die Programmierung des Prototypen nutzbar zu machen, wurden diese von Beginn an im elektronischen Medium durchgeführt. Erster Arbeitsschritt war die Digitalisierung der Druckfassungen und die Erstellung einer elektronischen Textgrundlage. Zur Herstellung digitaler Transkriptionen der Fassungen wurden zunächst die Faksimiles der Drucke eingescannt und mit einem Texterkennungsprogramm zu bearbeiten versucht. Da dieses Verfahren aufgrund der schlechten Druckqualität der Zeugen technisch nicht umsetzbar war, wurde auf bereits bestehende Transkriptionen der substantiellen Textzeugen aus dem *Oxford Text Archive* zurückgegriffen, die anhand maschineller und manueller Vergleiche auf ihre Korrektheit geprüft wurden.[26] Um bei der Kollation der Fassungen die fassungsdivergierende und die fassungsinterne Varianz herausfiltern zu können, wurden aus den transkribierten Texten manuell die vier Versionen Qa , Qb, Fa und Fb hergestellt.

4.3.2 Kollation

Kollationiert wurden die Drucke mit Hilfe des Programms *Collate*, das aufgrund seiner vielfältigen Funktionsmöglichkeiten und benutzerfreundlichen Oberfläche im Vergleich zu anderen Kollationsprogrammen wie *TUSTEP* für diese Arbeit besonders geeignet erschien. Da *Collate* aber für eine Einzelwortkollation[27] optimiert ist, war das Programm aufgrund seines limitierten Wortspeichers[28] nicht in der Lage, die sich über längere Passagen erstreckenden Textdivergenzen der *Lear*-Fassungen einander korrekt zuzuordnen.[29] Um die vier Versionen auf Grundlage unterschiedlicher Basistexte (*master texts*) dennoch kollationieren zu können, wurden mit Hilfe einer SGML-basierten Auszeichnung (*Tags*) Aufsatzpunkte geschaffen. Von einer Regularisierung der Schreibung für die Kollation wurde abgesehen, da aus der Kollation auch die akzidentellen Varianten hervor-

---

[26] Vgl. *The Oxford Text Archive* (http://ota.ahds.ac.uk/).

[27] Auf Probleme bei der Kollation stark divergierender Texte wird bereits in der Programmbeschreibung hingewiesen: „collation of [...] the two versions of *King Lear*, would present difficulties, but might be worthwhile at the points where the versions touch." (vgl. die Benutzerhinweise zum Programm).

[28] „You should note that Collate will run into problems if any text contains a variant of longer than fifty words (typically an addition or omission)" (vgl. ebd.)

[29] Auch die Verwendung eines anderen Kollationsprogramms wie *TUSTEP*, mit dem im Rahmen dieser Arbeit einige Vergleichsläufe durchgeführt wurden, erfordert die Schaffung manueller Aufsatzpunkte für die korrekte Ausführung der Kollation.

gehen sollten. Der folgende Dateiauszug zeigt die Textdivergenzen nach der Kollation auf Grundlage des *master texts* Fb [TLN 1–5].

```
-SD1
Fb  [h]Actus[/h] [h]Primus[/h] [h].[/h] [h]Scoena[/h] [h]Prima[/h] [h].[/h]
Fa
Qa
Qb


-SD2
Fb  [bc]Enter[/bc] [bc]Kent[/bc] [bc],[/bc] [bc]Gloucester[/bc] [bc],[/bc]
Fa
Qa                                          [bc]Gloster[/bc]
Qb                                          [bc]Gloster[/bc]

Fb  [bc]and[/bc] [bc]Edmond[/bc] [bc].[/bc]
Fa
Qa             [bc]Bastard[/bc]
Qb             [bc]Bastard[/bc]

-SD3
Fb  [s]Kent[/s] [s].[/s] I    thought the  King had more affected the  Duke of
Fa
Qa                       Thought
Qb                       Thought


Fb  [i]Albany[/i]            [i],[/i] then  [i]Cornwall[/i] [i].[/i]
Fa
Qa [i]Al[/i]- [i]bany[/i] [****]           [i]Cornwell[/i]
Qb [i]Al[/i]- [i]bany[/i] [****]           [i]Cornwell[/i]
```

4.3.3 Datenbankstruktur

Im Anschluß an die Kollation galt es, eine geeignete Struktur zu finden, die die Auswertung der Kollationsergebnisse im elektronischen Medium sowie deren Funktionalisierung im Hinblick auf die Erstellung des Prototypen ermöglichte. Die Auswertung der Kollationsdateien beinhaltete zum einen die Ermittlung des editorischen Befunds bei Anwendung des hier formulierten Varianten- und Textfehlerbegriffs, zum anderen aber auch die Erstellung und Erfassung von Kommentaren. Um den komplexen Anforderungen an die elektronische Verwaltung und Weiterverarbeitung der Daten gerecht zu werden, wurde eine Datenbanklösung entworfen. Die Konzeption der Datenbankstruktur beruhte auf der Überlegung, daß jedem einzelnen Wort eine eindeutige Identifikationsnummmer (ID) zuzuordnen ist. Zudem waren die aus der Kollation hervorgehende Codeinformation sowie die Zeugensiglen und Zeilennummern in die Datenbank so zu integrieren, daß nach der ID und dem Wort eigene Felder für die jeweiligen Informationen angezeigt werden konnten. Da nach der Kollation die Fassungen immer noch als Fließtext vorlagen, setzte ein Import der Daten zunächst eine Segmentierung des Materials in Einzelworteinträge voraus. Wie aus dem nachfolgenden Dateiauszug [TLN 1–5] zu ersehen ist, wurden zugleich den Datensätzen automatisch die IDs zugewiesen.

10	Actus	| Fa	| Fb	| --	| --	| h	| 1	| 0	| 10
20	Primus	| Fa	| Fb	| --	| --	| h	| 1	| 0	| 10
30	Scoena	| Fa	| Fb	| --	| --	| h	| 1	| 0	| 10
40	Prima.	| Fa	| Fb	| --	| --	| h	| 1	| 0	| 10
50	Enter	| Fa	| Fb	| Qa	| Qb	| bc	| 2	| 1	| 0
60	Kent,	| Fa	| Fb	| Qa	| Qb	| bc	| 2	| 1	| 0
70	Gloster,	| --	| --	| Qa	| Qb	| bc	| 0	| 1	| 20
80	Gloucester,	| Fa	| Fb	| --	| --	| bc	| 2	| 0	| 20
90	and	| Fa	| Fb	| Qa	| Qb	| bc	| 2	| 1	| 0
100	Bastard.	| --	| --	| Qa	| Qb	| bc	| 0	| 1	| 30
110	Edmond.	| Fa	| Fb	| --	| --	| bc	| 2	| 0	| 30
120	Kent.	| Fa	| Fb	| Qa	| Qb	| s	| 3	| 2	| 0
130	I	| Fa	| Fb	| Qa	| Qb |	|	| 4	| 3	| 0
140	Thought	| --	| --	| Qa	| Qb |	|	| 0	| 3	| 40
150	thought	| Fa	| Fb	| --	| -- |	|	| 4	| 0	| 40
160	the	| Fa	| Fb	| Qa	| Qb |	|	| 4	| 3	| 0
170	King	| Fa	| Fb	| Qa	| Qb |	|	| 4	| 3	| 0
180	had	| Fa	| Fb	| Qa	| Qb |	|	| 4	| 3	| 0
190	more	| Fa	| Fb	| Qa	| Qb |	|	| 4	| 3	| 0
200	affected	| Fa	| Fb	| Qa	| Qb |	|	| 4	| 3	| 0
210	the	| Fa	| Fb	| Qa	| Qb |	|	| 4	| 3	| 0
220	Duke	| Fa	| Fb	| Qa	| Qb |	|	| 5	| 3	| 0
230	of	| Fa	| Fb	| Qa	| Qb |	|	| 5	| 3	| 0
240	Al-	| --	| --	| Qa	| Qb	| i	| 0	| 3	| 50
250	bany	| --	| --	| Qa	| Qb	| i	| 0	| 4	| 50
260	Albany,	| Fa	| Fb	| --	| --	| i	| 5	| 0	| 50
270	then	| Fa	| Fb	| Qa	| Qb |	|	| 5	| 4	| 0
280	Cornwell.	| --	| --	| Qa	| Qb	| i	| 0	| 4	| 60
290	Cornwall.	| Fa	| Fb	| --	| --	| i	| 5	| 0	| 60

In einem nächsten Arbeitsschritt wurden dann die aufbereiteten Datensätze in eine Datenbank importiert. Mithilfe der Datenbank, die rund 35.300 Datensätze in der Grundtabelle enthält, wurde zum einen über die Varianten-ID, die Zeilennumerierung und die Codeinformation die Textgrundlage (Qa und Fb) für die Fassungseditionen erstellt. Zum anderen bildete die Datenbank aber auch die

Basis für die editorische Auswertung des Materials. Dabei wurden zunächst Auswertungsfelder für die Klassifikation der Varianten in der Grundtabelle geschaffen. Da alle Felder eines Datensatzes eindeutig einer ID zugeordnet wurden, konnte bei der Kodierung des elektronischen Textes dann über die jeweiligen IDs auf die mit der Variante verbundenen Informationen zugegriffen werden. Um jedoch bei einer Edition von *King Lear* nicht nur Einzelwörter, sondern auch Phrasen als Gesamtelement abgrenzen und kommentieren zu können, wurden manuell variante Phrasensegmente bestimmt und einer gemeinsamen Varianten-ID zugewiesen.

Wort_ID	Wort	Folio_ A	Folio_ B	Quarto_ A	Quarto_ B	Zeile Folio	Zeile Quarto	Varianten_ ID
11890	The	F a	F b	Qa	Qb	117	100	0
11900	mistresse	--	--	Qa	Qb	0	100	1670
11910	miseries	F a	F b	--	--	117	0	1670
11920	of	F a	F b	Qa	Qb	117	100	0
11930	Heccat,	--	--	Qa	Qb	0	100	1680
11940	Heccat	F a	F b	--	--	117	0	1680
11950	and	F a	F b	Qa	Qb	117	100	0
11960	the	F a	F b	Qa	Qb	117	100	0
11970	might,	--	--	Qa	Qb	0	100	1690
11980	night:	F a	F b	--	--	117	0	1690
11990	By	F a	F b	Qa	Qb	118	101	0
12000	all	F a	F b	Qa	Qb	118	101	0
12010	the	F a	F b	Qa	Qb	118	101	0
12020	operation	F a	F b	Qa	Qb	118	101	0
12030	of	F a	F b	Qa	Qb	118	101	0
12040	the	F a	F b	Qa	Qb	118	101	0
12050	orbs,	--	--	Qa	Qb	0	101	1700
12060	Orbes,	F a	F b	--	--	118	0	1700

Abbildung 13: Auszug aus der Grundtabelle mit Wort_ID und Varianten_ID

Auf Grundlage dieser Varianten-ID wurde dann eine neue Tabelle erstellte, die mit der Grundtabelle über das gemeinsame Feld *Varianten_ID* relational verknüpft wurde. Die neue Tabelle bot nun editorisch die Möglichkeit, ganzen Phrasen unterschiedlichen Auswertungs- und Kommentarfelder zuzuordnen.

Varianten_ID	Phrase F	Phrase Q	s_Var	a_Var	TF_Qa	TF_Fa	Textkritischer Kommentar
1640	Folio (A+B), l.0:	Quarto (A+B), l.98: Well	1				
1650	Folio (A+B), l.115: Let	Quarto (A+B), l.98: let		1			
1660	Folio (A+B), l.115: dowre:	Quarto (A+B), l.98: dower,		1			
1670	Folio (A+B), l.117: miseries	Quarto (A+B), l.100: mistresse	1		1	1	Da Q's *mistresse* mit Bezug auf *Hekate*, die Göttin der Welt der Toten und der Magie, im Fassungskontext keinen Sinn ergibt, ist die Lesung als Textfehler einzustufen. Der Editionstradition folgend wird die Konjektur *misteries* (aus F2) übernommen.
1680	Folio (A+B), l.117: Heccat	Quarto (A+B), l.100: Heccat,		1			
1690	Folio (A+B), l.117: night	Quarto (A+B), l.100: might,	1				Neben *mistresse* wird in den Fassungseditionen von CBq, Oxfq und Wells auch die Quartolesung *might* als Fehler eingestuft und nach F emendiert. Wird Q's *The mistresse of Heccat, and the might* aber im Sinne von *the mysteries and the might of Hecate* interpretiert, stellt das im OED als *power* (OED, n.1,) belegte *might* eine kontextuell sinnvolle Lesung dar (vgl. auch Weisq, S. 58). Auch wenn, wie Oxfq (TC, S. 512) anführt, die syntaktische Konstruktion, die sich bei dieser Auslegung der Textstelle ergibt, ungewöhnlich erscheint, ist sie unter Berücksichtigung der Variabilität des Frühneuenglischen als akzeptabel zu werten und stellt somit kein hinreichendes Kriterium für die Annahme eines Textfehler dar.
1700	Folio (A+B), l.118: Orbes,	Quarto (A+B), l.101: orbs,		1			

Abbildung 14: Auszug aus der Tabelle mit Varianten_ID

Bei der editorischen Auswertung des Materials und der Erstellung des Befunds wurde dann die in den Feldern befindliche Information mit Hilfe von Abfragen und Filtern selektiv abgerufen. Die substantiellen Varianten wurden ferner nach Textfehlern und Fassungsvarianten differenziert. Auch die akzidentellen Varianten sind auf Grundlage der Tabelle in die Kategorien *Orthographie*, *Typographie* und *Interpunktion* untergliedert. Die aus unterschiedlichen Abfragen dieser einzelnen Felder hervorgehenden Aufstellungen wurden sowohl zur Analyse der Varianz herangezogen als auch als *Befund* im Rahmen des Prototypen den Nutzern der Edition zur Verfügung gestellt.

Die Strukturierung des Materials über IDs ist aber nicht nur für die Variantenklassifikation, sondern auch für die Erstellung und Verwaltung der Kommentare und Materialien von Vorteil. Auf Grundlage der Textsegmentierung auf mikroskopischer Ebene in Einzelwörter können Makroeinheiten gebildet werden, die sowohl Phrasen als auch Textabschnitte oder ganze Szenen umfassen können. Bei der Kodierung besteht dann die Möglichkeit, die Makroeinheiten als Gesamtelement mit den jeweiligen Kommentarebenen zu verknüpfen. Die einzelnen Kommentare werden dann, wie am Beispiel der Relation von Wort_ID zu Varianten_ID aufgezeigt (vgl. Abbildungen 13 und 14), in relational verknüpften

Tabellen verwaltet. Bereits bei der Aufbereitung des Materials können vom Editor somit Vorentscheidungen über potentielle Verweisstrukturen bei der Textkodierung getroffen werden. Der modularen Erweiterbarkeit dieses Modells sind keine Grenzen gesetzt, da mit Hilfe von IDs immer neue Informationseinheiten definiert und ins bestehende System eingegliedert werden können.

4.3.4 Programmierung

Bei der Konzeption einer elektronischen Edition ist vor Arbeitsbeginn grundsätzlich zu entscheiden, ob eine softwareunabhängige Lösung – etwa eine standardisierte Auszeichnungssprache – oder proprietäre Software verwendet werden soll.[30] Die Wahl der Programmierung und Textauszeichnung wirkt sich entscheidend auf die Publikationsform aus: Während bei proprietärer Software wie *FolioViews* die Programme auf dem Speichermedium mitzuliefern sind, kann eine mit Hilfe von *Markup Languages*, wie SGML (*Standard Generalized Markup Language*), HTML (*Hypertext Markup Langu*age) oder XML (*Extensible Markup Language*) kodierte Edition über einen gängigen Internetbrowser zugänglich gemacht werden. Im Gegensatz zu proprietären Softwareprogrammen wie *FolioViews* und *WordCruncher* bieten Auszeichnungssprachen zudem Vorteile bei der Archivierung und Weiterverwendung der Daten.[31] Während bei proprietärer Software die Gefahr besteht, daß die Daten nicht mehr lesefähig sind, wenn das genutzte Programm veraltet, beruht die *Standard Generalized Markup Language*, aus der sich auch die *Hypertext Markup Language* ableitet, auf einem weltweit definierten ISO-Standard.[32] Da bei Verwendung einer Auszeichnungssprache die Kodierung nicht an ein Betriebssystem oder den proprietären Standard einer bestimmten

---

[30] Vgl. dazu auch Roland Kamzelak: Hypermedia – Brauchen wir eine neue Editionswissenschaft? In: Ders. (Hrsg.): Computergestützte Text-Edition. Tübingen 1999 (= Beihefte zu editio; 12), S. 119–126, bes. S. 124f. Kamzelak sieht als Vorteil des Publizierens im WWW, „daß es weitgehend softwareunabhängig ist, weil alle Dokumente in der Auszeichnungssprache des WWW, HTML […] codiert sein müssen." (S. 124) Der Begriff der Software-Unabhängigkeit trifft jedoch nur eingeschränkt zu, da das Erscheinungsbild von HTML-Dokumenten an die Leistungsfähigkeit gängiger Browser gebunden ist.

[31] Vgl. Fotis Janidis: Wider das Altern elektronischer Texte: philologische Textauszeichnung mit TEI. In: editio 11, 1997, S. 152–177.

[32] Für eine detaillierte Besprechung von SGML vgl. Ulrike Kirchgesser: SGML und Stylesheets. Elektronische Texterfassung auf dem Weg zur Standardisierung. Hannover 1999, und Neil Bradley: The Concise <SGML> Companion. New York 1996. Eine Applikation von SGML ist das philologische Auszeichnungssystem TEI (vgl. The TEI Consortium: The TEI Guidelines, http://www.tei-c.org). Zur Verwendung von SGML bei der philologischen Arbeit vgl. Peter Robinson: The Transcription of Primary Textual Sources Using SGML. Oxford 1994.

Software gebunden ist, können elektronische Texte in einem dauerhaften Format ausgezeichnet und gespeichert werden.

Um sowohl eine standardisierte Textauszeichnung als auch eine Veröffentlichung der hier anvisierten Edition im WWW gewährleisten zu können, wurde für die Realisierung des Prototypen von vornherein eine auf einem gängigen Internet-Browser lauffähige Lösung angestrebt, die auf den Einsatz proprietärer Software verzichtet. Hierbei erwies sich nach Abwägung der Vor- und Nachteile der genannten *Markup*-Sprachen die Verwendung einer HTML-Struktur, die durch JavaScript-Programmelemente ergänzt wurde, als besonders geeignet.[33] Grundlage für die Kodierung bildete die ID-Struktur der Datenbank, aus der unter Verwendung von Hilfsprogrammen die edierten Texte, die Transkriptionen sowie sämtliche Verzeichnisse und Kommentarmaterialien automatisch generiert wurden. Bei der Programmierung der Navigationsstruktur stellte die Umsetzung der dynamischen Kontextualisierung eine besondere Herausforderung dar. Um eine unabhängige Steuerung der Fensterinhalte zu erreichen, wurde jedem Fenster der verwendeten HTML-*Frame*-Struktur eine in einem eigenen *Frame* angelegte Menüleiste zugeordnet. Bei Aktivierung eines Hyperlinks werden dann zeitgleich mehrere Aktionsschritte ausgelöst: Zum einen werden zu der entsprechenden ID die Menüleisten geladen. Zum anderen wird der für das Textstellen-Referenzfenster bestimmte Inhalt ebenso wie das der ID zugeordnete *Pop up Window* mit dem Variantenverzeichnis aufgerufen. Neben den zuvor beschriebenen fünf Aktionsschritten wird bei Aktivierung einer Variante mit *Replace-Funktion* zudem simultan die Auswahlliste mit den für die Textstelle vorliegenden Optionen geöffnet.

Eine weitere Schwierigkeit stellte die Umsetzung der mehrdimensionalen Text-Bild-Verknüpfung auf Wortebene dar. Da im Internet-Bereich keine direkten Vorbilder vorlagen, wurde zur Umsetzung dieses Konzepts ein eigenes Verfahren entwickelt. Während für die Verknüpfung von Text- zu Bildebene eine zeilenweise Verbindung angelegt wurde, mußten bei der Bild-Text- und Bild-Bild-Verknüpfung alle Varianten auf den Faksimiles einzeln aktivierbar und kontextualisierbar sein. Dazu wurden in jeder Bildzeile des Faksimiles die Varianten als interaktive Flächen definiert. Über ihre ID-Referenz konnten die definierten Segmente anschließend zu den korrespondierenden Stellen in den anderen Materialien in Bezug gesetzt werden.

Auch wenn die verwendete HTML-/JavaScript-Struktur bei der Umsetzung einiger Funktionen an ihre technischen Grenzen geriet, vermag die für den Prototypen verwendete Lösung die textkritisch relevanten Schlüsselfunktionen der

---

[33] Für eine Einführung in HTML und JavaScript vgl. die Internet-Ausgabe von SELFHTML (http://www.teamone.de/selfaktuell) sowie Christian Wenz: JavaScript. Browserübergreifende Lösungen. Bonn 2000.

elektronischen Edition – wie die parallele Visualisierung, die dynamische Verknüpfung von Inhalten, die bidirektionale Text-Bild-Verknüpfung und den dialogisch-
diskursiven Lesetext – am praktischen Beispiel zu veranschaulichen. Der Prototyp
stellt jedoch nicht nur ein visuelles Hilfsmittel zur Stützung der im Rahmen
dieser Arbeit durchgeführten theoretischen Reflexion dar, sondern ist bereits im
derzeitigen Entwicklungsstadium als funktionsfähiges Arbeitsinstrument einsetz-
bar. Da für die erste Szene des ersten Akts die diskursiven Fassungstexte, die Transkriptionen, die Faksimiles und die textkritischen Erschließungshilfen vollständig
eingebunden wurden, kann die Überlieferungsproblematik der Drucke mit Hilfe
der integrierten Materialien für diesen Textabschnitt umfassend erarbeitet werden.

4.4 Die Hypermedia-Edition

Die zuvor beschriebenen und im Rahmen des Prototypen realisierten Funktionen
einer elektronischen Edition sind vorwiegend auf überlieferungsgeschichtliche
Fragestellungen ausgerichtet. Um aber einer mannigfaltigen Perspektivierung von

Abbildung 15: Dynamische Verknüpfung von Bild-/Videomaterial,[34] ediertem Text und Faksimile

---

[34] Theateraufführung der *Royal Shakespeare Company* am 18. Juli 1950 (Shakespeare Memorial
Theatre). Quelle: Angus McBean, Shakespeare Centre Library, Stratford-upon-Avon.

King Lear Rechnung zu tragen, sollten im Rahmen eines Gesamtprojekts auch theatergeschichtliche, literaturkritische und linguistische Aspekte berücksichtigt und in Form zusätzlicher Komponenten eingebunden werden. Durch die inhaltliche Erweiterung wird nicht nur eine breitere Zielgruppe angesprochen, sondern auch die Relation von einem rezeptionsgeschichtlich-aufführungsbezogenen zu einem textkritischen Zugriff auf die Zeugen beleuchtet. So könnte beispielsweise ein literaturkritischer Kommentar auf die strukturellen Unterschiede der Fassungen wie die unterschiedliche Charaktergestaltung der Figuren und die Plotstruktur eingehen. Zudem wäre die Perspektivierung der Protagonisten im Vergleich zum konflationierten *Lear*-Text und die Interpretation des Stücks unter literaturtheoretischen Ansätzen zu diskutieren. Während ein theatergeschichtlicher Kommentar eine Betrachtung unterschiedlicher Aufführungen des Dramas und deren Relation zu den überlieferten Texten beinhalten könnte, würde ein sprachgeschichtlicher Kommentar auf die linguistischen Besonderheiten der Drucke und deren Bezug zum Sprachgebrauch der Zeit verweisen. Ebenso wie der textkritische Kommentar könnten die neu eingeführten Komponenten unter dem Menü *Erschließungshilfen > Kommentare* eingebettet werden.

Die Edition wäre jedoch nicht nur in Hinblick auf ihre verbalen, sondern auch bezüglich ihrer medialen Bestandteile zu erweitern. Anzuvisieren ist insbesondere der Ausbau des hypertextuellen Kerns durch Video- und Audioelemente zu einer *Hypermedia-Edition*. Zusätzlich zum theatergeschichtlichen Kommentar könnten also auch Videos und Bildmaterial von Theateraufführungen eingebunden und, wie in Abbildung 15 dargestellt, zu den Textebenen in Bezug gesetzt werden.

Sinnvoll erscheint in diesem Zusammenhang auch eine Ergänzung des sprachgeschichtlichen Kommentars durch Audio-Versionen der Fassungen in historischer Aussprache, die den Nutzer der *Old Spelling*-Texte die Divergenzen von heutigem und frühneuenglischem Sprachgebrauch auditiv erfassen ließen.[35] Zur Erläuterung der Druckgeschichte wären des weiteren Videos über die Herstellung historischer Drucke zu integrieren.[36] Die medialen Elemente sollten jedoch nicht nur als „Beiwerk" dienen, sondern direkt zur Texterschließung herangezogen werden können. Sie sind daher als Primärinhalte im Menü *Materialien* einzubetten und sowohl über die vertikalen als auch über die horizontalen Verknüpfungsrelationen zu den Texten und Kommentaren in Bezug zu setzen. Dabei wird durch die in der Navigationsstruktur angelegten Selektionsmöglich-

---

[35] Zum Problem der Rekonstruktion des Frühneuenglischen vgl. Helge Kökeritz: Shakespeare's Pronunciation. New Haven 1953.

[36] Vgl. dazu die CD-ROM des Gutenberg-Museums (Gutenberg Museum, Stadt Mainz et al. [Hrsg.]: Schnittstelle Gutenberg. Mainz 2000).

keiten und die Navigationshilfen trotz der Fülle an Information einer Desorientierung („*Lost in Hyperspace Syndrome*")[37] des Nutzers entgegengewirkt.

Da in einer Hypermedia-Edition unterschiedliche Fragestellungen an das Drama in *einem* Medium abgedeckt und selektiv abgerufen werden können, ist die Ausgabe sowohl für den wissenschaftlich als auch für den allgemein interessierten Anwender von Nutzen.[38] Neben Einsatzmöglichkeiten im privaten Bereich sowie im Präsenzunterricht von Schulen und Universitäten eignet sich eine *Hypermedia*-Edition von Shakespeares *King Lear* insbesondere für virtuelle Lehrveranstaltungen im Internet. So werden dem Anwender im Sinne einer *digitalen Bibliothek* einerseits die zu einer umfassenden Behandlung des Textes benötigten Primärmaterialien online zur Verfügung gestellt. Andererseits werden beim Selbststudium die Zusammenhänge der Materialien bei einzelnen Textsegmenten über die dynamischen Verknüpfungsrelationen der Edition verdeutlicht. Im Hinblick auf die Verwendung der Edition in virtuellen Lernräumen ist auch eine interdisziplinäre Zusammenarbeit mit anderen Shakespeare-Projekten im WWW anzuvisieren. Um dem Nutzer eine werkgeschichtliche Einordnung des Dramas zu ermöglichen, ist beispielsweise eine Kooperation mit Shakespeare-Archiven wie der *Furness Collection*[39] oder dem *Shakespeare Electronic Archive*[40] anzuvisieren. Zur Verdeutlichung der Unterschiede zwischen dem konflationierten *King Lear*-Text und den Fassungseditionen des Dramas wäre auch ein Zugang zur Internet-Edition des *Arden*-Shakespeare wünschenswert.[41] Im Hinblick auf eine mögliche Zusammenarbeit mit einem kommerziellen Produkt wie dem *Arden*-Shakespeare ist allerdings die Frage des Copyright zu klären. Werden mehrere Projekte im Sinne eines Informationspools unter einem Dach vereint, können durch Abonnements unterschiedliche Zugangsmöglichkeiten eingerichtet werden.[42]

---

[37] Colin McCormack/David Jones: Building a Web-Based Education System. New York 1997, S. 194.

[38] Im Hinblick auf diese heterogene Zielgruppe ist bei der Aufbereitung der Edition allerdings zu gewährleisten, daß die Fachbegriffe zur Buchkunde, Druckgeschichte, Literatur- und Theaterkritik, die zumeist nur wissenschaftlichen Benutzern geläufig sind, mit Hilfe von Direktkommentaren allgemein verständlich erläutert werden.

[39] Vgl. http://dewey.lib.upenn.edu/sceti/furness/.

[40] Vgl. http://caes.mit.edu/research/shakespeare/sea.html

[41] Vgl. http://www.ardenshakespeare.com/ardenonline.

[42] Um die vielfältigen Funktionen einer Hypermedia-Edition auf Grundlage des hier vorgestellten Editionsmodells realisieren zu können, ist ein Ausbau der technischen Komponenten erforderlich. Für die Erstellung des Prototypen wurde eine *statische* HTML-Lösung verwendet. Zur Erweiterung der Funktionsmöglichkeiten im Hinblick auf eine im Internet zugängliche Hypermedia-Edition wäre die statische durch eine dynamische Variante mit Web- und Datenbankserver zu ersetzen, bei der die Datenbank aktiv genutzt und das Interface *on the fly* generiert wird.

Schlußbemerkung

Die vorliegende Studie entwickelt des Modell einer Edition, die der überlieferungsgeschichtlich bedingten Relativität editorischer Entscheidungen bei der Textkonstitution der Fassungen von Shakespeares *King Lear* mit einem diskursiv ausgerichteten, interaktiven Textbegriff begegnet. Methodologische Grundlage bildet ein Editionsmodell, das sich bei der Definition von Fehlerbegriff und Emendationsverfahren ausschließlich am historisch überlieferten Material orientiert. Kann aufgrund der defizitären Überlieferungssituation keine Entscheidung zugunsten einer historisch gesicherten Fassungslesart getroffen werden, werden der textkritische Befund und seine Deutungsmöglichkeiten über interaktive Benutzerschnittstellen zur Diskussion gestellt. Im Gegensatz zum traditionellen, strukturell geschlossenen Lesetext wird bei gleichwertigen Varianten dementsprechend nicht nur eine, subjektivisch gewählte Fassungslesart präsentiert. Vielmehr erhält der Benutzer im diskursiven Lesetext die Möglichkeit, potentielle Fassungslesungen in ihrem unmittelbaren Kontext zu evaluieren, editorische Vorschläge zu revidieren und eigene Vorschläge bei der Textkonstitution einzubringen. Mit Hilfe der textkritischen Kommentare und dem direkten Zugriff auf die dynamisch kontextualisierbaren Primärmaterialien kann er sich ein eigenes Urteil über die Überlieferungssituation bilden und sich aktiv an der Textkonstitution beteiligen.

Wenngleich im Rahmen der Benutzerschnittstellen mehrere Alternativen zur Diskussion gestellt werden, sei an dieser Stelle noch einmal hervorgehoben, daß das vorgestellte Modell keine dokumentarische, sondern eine kritische Zielsetzung verfolgt. Auch im diskursiven Lesetext enthält sich der Editor nicht seines kritischen Urteils, sondern bezieht über die Hierarchisierung und Diskussion der Varianten, ebenso wie über eigene Konjekturvorschläge, Stellung zum Überlieferungsbefund. Im Gegensatz zur traditionellen kritischen Edition fungiert der Benutzer beim interaktiven Textsystem jedoch nicht nur als passiver Rezipient eines vollständig edierten Textes, sondern als kritischer Partner des Editors bei der Textkonstitution. Durch die aktive Einbindung des Benutzers erfährt auch die kritische Edition eine Funktionserweiterung, da sie sowohl Lehr- und Lernmittel ist als auch ein Arbeits-, Forschungs- und Kommunikationsinstrument darstellt.

Abschließend bleibt festzustellen, daß die Neukonzeption der methodologischen Grundlagen und der damit verbundene Medienwechsel bei Shakespeares *King*

Lear zwar vorrangig als notwendige Voraussetzung für die Umsetzung eines historisch orientierten, kritischen Editionsmodells zu sehen ist. Das Beispiel der *Lear*-Fassungen zeigt aber auch, daß das elektronische Medium gänzlich neue Perspektiven für den Umgang mit textkritisch schwierigen Überlieferungssituationen eröffnen kann. Richtet sich die Konzeption des Editionsmodells nicht mehr nach den Konventionen des Printmediums, sondern ausschließlich nach den Anforderungen der Zielgruppe und des historisch überlieferten Materials, können *benutzerfokussierte* Editionsformen geschaffen werden, die dem Leser eine aktive Rolle beim Rezeptionsprozeß einräumen. Im Vordergrund steht dabei nicht etwa die Aufgabe kritischer zugunsten historisch-dokumentarischer Editionsprinzipien, sondern die Aufbrechung traditioneller Normen und Präsentationsformen. Da sich bei benutzerfokussierten Modellen allerdings auch die Funktionen von Editor, Leser und Edition grundlegend ändern, darf kritisches Edieren im neuen Medium nicht mehr ausschließlich auf gewohnte Parameter reduziert werden. Wie am Beispiel von *King Lear* vorgestellt, können in einer elektronischen Edition vielmehr innovative Standards gesetzt und somit Form und Funktion kritischen Edierens dem Potential des neuen Mediums entsprechend gänzlich neu definiert werden.

Literaturverzeichnis

Primärquellen

1 Shakespeare-Drucke und Ausgaben

The Raigne of King Edward the Third. (vgl. unter 2 Weitere Primärquellen)

The Raigne of King Edward the Third. (vgl. unter 2 Weitere Primärquellen)

M. William Shak-speare: / HIS / True Chronicle Historie of the life and / death of King LEAR and his three Daughters. London 1608 (erste Quartoausgabe).

M. William Shake-speare, / HIS/ True Chronicle History of the life / and death of King Lear, and his / three Daughters. [London] 1608 [1619] (zweite Quartoausgabe).

Mr. William Shakespeares Comedies, Histories, & Tragedies. Published According to the True Originall Copies. London 1623 (erste Folioausgabe).

The Works of Mr. William Shakespeare. In Six Volumes. Revis'd and Corrected, with an Account of the Life and Writings of the Author. Ed. by Nicholas Rowe. London 1709. Repr. with an Introduction by Samuel H. Monk. New York 1967 (= Augustan Reprint Society Publ. 17, Extra Ser.1).

The Works of Shakespear in Six Volumes: Collated and Corrected by the Former Editions by Mr. [Alexander] Pope. London 1723–1725. Nachdruck New York 1969.

The Works of Shakespeare. In Seven Volumes. Collated with the Oldest Copies, and Corrected with Notes, Explanatory, and Critical. By [Lewis] Theobald. London 1733–1734. Nachdruck New York 1967 (= Augustan Reprint Society Publ. 20, Extra Ser.2).

The Plays of William Shakespeare in Eight Volumes. With the Corrections and Illustrations of Various Commentators. To which are Added Notes by Sam[uel] Johnson. London 1765–1768. Nachdruck New York 1968.

Mr. William Shakespeare: His Comedies, Histories, and Tragedies. Set out by Himself in Quarto, or by the Players his Fellows on Folio, and now Faith-fully Republish'd from those Editions in ten Volumes Octavo. With an Introduction: Whereunto will be Added in some other Volumes, Notes, Critical and Explanatory and a Body of Various Readings entire. Ed. by Edward Capell. London 1768.

The Plays and Poems of William Shakespeare. Collated Verbatim with the most Authentick Copies, and Rev. with Corrections and Illustrations of Various Commentators. To which are Added, an Essay on the Chronological Order of his Plays; an Essay Relative to Shakspeare and Jonson; a Dissertation on the 3 p. of King Henry VI; an Historical Account of the English Stage; and Notes. Ed. by Edmond Malone. 7 Bde. London 1790. Nachdruck New York 1968.

The Pictorial Edition of the Works of Shakespeare. Ed. by Charles Knight. 8 Bde. London 1839–1843.

Works. Ed. by W.G. Clark, J. Glover and W.A. Wright. 9 Bde. Cambridge 1863-1866.

A New Variorum Edition of William Shakespeare. Ed. by Horace Howard Furness. Bd. 5: King Lear. Philadelphia 1880. Nachdruck New York 1963.

King Lear. Parallel Texts of the First Quarto and the First Folio. Ed. by Wilhelm Viëtor. Marburg ³1937 (= Shakespeare reprints; 1).

The True Text of King Lear. Ed. by Leo Kirschbaum. Baltimore 1945.

Shakespeare's King Lear: A Critical Edition. Ed. by George Ian Duthie. Oxford 1949.

Macbeth. Ed. by Kenneth Muir. London ⁹1959 (= The Arden Shakespeare; 1).

Mr. William Shakespeares Comedies, Histories & Tragedies. Ed. by Helge Kökeritz. With an Introduction by Charles Tyler Prouty. Facs. Ed. der Ausg. London 1623; 1. Publ., 4. Print. New Haven 1963.

King Lear. Ed. by Kenneth Muir. London 1952 (= The Arden Shakespeare).

King Lear. 1608 (Pied Bull Quarto). Nachdruck der Ausg. London 1608. Oxford 1964 (= Shakespeare Quarto Facsimiles; 1).

The Norton Facsimile of the First Folio of Shakespeare. Nachdruck der Ausg. London 1623. 2nd Ed. Prepared by Charlton Hinman. New York 1968.

The Riverside Shakespeare. Textual Ed. by G. Blakemore Evans. Boston, Mass. 1974.

The Complete Works. Original Spelling Edition. Gen. Eds. Stanley Wells, Gary Taylor et al. Oxford 1986.

The Historie of King Lear. In: The Complete Works. Original Spelling Edition. Gen. Eds. Stanley Wells, Gary Taylor et al. Oxford 1986, S. 1029–1063.

The Tragedie of King Lear. In: The Complete Works. Original Spelling Edition. Gen. Eds. Stanley Wells, Gary Taylor et al. Oxford 1986, S. 1067–1100.

The Merchant of Venice. Ed. by Molly M. Mahood. Cambridge 1987 (= The New Cambridge Shakespeare; 6).

The Complete King Lear. 1608–1623. Prepared by Michael Warren. Bd. 1: Texts and Parallel Texts in Photographic Facsimile. Bd. 2: The First Quarto (1608) in Photographic Facsimile. Bd. 3: The Second Quarto (1619) in Photographic Facsimile. Bd. 4: The First Folio (1623) in Photographic Facsimile. Berkeley 1989.

The Tragedy of King Lear. Ed. by Jay L. Halio. Cambridge 1992 (= The New Cambridge Shakespeare; 23).

King Lear: A Parallel-Text Edition. Ed. by René Weis. London 1993 (= Longman Annotated Texts).

The First Quarto of King Lear. Ed. by Jay L. Halio. Cambridge 1994 (= The New Cambridge Shakespeare: The Early Quartos).

M. William Shak-speare: His True Chronicle Historie of the Life and Death of King LEAR and his three Daughters. Ed. and Introduced by Graham Holderness. Hemel Hempstead 1995 (= Shakespearian Originals: First Editions).

The First Folio of Shakespeare. The Norton Facsimile. Based on Folios in the Folger Shakespeare Library Collection. Nachdr. der Ausg. London 1623. 2nd Edition Prepared by Charlton Hinman. With a new Introduction by Peter W.M. Blayney. New York 1996.

Mr. William Shakespeare's Comedies, Histories and Tragedies [1623, 1632, 1664, 1685]. 4 Bde. London 1997.

King Lear. Ed. by Reginald A. Foakes. Walton-on-Thames 1997 (= The Arden Shakespeare 3; 14).

The Norton Shakespeare. Based on the Oxford Edition. Gen. Ed. Stephen Greenblatt. New York 1997.

King Edward III. Ed. by Giorgio Melchiori. Cambridge 1998 (= The New Cambridge Shakespeare).

The Tragedie of King Lear. By William Shakespeare. Prepared and Annotated by Neil Freeman. New York 2000 (= Applause First Folio Editions).

King Lear: The 1608 Quarto and 1623 Folio Texts. Ed. by Stephen Orgel. New York 2000 (= The Pelican Shakespeare).

The History of King Lear. Ed. by Stanley Wells. On the Basis of a Text Prepared by Gary Taylor. Oxford 2000 (= The Oxford Shakespeare).

The Tragedy of King Lear. By William Shakespeare. Ed. by Barbara A. Mowat and Paul Werstine. Illustrated with Material in the Folger Library Collection. New York 2002.

2 Weitere Primärquellen

[Florio, John:] The Essays of Montaigne done into English by John Florio anno 1603. Nachdruck der Ausg. London 1892. 3 Bde. New York 1967 (= The Tudor Translations; 1).

Goethe, Johann Wolfgang von: Hör-, Schreib- und Druckfehler. In: Goethes Werke. Hrsg. im Auftrage der Großherzogin Sophie von Sachsen. Bd. 41,1. Weimar 1901, S. 183–188.

Goethe, Johann Wolfgang von: Literarischer Sansculottismus. In: Goethes Werke. Hrsg. im Auftrage der Großherzogin Sophie von Sachsen. Bd. 40. Weimar 1901, S. 196–203.

Goldsmith, Oliver: Poems and Plays. Ed. by Tom Davis. London 1975 (=Everymans Library; 415).

Harsnett, Samuel: A Declaration of Egregious Popish Impostures. In: Frank W. Brownlow: Shakespeare, Harsnett, and the Devils of Denham. Newark 1993, S. 185–417.

Joyce, James: Ulysses: A Critical and Synoptic Edition. Ed. by Hans Walter Gabler with Wolfhard Steppe and Claus Melchior. 3 Bde. New York 1984.

Keller, Gottfried: Sämtliche Werke. Historisch-Kritische Ausgabe. Hrsg. unter der Leitung von Walter Morgenthaler im Auftrag der Stiftung Historisch-Kritische Gottfried Keller-Ausgabe. Bd. 22: Züricher Novellen. Apparat zu Band 6. Basel 1999.

Nashe, Thomas: The Works of Thomas Nashe. Ed. from the Original Texts by Ronald B. McKerrow. London [1904]–1910.

Thackeray, William Makepeace: The History of Pendennis. Ed. by Peter L. Shillingsburg. With Commentary by Nicholas Pickwood. New York, 1991.

– The Newcomes. Ed. by Peter L. Shillingsburg. Michigan 1996.

– Vanity Fair. A Novel without a Hero. Ed. by Peter L. Shillingsburg. With Commentary by Nicholas Pickwood and Robert Colby. New York 1989.

The Raigne of King Edward the Third. Printed for Cuthbert Burby. London 1596.

The Raigne of King Edward the Third. Imprinted at London by S. Stafford, for Cuthbert Burby. London 1599.

Wordsworth, William: The Thirteen-Book Prelude. Ed. by Mark L. Reed. 2 Bde. Ithaka 1991 (= The Cornell Wordworth; 15).

Sekundärliteratur

Abbott, Edwin A.: A Shakespearian Grammar: An Attempt to Illustrate some of the Differences between Elizabethan and Modern English. For the Use of Schools. Nachdruck London 1897.

Arber, Edward (Hrsg.): A Transcript of the Registers of the Company of Stationers of London: 1554–1640. A.D. 5 Bde. Birmingham 1890.

Bartenschlager, Klaus: [Rev. of] The Complete King Lear. Ed. by M. Warren. In: Archiv für das Studium der neueren Sprachen und Literaturen 228, 1991, S. 159–162.

– [Rev. of] The Division of the Kingdoms. Ed. by G. Taylor/M. Warren. In: Anglia 104, 1986, S. 229–236.

–/Gabler, Hans Walter: Die zwei Fassungen von Shakespeares King Lear: Zum neuen Verhältnis von Textkritik und Literaturkritik. In: Deutsche Shakespeare-Gesellschaft West Jahrbuch, 1988, S. 163–186.

Barthes, Roland: La mort de l'auteur. In: Ders.: Œuvres complètes. Tome 2: 1966–1973. Paris 1994, S. 491–495.

Beißner, Friedrich: Aus der Werkstatt der Stuttgarter Hölderlin-Ausgabe. In: Ders.: Hölderlin. Reden und Aufsätze. Köln ²1969, S. 251–265.

Berger, Thomas L.: [Rev. of] The Oxford Shakespeare. In: Analytical and Enumerative Bibliography 3, 1989, S. 139–170.

–/Leander, Jesse M.: Shakespeare in Print. 1593–1640. In: Kastan, David Scott (Hrsg.): A Companion to Shakespeare. Oxford 1999 (= Blackwell Companions to Literature and Culture; 3, S. 395–413.

Bevington, David: Determining the Indeterminate: The Oxford Shakespeare. In: Shakespeare Quarterly 38, 1987, S. 501–518.

Bhattacharya, Yoti: Kenneth Muir's Edition of ‚King Lear‘: A Few Questions. In: Journal of the Department of English 16, 1980/1981, S. 97–105.

Blayney, Peter W.M.: The Texts of King Lear and their Origins. Bd. 1: Nicholas Okes and the First Quarto. Cambridge 1982.

Boetius, Henning: Textqualität und Apparatgestaltung. Martens, Gunter/Zeller, Hans (Hrsg.): Texte und Varianten. Probleme ihrer Edition und Interpretation. München 1971, S. 233–250.

Bornstein, George (Hrsg.): Representing Modernist Texts. Editing as Interpretation. Michigan 1991.

–   What Is the Text of a Poem by Yeats. In: Ders./Williams, Ralph G. (Hrsg.): Palimpsest: Editorial Theory in the Humanities. Michigan 1993 (= Editorial Theory and Literary Criticism), S. 167-193.

–/Williams, Ralph G. (Hrsg.): Palimpsest: Editorial Theory in the Humanities. Michigan 1993 (Editorial Theory and Literary Criticism).

Bowers, Fredson: An Examination of the Method of Proof Correction in *Lear*. In: The Library 5th Ser. 2, 1947/1948, S. 20–44.

–   Bibliography and Textual Criticism. Oxford 1964 (= The Lyell lectures; 1959).

–   Greg's *Rationale of Copy-Text* Revisited. In: Studies in Bibliography 31, 1978, S. 90–116.

–   Mixed Texts and Multiple Authority. In: Text 3, 1987, S. 63–90.

–   On Editing Shakespeare. Charlottesville 1966.

–   Practical Texts and Definitive Editions. In: Ders.: Essays in Bibliography, Text, and Editing. Charlottesville 1975, S. 412–439.

–   Readability and Regularization in Old-Spelling Texts of Shakespeare. In: Huntington Library Quarterly 50 H. 3, 1987, S. 199–227.

–   Remarks on Eclectic Texts. In: Ders.: Essays in Bibliography, Text, and Editing. Charlottesville 1975, S. 488–528.

–   Some Principles for Scholarly Editions of Nineteenth-Century American Authors. In: Studies in Bibliography 17, 1964, S. 223–228.

Bradley, Neil: The Concise <SGML> Companion. New York 1996.

Braun, Alexandra: Die Edition von ‚M. William Shakespeare: His True Chronicle Historie of the life and death of King LEAR and his three Daughters' unter der Fassungsthese. Zulassungsarbeit zum 1. Staatsexamen. München 1997 (unveröffentl.).

Braun-Rau, Alexandra: „Corruption somewhere is certain …" – Zur Problematik des Varianten- und Fehlerbegriffs bei Shakespeares *King Lear*. In: Henkes, Christiane et al. (Hrsg.): Schrift – Text – Edition. Hans Walter Gabler zum 65. Geburtstag. Tübingen 2003 (= Beihefte zu editio; 19), S. 35–42.

– Schreibprozess und Textgenese – Methoden der Sichtbarmachung im elektronischen Medium. In: BUS 40, 2000, S. 43–46.

Braunmuller, A.R.: Work, Document, and Miscellany: A Response to Professors deGrazia and Marotti. In: Speed Hill, William (Hrsg.): New Ways of Looking at Old Texts: Papers of the Renaissance English Text Society, 1985–1991. New York 1993 (= Medieval and Renaissance Texts and Studies; 107), S. 223–227.

Brockbank, Philip: Towards a Mobile Text: The History and Tragedy of *King Lear*. In: Small, Ian/Walsh, Marcus (Hrsg.): The Theory and Practice of Text-Editing: Essays in the Honour of James T. Boulton. Cambridge 1991, S. 90–106.

Brown, Arthur: A Rejoinder. In: Studies in Bibliography 13, 1960, S. 69–76.

Brown, John Russel: The Rationale of Old-Spelling Editions of the Plays of Shakespeare and His Contemporaries. In: Studies in Bibliography 13, 1960, S. 49–67.

Bumke, Joachim: Die vier Fassungen der Nibelungenklage. Untersuchungen zur Überlieferungsgeschichte und Textkritik der höfischen Epik im 13. Jahrhundert. Berlin 1996 (= Quellen und Forschungen zur Literatur- und Kulturgeschichte; 8).

Burnard, Lou/Sperberg-McQueen, Christopher M.: Guidelines for Electronic Text Encoding and Interchange. Chicago 1994.

Burton, Dolores M.: Shakespeare's Grammatical Style. A Computer-Assisted Analysis of Richard II and Anthony and Cleopatra. Austin 1973 (= The Dan Dancinger publ. ser.).

Bußmann, Hadumod: Lexikon der Sprachwissenschaft. Stuttgart ²1990 (= Kröners Taschenausgabe; 452).

Capell, Edward: Notes and Various Readings to Shakespeare. 3 Bde. London 1779. Nachdruck New York 1970.

Center for Editions of American Authors: Statement of Editorial Principles and Procedures. Überarb. Aufl. New York 1972.

Cercignani, Fausto: Shakespeare's Works and Elizabethan Pronunciation. Oxford 1981.

Chambers, Edmund K.: William Shakespeare: A Study of the Facts and Problems. 2 Bde. Oxford 1930.

Clare, Robert: ‚Who Is it That Can Tell Me Who I Am?': The Theory of Authorial Revision between the Quarto and Folio Texts of *King Lear*. In: The Library 6th Ser. 17, 1995, S. 34–59.

Clarke, Charles/Clarke, Mary Cowden: The Shakespeare Key. A Comprehensive Guide to all Features of Shakespeare's Style, Dramatic Construction, and Expression. New York 1879. Nachdruck New York 1964.

Clayton, Thomas Old Light on the Text of *King Lear*. In: Modern Philologie 78, 1980/1981, S. 346–367.

Cohen, Philip (Hrsg.): Devils and Angels. Textual Editing and Literary Theory. Virginia 1991.

–/Jackson, David H.: Notes on Emerging Paradigms in Editorial Theory. In: Cohen, Philip (Hrsg.): Devils and Angels. Textual Editing and Literary Theory. Virginia 1991, S. 103–123.

Dane, Joseph A: ,Which is the Iustice, which is the Theefe': Variants of Transposition in the Text(s) of *King Lear*. In: Notes and Queries 42, 1995, S. 322–327.

deGrazia, Margreta: Shakespeare and the Craft of Language. In: Dies./Wells, Stanley: The Cambridge Companion to Shakespeare. Cambridge 2001 (= Cambridge Companions to Literature), S. 49–64.

–   Shakespeare Verbatim. The Reproduction of Authenticity and the 1790 Apparatus. Oxford 1991.

–   The Essential Shakespeare and the Material Book. In: Textual Practice 2, 1988, S. 69–87.

–   What is a Work? What is a Document?. In: Speed Hill, William (Hrsg.): New Ways of Looking at Old Texts: Papers of the Renaissance English Text Society, 1985–1991. New York 1993 (= Medieval and Renaissance Texts and Studies; 107), S. 99–207.

–/Stallybrass, Peter: Love among the Ruins: Response to Pechter. In: Textual Practice 11, 1997, S. 69–79.

–/Stallybrass, Peter: The Materiality of the Shakespearean Text. In: Shakespeare Quarterly 44, 1993, S. 155–285.

Delius, Nikolaus: Ueber den ursprünglichen Text des King Lear. In: Jahrbuch der Deutschen Shakespeare-Gesellschaft 10, 1875, S. 50–74.

Dobson, Michael: The Design of the Oxford Shakespeare: An Ever Writer to a Never Reader? In: Analytical and Enumerative Bibliography NF 4, 1990, S. 91–97.

Doran, Madeleine: The Text of King Lear. Stanford 1931 (= Language and Literatur; 4,2).

Duthie, George Ian: Elizabethan Shorthand and the First Quarto of King Lear. Oxford 1949.

Eggert, Paul: Recent Editorial Theory in the Anglophone World. A Review Article. In: Anglia 119 H. 3, 2001, S. 351-375.

–   Textual Product or Textual Process: Procedures and Assumptions of Critical Editing. In Cohen, Philip (Hrsg.): Devils and Angels. Textual Editing and Literary Theory. Virginia 1991, S. 57–77.

Erne, Lukas: Shakespeare and the Publication of His Plays. In: Shakespeare Quarterly 53, 2002, S. 1–20.

Finneran, Richard J.: The Literary Text in the Digital Age. Michigan 1996.

Flanders, Julia: The Body Encoded: Questions of Gender and the Electronic Text. In: Kathryn Sutherland (Hrsg.): Electronic Text. Investigations in Method and Theory. Oxford 1997, S. 127–143.

Fleischer, Wolfgang/Barz, Irmhild: Wortbildung der deutschen Gegenwartssprache. Tübingen ²1995.

Fleissner, Robert: Shakespeare and the Matter of the Crux. Textual, Topical, Onomastic, Authorial and Other Puzzlements. Lewiston 1991.

Foakes, Reginald A.: French Leave, or *Lear* and the *King of France*. In: Shakespeare Survey 49, 1996, S. 217–219.

– Hamlet versus Lear. Cultural Politics and Shakespeare's Art. Cambridge 1993.

– Shakespeare Editing and Textual Theory: A Rough Guide. In: Huntington Library Quarterly 60 H. 4, 1997, S. 425–442.

Franken, Gereon: Systematische Etymologie. Untersuchungen einer Mischsprache am Beispiel des Shakespeare-Wortschatzes. Heidelberg 1995 (= Anglistische Forschungen; 228).

Franklin, Colin: Shakespeare Domesticated: the Eigtheenth-Century Editions. Aldershot 1991.

Franz, Wilhelm: Die Sprache Shakespeares in Vers und Prosa unter Berücksichtigung des Amerikanischen entwicklungsgeschichtlich dargestellt [vormals: Shakespeare-Grammatik]. Tübingen ⁴1939.

Gabler, Hans Walter et al. (Hrsg.): Contemporary German Editorial Theory. Ann Arbor 1995 (= Editorial Theory and Literary Criticism).

– Der Text. In: Schabert, Ina (Hrsg.): Shakespeare-Handbuch. Die Zeit – Der Mensch – Das Werk – Die Nachwelt. Stuttgart ⁴2000, S. 196–242.

– On Textual Criticism and Editing: the Case of Joyce's *Ulysses*. In: Bornstein, George/Williams, Ralph G. (Hrsg.): Palimpsest: Editorial Theory in the Humanities. Michigan 1993 (= Editorial Theory and Literary Criticism), S. 195–226.

– Textual Studies and Criticism. In: Oliphant, Dave/Cradford, Robin (Hrsg.): New Directions in Textual Studies. Austin 1990, S. 151–166.

– The Synchrony and Diachrony of Texts: Practice and Theory of the Critical Edition of James Joyce's Ulysses. In: Text 1, 1981, S. 305–326.

– The Text as Process and the Problem of Intentionality. In: Text 3, 1987, S. 107–116.

– The Two Versions of ‚King Lear'. A Review Article. In: Archiv für das Studium der neueren Sprachen 225, 1988, S. 137–144.

– Towards an Electronic Edition of James Joyce's Ulysses. In: Literary and Linguistic Computing 15 H. 1, 2000, S. 115–120.

Gabler, Hans Walter: Unsought Encounters. In: Cohen, Philip (Hrsg.): Devils and Angels. Textual Editing and Literary Theory. Virginia 1991, S. 152–166.

–/Robinson, Peter: Introduction. In: Literary and Linguistic Computing 15, 2000, S. 1–4.

Gardner, Helen (Hrsg.): Frank Percy Wilson: Shakespeare and the New Bibliography. Oxford 1971.

Gaskell, Philip: A New Introduction to Bibliography. Oxford 1972.

–   From Writer to Reader: Studies in Editorial Method. Oxford 1978.

Goldfarb, Charles F.: The SGML Handbook. Oxford 1990.

Grady, Hugh: The Modernist Shakespeare. Critical Texts in a Material World. Oxford 1991.

Graham-White, Anthony: Punctuation and Its Dramatic Value in Shakespearean Drama. Newark 1995.

Granville-Barker, Harley: Prefaces to Shakespeare. 2 Bde. London 1930.

Greetham, David C. (Hrsg.): Scholarly Editing: A Guide to Research. New York 1995.

–   Textual Scholarship. An Introduction. New York, 1992 (= Garland Reference Library of the Humanities; 1417).

–   Theories of the Text. New York 1999.

Greg, W.W.: On Certain False Dates in the Shakespearian Quartos. In: The Library N.S. 9, 1908, S. 113–131.

–   Principles of Emendation in Shakespeare. London 1928 (= The Annual Shakespeare Lecture of the British Academy).

–   The Date of *King Lear* and Shakespeare's Use of Earlier Versions of the Story. In: The Library 4th Ser. 20, 1940, S. 377–399.

–   The Editorial Problem in Shakespeare. A Survey of the Foundations of the Text. Oxford 1942.

–   The Function of Bibliography in Literary Criticism. Illustrated in a Study of the Text of *King Lear*. In: Ders.: Collected Papers. Ed. by James C. Maxwell. Oxford 1966, S. 267–279.

–   The Rationale of Copy-Text. In: Ders.: Collected Papers. Ed. by James C. Maxwell. Oxford 1966, S. 374–391. (Erstmals in: Studies in Bibliography 3, 1950/1951, S. 19–36.)

–   The Shakespeare First Folio. Oxford 1955.

–   The Variants in The First Quarto of King Lear. A Bibliographical and Critical Inquiry. London 1940 (= Transactions: Supplement; 15).

–   What is Bibliography – an Apologia. In: Ders.: Collected Papers. Ed. by James C. Maxwell. Oxford 1966, S. 239–266.

Hagen, Waltraud: Textfehler oder Sachirrtum? Textkritische Entscheidungen im Verhältnis zu Textverständnis und Autorisation. In: editio 5, 1991, S. 76–81.

Halio, Jay (Hrsg.): Critical Essays on Shakespeare's King Lear. New York 1996 (= Critical Essays on British Literature).

Hammond, Paul: Review Article: The Oxford Shakespeare. In: Seventeenth Century 3, 1988, S. 85–107.

Hay, Louis/Woesler, Winfried (Hrsg.): Edition und Interpretation. Edition et Interprétation des Manuscrits Littéraires. Akten des deutsch-französischen Editorenkolloquiums Berlin 1979. Bern, Frankfurt a.M. 1981 (=Jahrbuch für internationale Germanistik; A. 11.)

Hinman, Charlton: The Printing and Proof-Reading of the First Folio of Shakespeare. 2 Bde. Oxford 1963.

Holderness, Graham/Loughrey, Brian: Text and Stage: Shakespeare, Bibliography and Performance Studies. In: New Theatre Quarterly 9 H. 34, 1993, S. 179–191.

Honigmann, Ernst A.J.: Spelling Tests and The First Quarto of „King Lear". Bibliographical Notes. In: The Library 5th Ser. 20, 1965, S. 310–315.

– The Stability of Shakespeare's Text. London 1965.

Höpker-Herberg, Elisabeth: Überlegungen zum synoptischen Verfahren der Variantenverzeichnung. Mit einem Beispiel aus Klopstocks ‚Messias'. In: Martens, Gunter/Zeller, Hans (Hrsg.): Texte und Varianten. Probleme ihrer Edition und Interpretation. München 1971, S. 219–232.

Howard-Hill, Trevor H.: Modern Textual Theories and the Editing of Plays. In: The Library 6th Ser. 11, 1989, S. 89–115.

– New Light on Compositor E of the Shakespeare First Folio. In: The Library 6th Ser. 2, 1980, S. 156–178.

– Q1 and the Copy for Folio Lear. In: PBSA 80, 1986, S. 419–435.

– The Challenge of King Lear. In: The Library 6th Ser. 7, 1985, S. 161–179.

– The Problem of Manuscript Copy for Folio King Lear. In: The Library 6th Ser. 4, 1982, S. 1–24.

Hurlebusch, Klaus: Zur Aufgabe und Methode philologischer Forschung, verdeutlicht am Beispiel der historisch-kritischen Edition: Eine Auseinandersetzung mit Hermeneutik und Historizismus. In: Martens, Gunter/Zeller, Hans (Hrsg.): Texte und Varianten. Probleme ihrer Edition und Interpretation. München 1971, S. 117–142.

Ioppolo, Grace: Old and New Revisionists: Shakespeare's Eighteenth-Century Editors. In: Huntington Library Quarterly 52, 1986, S. 347–361.

– Revising Shakespeare. Cambridge 1991.

– The Oxford Shakespeare: How much of a ‚Luxury' was Authorial Revision? In: Analytical and Enumerative Bibliography NF 4, 1990, S. 46–58.

Jackson, MacD.P.: Fluctuating Variation: Author, Annotator, or Actor? In: Taylor, Gary/Warren, Michael (Hrsg.): The Division of the Kingdoms. Shakespeare's

Two Versions of „King Lear". Oxford 1983 (= Oxford Shakespeare Studies), S. 313–350.

Janidis, Fotis: Wider das Altern elektronischer Texte: philologische Textauszeichnung mit TEI. In: editio 11, 1997, S. 152–177.

Jarvis, Simon: Scholars and Gentlemen: Shakespearean Textual Criticism and Representations of Scholarly Labour. 1725–1765. Oxford 1995.

Jones, John: Shakespeare at Work. Oxford 1995.

Kamzelak, Roland: Hypermedia – Brauchen wir eine neue Editionswissenschaft? In: Ders. (Hrsg.): Computergestützte Text-Edition. Tübingen 1999 (= Beihefte zu editio; 12), S. 119–126.

Kanzog, Klaus: Einführung in die Editionsphilologie der neueren deutschen Literatur. Berlin 1991.

Katz, Joseph: ‚Novelists of the Future': Animadversions against the Rigidity of Current Theory in the Editing of Nineteenth-Century American Writers. In: Domville, Eric W. (Hrsg.): Editing British and American Literature, 1880–1920: Papers Given at the Tenth Annual Conference on Editorial Problems, Univ. of Toronto Nov. 1974. New York 1976, S. 65–76.

Kellner, Leon: Shakespeare-Wörterbuch. Leipzig 1922 (= Englische Bibliothek; 1).

Kermode, Frank: Shakespeare's Language. London 2000.

Kerrigan, John: Revision, Adaptation, and the Fool in *King Lear*. In: Taylor, Gary/Warren, Michael (Hrsg.): The Division of the Kingdoms. Shakespeare's Two Versions of „King Lear". Oxford 1983 (= Oxford Shakespeare Studies), S. 195–246.

Kilian, Friedhelm : Shakespeare's Nominalkomposita. Ein Beitrag zur Erforschung seiner Neuprägungen. Diss. Münster 1953.

Kirchgesser, Ulrike: SGML und Stylesheets. Elektronische Texterfassung auf dem Weg zur Standardisierung. Hannover 1999.

Knowles, Richard: How Shakespeare Knew King Lear. In: Shakespeare Survey 55, 2002, S. 12-35.

– Revision Awry in Folio *Lear* 3.1. In: Shakespeare Quarterly 46, 1995, S. 32–46.

– The Printing of the Second Quarto (1619) of King Lear. In: Studies in Bibliography 35, 1982, S. 191–206.

Koppel, Richard: Textkritische Studien über Shakespeare's Richard III und King Lear. Dresden 1877.

Kökeritz, Helge: Shakespeare's Pronunciation. New Haven 1953.

Kraft, Herbert (Hrsg.): Die Aufgaben der Editionsphilologie. In: Norbert Oellers (Hrsg.): Probleme neugermanistischer Edition. Berlin 1982 (= ZfdPh; Sonderheft 101), S. 4–12.

– Die Geschichtlichkeit literarischer Texte. Eine Theorie der Edition. Tübingen 1973.

Kraft, Herbert: Editionsphilologie. Darmstadt 1990.

–   Geschichtlichkeit nicht Vermächtnis – oder Authentizität statt Autorisation. In: Ders. (Hrsg.): Editionsphilologie. Darmstadt 1990, S. 18–38.

–   Lesarten, Varianten und Überlieferungsfehler: Die Konstituierung des Textes. In: Ders. (Hrsg.): Editionsphilologie. Darmstadt 1990, S. 39–58.

Kreßler, Andreas: Lears, Hamlets, …Shakespeares? Textvarianten und Konsequenzen. In: Jahrbuch der Deutschen Shakespeare-Gesellschaft 127, 1991, S. 39–52.

Landow, George P.: Hypertext: The Convergence of Contemporary Critical Theory and Technology. Baltimore 1992 (= Parallax: Re-visions of Culture and Society).

Lavagnino, John: Reading, Scholarship, and Hypertext Editions. In: Text 8, 1996, S. 109–124.

Maas, Paul: Textkritik. Leipzig ⁴1960.

Maguire, Laurie E.: Shakespearean Suspect Texts: the „Bad" Quartos and their Contexts. Cambridge 1996.

Mahaffey, Vicki: Intentional Error: The Paradox of Editing Joyce's *Ulysses*. In: Bornstein, George (Hrsg.): Representing Modernist Texts: Editing as Interpretation. Michigan 1991, S. 171–191.

Mailloux, Steven: The Rhetorical Politics of Editing: A Response to Eggert, Greetham, and Cohen and Jackson. In: Cohen, Philip (Hrsg.): Devils and Angels. Textual Editing and Literary Theory. Virginia 1991, S. 124–133.

Markus, Leah S.: Unediting the Renaissance. Shakespeare, Marlowe, Milton. London 1996.

Marotti, Arthur F.: Manuscript, Print, and the English Renaissance Lyric. In: Speed Hill, William (Hrsg.): New Ways of Looking at Old Texts: Papers of the Renaissance English Text Society, 1985–1991. New York 1993 (= Medieval and Renaissance Texts and Studies; 107), S. 209–221.

Martens, Gunter (Hrsg.): Kommentierungsverfahren und Kommentarformen. Hamburger Kolloquium der Arbeitsgemeinschaft für Germanistische Edition, 4. bis 7. März 1992. Autor- und problembezogene Referate. Tübingen 1993 (= Beihefte zu editio; 5).

–   Was ist – aus editorischer Sicht – ein Text? Überlegungen zur Bestimmung eines Zentralbegriffs der Editionsphilologie. In: Scheibe, Siegfried/Laufer, Christel (Hrsg.): Zu Werk und Text: Beiträge zur Textologie. Berlin 1991, S. 135–156.

–/Zeller, Hans (Hrsg.): Texte und Varianten. Probleme ihrer Edition und Interpretation. München 1971.

Mathijisen, Martha: The Concept of Authorisation. In: Text 15, 2002, S. 77–90.

McCormack, Colin/Jones, David: Building a Web-Based Education System. New York 1997.

McDonald, Russ: Shakespeare and the Arts of Language. New York 2001 (= Oxford Shakespeare Topics).

McGann, Jerome J.: A Critique of Modern Textual Criticism. Chicago 1983.

McGann, Jerome J. (Hrsg.): Textual Criticism and Literary Interpretation. Rev. of Papers Presented at a Conference at Calif. Inst. of Technology held in the Spring of 1982. Chicago 1985.

–   The Complete Writings and Pictures of Dante Gabriel Rossetti: A Hypermedia Research Archive. In: Text 7, 1994, S. 95–105.

–   The Textual Condition. Princeton 1991 (= Princeton Studies in Culture, Power, History).

McKenzie, Donald F.: Bibliography and the Sociology of Texts. London 1986 (= The Panizzi lectures; 1985).

–   Oral Culture, Literacy, and Print in Early New Zealand: The Treaty of Waitangi. Wellington 1985.

–   Printers of the Mind: Some Notes on Bibliographical Theories and Printing-House Practices. In: Studies in Bibliography 22, 1969, S. 1–75.

McKerrow, Ronald B: An Introduction to Bibliography for Literary Students. Oxford ²1928.

–   Prolegomena for the Oxford Shakespeare. A Study in Editorial Method. Oxford 1939.

–   The Treatment of Shakespeare's Text by his Earlier Editors, 1709–1768. In: Studies in Shakespeare. Ed. by H.S. Bennett et al. Selected and Introduced by Peter Alexander. London, New York 1964, S. 103–131.

McLaverty, James: The Concept of Authorial Intention in Textual Criticism. In: The Library 6th Ser. 6, 1984, S. 121–138.

McLeod, Randall (Hrsg.): Crisis in Editing: Texts of the English Renaissance. Papers given at the twenty-fourth Annual Conference on Editorial Problems, University of Toronto, 4. –5. November 1988. New York 1993.

Meyer, Ann R.: Shakespeare's Art and the Texts of *King Lear*. In: Studies in Bibliography 47, 1994, S. 128–146.

Middendorf, John H.: Eighteen-Century English Prose. In: Greetham, David C. (Hrsg.): Scholarly Editing: A Guide to Research. New York 1995, S. 283–307.

Morgenthaler, Walter: Der produktionsorientierte Stellenkommentar in der Computer-Edition. In: Martens, Gunter (Hrsg.): Kommentierungsverfahren und Kommentarformen. Hamburger Kolloquium der Arbeitsgemeinschaft für Germanistische Edition, 4. bis 7. März 1992. Autor- und problembezogene Referate. Tübingen 1993 (= Beihefte zu editio; 5), S. 251–255.

Muir, Kenneth: The Texts of *King Lear*: An Interim Assessment of the Controversy. In: The Aligark Journal of English Studies 8, 1983, S. 99–113.

Munkelt, Marga: Disambiguities and Conjecture: Modes of Editorial Decision in Shakespeares's Early Plays. In: Analytical and Enumerative Bibliography NF 1, 1987, S. 52–74.

Murphy, John L.: Sheep Like Goats and Goat-Like Sheep: Did Shakespeare Divide *Lear's* Kingdom? In: PBSA 81, 1987, S. 53–63.

Myerson, Joel: Colonial and Nineteenth Century American Literature. In: Greetham, David C. (Hrsg.): Scholarly Editing: A Guide to Research. New York 1995, S. 351–364.

Oellers, Norbert: Authentizität als Editionsprinzip. In: Dürr, Walther (Hrsg.): Der Text im musikalischen Werk: Editionsprobleme aus musikwissenschaftlicher und literaturwissenschaftlicher Sicht. Berlin 1998 (= ZfdPh; Beiheft 8), S. 43–57.

Onions, Charles T.: A Shakespeare Glossary. Enlarged and Revised throughout by Robert D. Eagleson. Oxford ³1986.

Orgel, Stephen : The Authentic Shakespeare. In: Representations 21, 1988, S. 1–25.

Parker, Brian: Bowers of Bliss: Deconflation in the Shakespeare Canon. In: The New Theatre Quarterly 6, 1990, S. 357–361.

Parker, Hershel: Flawed Texts and Verbal Icons. Literary Authority in American Fiction. Chicago 1984.

Peckham, Morse: Reflections on the Foundations of Modern Textual Editing. In: Proof 1, 1971, S. 122–155.

Pizer, Donald: On the Editing of Modern American Texts. In: Bulletin of the New York Public Library 75, 1971, S. 147–153.

Plachta, Bodo: Germanistische Editionswissenschaft im Kontext ihrer Geschichte. In: Anglia 119 H. 3, 2001, S. 376-399.

–   German Literature. In: Greetham, David C. (Hrsg.): Scholarly Editing: A Guide to Research. New York 1995, S. 504–530.

Plett, Heinrich F.: Einführung in die rhetorische Textanalyse. Hamburg ⁸1991.

Pohlheim, Karl Konrad.: Textfehler. Begriff und Problem. In: editio 5, 1991, S. 38–54.

Pollard, Alfred W.: A Short-Title Catalogue of Books Printed in England, Scotland, and Ireland and of English Books Printed Abroad. 1475–1640. 2nd Ed., Rev. and Enlarged, Begun by William A. Jackson et al. Bd. 1: A–H. London 1986. Bd. 2: I–Z. London 1976. Bd. 3: A Printers' & Publishers' Index, other Indexes & Appendieces, Cumulative Addenda & Corrigenda by Katherine F. Pantzer. London 1991.

–   Shakespeare Folios and Quartos. A Study in the Bibliography of Shakespeare's Plays 1594–1685. London 1909.

–   Shakespeare's Hand in the Play of Sir Thomas More. Cambridge 1932.

–   The Foundations of Shakespeare's Texts. London 1932.

Proudfoot, Richard: Dramatic Manuscripts and the Editor. In: Lancashire, Anne (Hrsg.): Editing Renaissance Dramatic Texts English, Italian, and Spanish. Papers Given at the Eleventh Annual Conference on Editorial Problems, University of Toronto, 31. Okt.–1. Nov. 1975. New York 1976, S. 9–38.

Proudfoot, Richard: „Modernizing" the Printed Play-Text in Jacobean London: Some Early Reprints of *Mucedorus*'. In: Anderson, Linda/Lull, Janis (Hrsg.): „A Certain Text": Close Readings and Textual Studies on Shakespeare and Others in Honor of Thomas Clayton. Newark, London 2002, S. 18–28.

Reiman, Donald H.: Nineteenth-Century British Poetry and Prose. In: Greetham, David C. (Hrsg.): Scholarly Editing: A Guide to Research. New York 1995, S. 308–330.

– Romantic Texts and Contexts. Columbia 1987.

Richman, David: The *King Lear* Quarto in Rehearsal and Performance. In: Shakespeare Quarterly 37, 1986, S. 374–382.

Robinson, Peter: The One and the Many Texts. In: Literary and Liguistic Computing 15 H. 1, 2000, S. 5–14.

– The Transcription of Primary Textual Sources Using SGML. Oxford 1994.

Ryan, Kiernan: *King Lear*: A Retrospect, 1980–2000. In: Shakespeare Survey 55, 2002, S. 1–11.

Salmon, Vivian: The Spelling and Punctuation of Shakespeare's Time. In: Shakespeare, William: The Complete Works. Original Spelling Edition. Gen. Eds. Stanley Wells, Gary Taylor et al. Oxford 1986.

–/Burness, Edwina (Hrsg.): A Reader in the Language of Shakespearean Drama. Amsterdam 1987 (= Amsterdam Studies in the Theory and History of Linguistic Science; 35).

Schabert, Ina (Hrsg.): Shakespeare-Handbuch. Die Zeit – Der Mensch – Das Werk – Die Nachwelt. Stuttgart ⁴2000.

Schäfer, Jürgen: Documentation in the O.E.D.: Shakespeare and Nashe as Test Cases. Oxford 1980.

Scheibe, Siegfried: Editorische Grundmodelle. In: Ders./Laufer, Christel (Hrsg.): Zu Werk und Text. Beiträge zur Textologie. Berlin 1991, S. 23–48.

– Probleme der Autorisation in der textologischen Arbeit. In: editio 4, 1990, S. 57–72.

– et al.: Vom Umgang mit Editionen. Eine Einführung in Verfahrensweisen und Methoden der Textologie. Berlin 1988.

– Zu einigen Grundprinzipien einer historisch-kritischen Ausgabe. In: Martens, Gunter/Zeller, Hans (Hrsg.): Texte und Varianten. Probleme ihrer Edition und Interpretation. München 1971, S. 1–44.

– Zum editorischen Problem des Textes. In: Norbert Oellers (Hrsg.): Probleme neugermanistischer Edition. Berlin 1982 (= ZfdPh; Sonderheft 101), S. 12–29.

Scheler, Manfred: Shakespeares Englisch. Eine sprachwissenschaftliche Einführung. Berlin 1982 (= Grundlagen der Anglistik und Amerikanistik; 12).

Schilt, Jelka/Zeller, Hans: Werk oder Fassung eines Werks? Zum Problem der Werkdefinition nach Fassungen am Beispiel von Conrad Ferdinand Meyers Gedichten. In: Scheibe, Siegfried/Laufer, Christel (Hrsg.): Zu Werk und Text. Beiträge zur Textologie. Berlin 1991, S. 61–86.

Schmidt, Alexander: Shakespeare-Lexicon. Vollständiger englischer Sprachschatz mit allen Wörtern, Wendungen und Satzbildungen in den Werken des Dichters. Durchges. u. erw. von Gregor Sarrazin. 2 Bde. Berlin ⁵1968.

Seary, Peter: Lewis Theobald and the Editing of Shakespeare. Oxford 1990.

Shillingsburg, Peter L.: A Resistance to Contemporary German Editorial Theory and Practice. In: editio 12, 1998, S. 138–150.

–   Nineteenth-Century British Fiction. In: Greetham, David C. (Hrsg.): Scholarly Editing: A Guide to Research. New York 1995, S. 331–350.

–   Resisting Texts: Authority and Submission in Constructions of Meaning. Michigan 1997 (= Editorial Theory and Literary Criticism).

–   Scholarly Editing in the Computer Age. Theory and Practice. Athen 1986.

Skinner Dace, Letitia: Prolegomena to a New Edition of King Lear. Diss. Kansas State University 1971.

Smith, David A. et al.: The Perseus Project: a Digital Library for the Humanities. In: Literary and Liguistic Computing 15 H. 1, 2000, S. 15–26.

Speed Hill, William.: English Renaissance: Nondramatic Literature. In: Greetham, David C. (Hrsg.): Scholarly Editing: A Guide to Research. New York 1995, S. 204–230.

–   (Hrsg.): New Ways of Looking at Old Text: Papers of the Renaissance English Text Society, 1985–1991. New York 1993 (= Medieval and Renaissance Texts and Studies; 107).

–   Theory and Practice in Anglo-American Scholarly Editing, 1950–2000. In: Anglia 119 H. 3, 2001, S. 327–350.

Spevack, Marvin: Shakespeare's Language. In: Andrews, John F. (Hrsg.): William Shakespeare: His World, His Work, and His Influence. 3 Bde. New York 1985, Bd. 2, S. 343–361.

Stahl, Hannelore Eleonore: Studien zum Problem der sprachlichen Neuschöpfungen bei Shakespeare. Die Suffixbildungen. Diss. Freiburg i. Br. 1953.

Stein, Dieter: Grammatik und Variation von Flexionsformen in der Sprache des Shakespeare-Corpus. München 1974 (= Tuduv Studie Sprachwissenschaften).

Stillinger, Jack: Multiple Authorship and the Myth of the Solitary Genius. New York 1991.

Stone, P.W.K.: The Textual History of King Lear. London 1980.

Sutherland, Kathryn (Hrsg.): Electronic Text. Investigations in Method and Theory. Oxford 1997.

Tanselle, G. Thomas: Historicism and Critical Editing. In: Studies in Bibliography 39, 1986, S. 1–46.

–   Textual Criticism and Scholarly Editing since Greg: A Chronicle, 1950–1985. Virginia 1987.

Tanselle, G. Thomas: Textual Instability and Editorial Idealism. In: Studies in Bibliography 49, 1996, S. 1–60.

–   Textual Scholarship. In Gibaldi, Joseph (Hrsg.): Introduction to Scholarship in Modern Languages and Literatures. New York 1981, S. 29–52.

–   The Editorial Problem of Final Authorial Intention. In: Studies in Bibliography 29, 1976, S. 167–211.

Taylor, Gary: Folio Compositors and Folio Copy: *King Lear* and its Context. In: PBSA 79, 1985, S. 17-74.

–   Four New Readings in *King Lear*. In: Notes and Queries CCXXVII, 1982, S. 121–123.

–   King Lear. The Date and Authorship of the Folio Version. In: Ders./Warren, Michael (Hrsg.): The Division of the Kingdoms. Shakespeare's Two Versions of „King Lear". Oxford 1983 (= Oxford Shakespeare Studies), S. 351–469.

–   Monopolies, Show Trials, Disaster, and Invasion: *King Lear* and Censorship. In: Ders./Warren, Michael (Hrsg.): The Division of the Kingdoms. Shakespeare's Two Versions of „King Lear". Oxford 1983 (= Oxford Shakespeare Studies), S. 75–120.

–   Reinventing Shakespeare: A Cultural History from the Restoration to the Present. London 1990.

–   The Folio Copy for *Hamlet, King Lear,* and *Othello*. In: Shakespeare Quarterly 34, 1983, 44–61.

–   The Shrinking Compositor A of the Shakespeare First Folio. In: Studies in Bibliography 34, 1981, S. 96–117.

–   The War in King Lear. In: Shakespeare Survey 33, 1980, S. 27–34.

–/Warren, Michael (Hrsg.): The Division of the Kingdoms. Shakespeare's Two Versions of „King Lear". Oxford 1983 (= Oxford Shakespeare Studies).

The Oxford English Dictionary. Ed. by James A.H. Murray et al. 10 Bde. Oxford 1933.

Moxon, Joseph: Moxon's Mechanick Exercises: or, The Doctrine of Handy-Works applied to the Art of Printing. A Literal Reprint in Two Volumes of the First Edition Published in the Year 1683. With Preface and Notes by Theo. L. de Vinne. 2 Bde. New York 1896.

Thompson, Ann: Which Shakespeare? A User's Guide to Editions. Milton Keynes 1992.

Thomson, Leslie: ‚Broken Brackets and Mended Texts': Stage Directions in the Oxford Shakespeare. In: Renaissance Drama NF 16, 1988, S. 175–192.

Thorpe, James: Principles of Textual Criticism. San Marino 1972.

Urkowitz, Steven: ‚Brother Can You Spare a Paradigm?': Textual generosity and the printing of Shakespeare's multiple-text plays by contemporary editors. In: Critical Survey 7, 1995, S. 292–298.

–   Shakespeare's Revision of King Lear. Princeton 1980 (= Princeton Essays in Literature).

Urkowitz, Steven: The Base Shall to th' Legitimate: The Growth of an Editorial Tradition. In: Taylor, Gary/Warren, Michael (Hrsg.): The Division of the Kingdoms. Shakespeare's Two Versions of „King Lear". Oxford 1983 (= Oxford Shakespeare Studies), S. 23–44.

Veuhoff, Friedrich: Shakespeares Funktionsverschiebungen. Ein Beitrag zur Erforschung der sprachlichen Neuprägungen Shakespeares. Diss. Münster 1954.

Voitl, Herbert: Neubildungswert und Stilistik der Komposita bei Shakespeare. Diss. Freiburg i. Br. 1954.

Wales, Kathleen: An Aspect of Shakespeare's Dynamic Language: A Note on the Interpretation of *King Lear* III.VII.113: ‚He childed as I father'd'. In: Salmon, Vivian/Burness, Edwina (Hrsg.): A Reader in the Language of Shakespearean Drama. Amsterdam 1987 (= Amsterdam Studies in the Theory and History of Linguistic Science; 35), S. 181–190.

Walker, Alice: Textual Problems of the First Folio. Cambridge 1953 (= Shakespeare Problems; 7).

Warren, Michael J.: Quarto and Folio King Lear and the Interpretation of Albany and Edgar. In: Bevington, David/Halio, Jay L. (Hrsg.): Shakespeare: Patterns of Excelling Nature. Shakespeare Criticism in Honor of America's Bicentennial from the International Shakespeare Ass. Congress Washington, D.C., April 1976. Newark 1978, S. 95–107.

– Repunctuation as Interpretation in Editions of Shakespeare. In: English Literary Renaissance 7, 1977, S. 155–169.

Wells, Stanley: Modernizing Shakespeare's Spelling. Oxford 1979 (= Oxford Shakespeare Studies).

– Re-editing Shakespeare for the Modern Reader. Based on Lectures Given at the Folger Library, Washington, DC. Oxford 1984 (= Oxford Shakespeare Studies).

– The Once and Future *King Lear*. In: Taylor, Gary /Warren, Michael (Hrsg.): The Division of the Kingdoms. Shakespeare's Two Versions of „King Lear". Oxford 1983 (= Oxford Shakespeare Studies), S. 1–22.

–/Taylor, Gary: The Oxford Shakespeare Re-viewed by the General Editors. In: Analytical and Enumerative Bibliography, NF 4, 1990, S. 6–20.

–/Taylor, Gary with John Jowett and William Montgomery: William Shakespeare: A Textual Companion. Oxford 1987.

Wender, Herbert/Peter, Robert: Probleme der Wiederverwendung elektronisch gespeicherter Texte. Zwei Fallstudien. In: Kamzelak, Roland (Hrsg.): Computergestützte Text-Edition. Tübingen 1999 (= Beihefte zu editio; 12), S. 47–60.

Wenz, Christian: JavaScript. Browserübergreifende Lösungen. Bonn 2000.

Werstine, Paul: Folio Editors, Folio Compositors, and the Folio Text of *King Lear*. In: Taylor, Gary/Warren, Michael (Hrsg.): The Division of the Kingdoms.

Shakespeare's Two Versions of „King Lear". Oxford 1983 (= Oxford Shakespeare Studies), S. 247–312.

West III, James L.W.: Twentieth-Century American and British Literatur. In: Greetham, David C. (Hrsg.): Scholarly Editing: A Guide to Research. New York 1995, S. 365–381.

Williams, George W.: The Craft of Printing and the Publication of Shakespeare's Works. Washington 1985.

Witkowski, Georg: Grundsätze kritischer Ausgaben neuerer deutscher Dichterwerke. In: Funde und Forschungen. Eine Festgabe für Julius Wahle zum 15. Februar 1921. Hrsg. von Werner Deetjen. Leipzig 1921, S. 216–226.

Woesler, Winfried: Entstehung und Emendation von Textfehlern. In: editio 5, 1991, S. 55–75.

Wright, George T.: Shakespeare's Metrical Art. Berkeley 1988.

Zeller, Hans: A New Approach to the Critical Constitution of Literary Texts. In: Studies in Bibliography, 1975, S. 231–264.

– Befund und Deutung. Interpretation und Dokumentation als Ziel und Methode der Edition. In: Martens, Gunter/Zeller, Hans (Hrsg.): Texte und Varianten. Probleme ihrer Edition und Interpretation. München 1971, S. 45–89.

– Die Bedeutung der Varianten für die Interpretation. In: Hay, Louis/Woesler, Winfried (Hrsg.): Edition und Interpretation: Edition et Interprétation des Manuscrits littéraires. Akten des Deutsch-Französischen Editoren-Kolloquiums Berlin 1979. Bern 1981 (= Jahrbuch für internationale Germanistik; A 11), S. 119–132.

– Fünfzig Jahre neugermanistischer Edition. Zur Geschichte und künftigen Aufgaben der Textologie. In: editio 3, 1989, S. 1–17.

– Struktur und Genese in der Editorik. Zur germanistischen und anglistischen Editionsforschung. In: LiLi 5 H. 19/20, 1975, S. 105–126.

Elektronische Quellen (Stand 09/03)

Best, Michael (Hrsg.): Internet Shakespeare Editions: Romeo and Juliet: The Modern Text. http://web.uvic.ca/shakespeare/Annex/RJ/Mod/RJ_Mod_Contents.html#toc3.1.

Biblioteca Nazionale Centrale, Florence/Istituto e Museo di Storia della Scienza, Florence/Max Planck Institute for the History of Science, Berlin: Galileo Galileis Notes on Motion. http://www.mpiwg-berlin.mpg.de/Galileo_Prototype/MAIN.HTM.

Binda, Hilary (Hrsg.): Christopher Marlowe: The Complete Works of Christopher Marlowe: An Electronic Edition. www.perseus.tufts.edu/Texts/faustus.html.

Bratton, Jacky/Carson, Christie (Hrsg.): The Cambridge King Lear CD-ROM: Text and Performance Archive. Cambridge 2000.

C.E.T.E. – Centre d'Edition de Textes Electroniques: Edition synoptique intégrale von Chrétiens de Troyes's Le chevalier de la Charrette.
http://palissy.humana.univ-nantes.fr/CETE/TXT/JAC/TXT/CHARRETTE/ANX/frame.CH.html

Chesnutt, David R. et al.: A Prospectus for Electronic Historical Editions.
http:// mep.cla.sc.edu/mepinfo/MEP-Docs/proptoc.htm

Crane, Gregory (Hrsg.): The Perseus Digital Library.
http://www.perseus.tufts.edu

D'Iorio, Paolo (Projektleitung): HyperNietzsche.
http://www.hypernietzsche.org/

Drton, M. et al.: The Augsburg Web Edition of Llull's Electoral Writings.
http://www.math.uni-augsburg.de/stochastik/lull/

Eaves, Morris/Essick, Robert/Viscomi, Joseph (Hrsg.): The William Blake Archive.
http://www.blakearchive.org/main.html

Eibl, Karl et al. (Hrsg.) Der junge Goethe in seiner Zeit. Texte und Kontexte. In zwei Bänden und einer CD-ROM. Frankfurt a.M. 1998.

Folsom, Ed/Price, Kenneth M. (Hrsg.): The Walt Whitmann Electronic Archive.
http://www.iath.virginia.edu/whitman

Janidis, Fotis: Bewertungskriterien für elektronische Editionen. In: IASL Diskussionsforum online.
http://iasl.uni-muenchen.de/

Kiernan, Kevin (Hrsg.): The Electronic Beowulf.
http://www.uky.edu/~kiernan/eBeowulf/guide.htm

Massachusetts Institute of Technology: The Shakespeare Electronic Archive.
http://caes.mit.edu/research/shakespeare/sea.html

McGann, Jerome (Hrsg.): The Complete Writings of Dante Gabriel Rossetti: A Hypermedia Research Archive.
http://jefferson.village.virginia.edu:2020/

Münz, Stefan/Nefzger Wolfgang: SELFHTML.
http://www.teamone.de/selfaktuell

Nowviskie, Bethany: Interfacing the Edition.
http://jefferson.village.virginia.edu/~bpn2f/1866/interface.html

–   Interfacing the Rossetti Hypermedia Archive.
http://jefferson.village.virginia.edu/~bpn2f/1866/dgrinterface.html

Peter, Robert/Wender, Herbert: Johann Wolfgang von Goethe: Beispiel-Apparat zum Divan-Gedicht „Geständnis".
http://schiller.germanistik.uni-sb.de/edition.htm

Peter, Robert/Wender, Herbert: Variantenapparate als Hypertext im Internet. Perspektiven einer Computeredition.
http://schiller.germanistik.uni-sb.de/publikat/frame.html

Porter, David W. (Hrsg.): An Eleventh-Century Anglo-Saxon Glossary from MS. Brussels, Royal Library 1650: An Edition and Source Study.
http://www.wmich.edu/medieval/research/rawl/glossary/porter.html

Robinson, Peter (Hrsg.): Geoffrey Chaucer: The Wife of Bath's Prologue on CD-ROM. Cambridge 1996.

Schoenberg Center for Electronic Text & Image: Horace Howard Furness Collection.
http://dewey.lib.upenn.edu/sceti/furness/

Stadt Mainz et al. (Hrsg.): Schnittstelle Gutenberg. CD-ROM. Mainz 2000.

The Arden-Shakespeare Online.
http://www.ardenshakespeare.com/ardenonline

The Bibliographical Society of the University of Virginia: Shakespearean Prompt-Books of the Seventeenth Century.
http://etext.virginia.edu/bsuva/promptbook/ShaLeaP.html

The Institute for Advanced Technology in the Humanities: Fellows' Research Projects.
http://www.iath.virginia.edu/researchProjects.html

The Oxford Text Archive.
http://ota.ahds.ac.uk/

The TEI Consortium: The Text Encoding Initiative.
http://www.tei-c.org